KB105963

100억
젊은
부자들이
온다

※ **일러두기**

- 유튜브 채널 〈싱글파이어〉에서 진행한 인터뷰 24개를 수록했다.
- 각 인터뷰이의 투자와 자산 현황은 2021년 하반기를 기준으로 했다.
- 주식, 부동산 업계에서 통용되는 용어들은 국립국어원에 등재되어 있지 않더라도 현장감을 살리기 위해 그대로 사용했다.

100억
젊은
부자들이
온다
3040 평범한 부자들의
현실판 100억 만들기
프로젝트
신희은 지음

길벗

추천의 글

# 자본주의 바다를 항해하는 사람들을 위한 안내서

__ 송희구, 《서울 자가에 대기업 다니는 김 부장 이야기》 저자

세상에는 자가 한 채를 갖고 마음 편히 사는 김 부장들이 많습니다. 그런데 최근에는 이에 만족하지 않고 월세살이를 자처하며 상가, 꼬마빌딩, 경매 등 다양한 부의 수단을 고민하는 박 대리, 이 과장, 홍 차장도 생각보다 많습니다.

자산의 흐름은 점점 더 빨라지고 돈 버는 경로도 다양해지고 있습니다. 우리가 모르는 사이에 바로 옆에서 수십억 원대, 수백억 원대 빌딩 거래가 이루어지기도 합니다. 그런 거래를 하는 사람들은 모두 부모에게서 막대한 자산을 물려받은 사람들일까요? 분명 대부분 평범한 사람들일 겁니다. 별로 가진 것 없이 태어났지만 부에 대한 명확한 목표를 가지고 남들보다 먼저, 열심히 뛴 사람들일 것입니다.

우리는 투자로 자산을 만드는 게 필수인 시대를 살고 있습니다. 저성장 시대에 유동성은 결국 자산시장으로 흘러가기 때문에 반드시 자산에 나의 자금을 태워야 합니다. 이는 선원들이 바다를 항해하는 모습과 비슷합니다. 같은 바다를 항해하지만 각자 다른 모습으로 바다를 건넙니다.

누군가 노를 저을 때 같이 그들도 노를 저었고,
누군가 노를 젓고 쉴 때, 그들은 돛을 만들기 시작했고,
누군가 노를 젓는 것이 힘들어 지쳤을 때,
그들은 돛을 달아 항해했습니다.

여기서 노는 근로소득을, 돛은 자본소득을 의미합니다. 또한 '누군가'는 근로소득에 기대 살아가는 평범한 우리들을, '그들'은 자본소득을 만들어가는 사람들을 뜻합니다.

작은 돛을 만들고 나면 노를 덜 저어도 되고 새로운 돛을 만들 시간도 늘어납니다. 그렇게 돛이 두 개, 세 개가 되고 나면 그때부터는 노동을 하는 것이 '선택'의 영역으로 바뀝니다. 바람의 방향에 따라 돛의 방향만 바꿔주면 어디든 원하는 곳으로 갈 수 있습니다. 주식이든, 코인이든, 부동산이든, 창업이든 어디로든 말이죠.

이 책은 누구보다도 먼저 그 '돛'을 만들었던 사람들의 이야기입니다. 현금흐름이 나오지 않는 자가 한 채에 의기양양하면서 사는 많은 김 부장은 경제적 자유를 꿈꾸는 밀레니얼들을 평가절하하기

도 합니다. 그러나 자본주의 시대에, 정년 이후 30~40년을 더 살아야 하는 이 시대에 마지막으로 웃는 이들은 부의 길로 일찍 들어선 사람들일 거라 확신합니다.

돈은 인생의 전부가 아닙니다. 하지만 인생의 많은 문제는 돈에서 비롯됩니다. 평생 돈의 힘에 이리저리 끌려다닐 것인지, 아니면 돈의 양탄자를 타고 지금까지와는 다른 세상에서 살게 될지는 오늘 내가 하는 생각과 행동에 달려 있습니다.

《100억 젊은 부자들이 온다》를 읽고 많이 배우고 감탄했습니다. 세상에는 정말 뛰어난 사람들이 많고 각자의 이상향과 단단한 가치관을 가지고 나름의 방식으로 삶을 꾸려간다는 생각이 들었습니다. 본받고 싶은 모습도 많았고, 새로운 비즈니스 아이디어도 많이 얻었습니다.

똑같은 이야기를 들어도 누군가는 '저건 저 사람이나 할 수 있어', '시대가 도와줬어'라고 생각하고 또 다른 누군가는 '이 부분은 나랑 안 맞지만 저 부분은 내가 도전할 수 있겠다'고 생각합니다. 이 책을 읽는 여러분이 후자이기를 간절히 바랍니다. 그리고 이 책의 마지막 장을 덮은 후에는 꼭 무언가를 실행해보시기를 바랍니다. 그렇게 우리 모두 각자가 원하는 행복하고 윤택한 삶을 향해 한 걸음 더 나아 갑시다.

프롤로그

# 평범한 사람들이 부자될 수 있는 시대

10년 전, 국내 증시를 다루던 증권부 기자로 있었을 때 일이다. 우연히 주식투자의 고수를 만났는데, 그는 증권사가 밀집한 여의도의 한 건물 지하 주차장 구석의 한 평 남짓한 공간에서 일하고 있었다. 그는 건물 각 층을 오가며 애널리스트와 펀드매니저들의 구두를 거두어 반짝반짝 광나게 닦아 되돌려주는 일을 30년 넘게 해오며 그 회사의 대표이사가 20명 넘게 바뀌도록 같은 자리를 지켰다. 당시 서울에 아파트 여러 채를 보유한 자산가였던 그가 부를 일군 수단은 물론 주식이다. 투자 베테랑들이 구두를 닦으러 오가며 귀띔해주는 종목들을 기억해뒀다가 종잣돈이 모이면 사 모아 오랫동안 들고 있는 게 그의 투자 노하우였다.

나 역시 구두를 닦으면서 그의 투자 일대기를 듣고 기사를 썼다. 여의도 증권가에서 구두를 닦으며 주식 고수가 되었다는 그 기사는 당시 업계에 두고두고 회자됐다. 상장기업 최고경영자도 만나봤고, 생산공장은 물론 온갖 주주총회를 다녀봤지만 사실은 그때가 가장 가슴 뛰는 순간 중 하나였다. 그때부터 우리 주변에서 흔히 만날 수 있는 평범한 사람들의 살아 있는 투자 이야기를 다루고 싶다는 생각이 들었다.

그동안 실력 있는 투자 전문가는 무수히 만났다. 제각기 잘하는 분야가 있었고 하나같이 큰 규모의 자산을 운용하는 쟁쟁한 이들이었다. 하지만 '진짜 고수'는 힘들게 일해 마련한 피 같은 종잣돈으로 직접 투자하고 자산을 불린 이들이라는 생각을 지울 수 없었다. 고객의 돈이 아니라 자기 돈으로 리스크를 감당하며 투자해서 자산가 반열에 오른 이들의 생생한 이야기를 나누고 싶었다.

그래서 이 책에서는 전문가보다 다양한 개성과 배경을 지닌 개인 투자자들을 소개하고자 했다. 진지하게 책상에 앉아 전문가의 분석과 전망을 들으며 학습하기보다는, 자기보다 조금 더 나은 주변 친구들의 투자 이야기를 듣고 도움이 될 만한 부분을 찾아 소통하게끔 하고 싶었다. 자신이 선호하는 투자 영역에서 오랫동안 투자를 해온 이들은 전문가 못지않은 안목과 노하우가 있다. 반면 전문가라 하더라도 자기 돈으로 리스크를 져가며 투자하지 않는 사람들은 실전에서 젬병인 경우가 적지 않다.

이러한 생각을 바탕으로 주변에 숨어 있는 투자 고수들을 발굴하고 이들의 일상과 투자 스토리를 전하는 일은 설렘과 동시에 긴장감 넘치는 일이었다. 인터뷰로 시작해서 이제는 소중한 인연이 된 이들은 내게 영감을 주고 에너지를 충전해주는 고마운 사람들이다. 무엇보다 이들로부터 '자신의 욕구에 솔직해지는 법'과 '꿈을 향해 도전하는 용기'를 배웠다.

내가 만난 자수성가한 젊은 자산가들은 자산의 규모가 천차만별일지라도 자신이 원하는 삶이 무엇인지 끊임없이 묻고 스스로 답을 찾아간다는 점은 모두 동일했다. 직장이 불안정하거나 수입이 적은 등 어려움은 제각기 달랐지만 결코 환경을 탓하거나 굴복하지 않았다.

경제적 자유를 실현한다는 건 단순히 종잣돈을 투자해 자산을 불리는 것만을 의미하지 않는다. 그보단 스스로 선택하고 결정할 수 있는 주체적인 삶을 살아가는 것이 목표다. 사실 '100억 원'이란 자산 자체는 한낱 숫자에 불과하다. 자산이 남부럽지 않게 많아도 자신의 삶에 만족하지 못하고 불행하게 사는 사람들이 얼마나 많은가.

이 책에는 100억 원을 향해 열심히 달려가는 사람도 있고, 월 자본소득 1,500만 원이나 월 사업소득 7,000만 원인 사람, 현재 자산이 40억 원인 사람, 5억 원인 사람 등 다양한 사람이 나온다. 모두가 저마다 지닌 부의 목표를 향해 달려가고 있다. 누군가는 정말로 자산 100억 원에 빨리 도달하기 위해 애쓰기도 하고, 또 다른 누군가는 자산 10억 원에서 멈추고 서울살이를 떠나 소박한 행복을 기뻐하며 살기도 한다. 그러나 남다른 인생길을 선택했다는 점, 그 선택을 현실화하기 위해 열심히 노력했고 목표를 실현했다는 점에서 모두 본받을 만한 멋진 사람들이라고 생각한다.

자신이 원하는 삶을 스스로 생각하고 선택하고 싶은 사람들, 부를 쌓는 과정에서 만날 여러 어려움과 장애물을 극복할 노하우를 찾고 싶은 사람들, 특히 인생의 새로운 돌파구를 찾는 사람들에게 이 책의 24인이 훌륭한 인생 멘토가 될 것임을 믿어 의심치 않는다. 자, 이제 책 속으로 들어가 보자.

## 차례

**추천의 글** 자본주의 바다를 항해하는 사람들을 위한 안내서 _ 송희구 • **005**
**프롤로그** 평범한 사람들이 부자될 수 있는 시대 • **008**
**서문** 이제 돈 버는 패러다임이 바뀌었다 • **016**

### RICH CODE 1 몰입FLOW
### 한 가지에 집중해 빠르게 부를 축적한다

**1. 부자들을 연구하니 부자되는 길이 보였다** _ 부산빠꾸미, 순자산 25억 원, 41세 • **035**
40년치 생활비를 미리 모은다면 | 1억 원이 20억 원대 자산이 되기까지 | 하루 세 시간 일하고 시간 부자로 산다

**2. 매달 1억 넘게 버는 30대 남자 이야기** _ 매억남, 자산 수백억 원대, 35세 • **047**
돈 욕심이 나의 원동력이었다 | 주식과 코인의 공통점을 발견하다 | 세계 1위 비트코인 트레이더의 두 가지 원칙 | 변동성은 곧 수익의 기회다 | 성취 욕구로 엄청난 성과를 거두는 사람들

**3. 린스타트, 돈 없는 2030이 창업하는 특별한 기술** _ 김성공, 연매출 총 40억 원, 32세 • **061**
돈이 없다면 작게라도 시작하라 | 큰 성공을 위한 린스타터 전략 | 경험이 쌓일수록 훌륭한 가설을 세운다 | 밀레니얼처럼 영리하게 창업하기

**4. 연봉 2,500만 원 받고도 건물주 될 수 있다고?** _ 용주주, 자산 120억 원, 47세 • **075**
당연한 생각 1. 월급보다 자본소득이 많으면 자유로울 수 있다 | 당연한 생각 2. 대기업 친

구가 과소비하면 기쁘다 | 당연한 생각 3. 일만 열심히 해서는 잘살 수 없다 | 투자는 무조건 수익률이다 | 월급쟁이에게 연봉보다 중요한 것

**5. 나는 속 편한 우량주 집중투자로 우아하게 돈 번다** _한주주, 자산 5억 원, 37세 • **094**
소비 습관을 바꾸자 모든 문제가 풀렸다 | 초우량주 소수 종목에 집중투자하다 | 어떤 장이 와도 괜찮은 전략

## RICH CODE 2 확장EXPANSION
## 상식을 깨고 경계를 넘나들며 부를 축적한다

**6. 여섯 개의 파이프라인이 자는 동안에도 돈을 번다** _포리얼, 월수입 1,500만 원, 30세 • **107**
팔리는 콘텐츠 vs. 사라지는 콘텐츠 | 시스템이 자판기처럼 일하고 돈 번다 | 패시브 인컴을 만들었다면

**7. 강남8학군 출신 모범생 회사원이 밑바닥부터 부동산을 시작한 까닭** _박익현, 순자산 20억 원, 40세 • **123**
만년 대리 자산가 vs. 억대 연봉 상무, 진정한 자유인은? | 밑바닥부터 부동산을 배우기로 했다 | 부를 빠르게 증식시키는 수익형 자산 | 건물주로 성장하는 7단계 | 왜 대한민국 사람들은 건물주가 꿈일까

**8. 파는 것이 인간이다, 노마딕으로 살며 셀링하기** _이희형, 월수입 1,200만 원, 27세 • **138**
음악하면서 살려면 얼마가 필요할까 | 해외 쇼핑몰 쇼피에 도전하다 | 노트북 하나로 월 1,000만 원 벌기

**9. 평범한 영업맨에서 부동산 디벨로퍼가 되기까지** _황금대지, 자산 60억 원, 37세 • **148**
차라리 꼬마 건물을 지어버리자 | 세금, 피하지 않고 정면 돌파하기 | 리스크는 관리하는 것

**10. 매일 새벽 4시에 일어났을 뿐인데, 인생이 바뀌었다** _세빛희, 자산 50억 원, 40세 • **162**
두 번의 투자 실패에 깨달은 것 | 나는 큰돈 없이도 부동산 투자한다 | 1인 지식창업가가 된 엄마

**11. 밀레니얼 금융맨이 코인 판에 뛰어든 이유** _세상학개론, 자산 30억 원, 30세 • **172**
비트코인 반감기를 포착하다 | 5년 후, 10년 후를 보고 투자한다 | 편견을 버리면 부자가 된다

## RICH CODE 3 헤지HEDGE
## 리스크는 줄이고 수익은 크게 부를 축적한다


**12. 진짜 분산투자는 시장을 이긴다** _강환국, 순자산 50억 원, 39세 • **187**
영어 논문으로 투자 노하우를 흡수하다 | 퀀트투자로 얻은 버핏급 수익률 | 돈 버는 방법은 많이 알수록 좋다

**13. 밀레니얼 스크루지가 한 푼도 잃지 않고 돈 버는 법** _재테크는스크루지, 순자산 18억 원, 38세 • **199**
스크루지처럼 절약하고 스크루지처럼 투자하라 | 쫄보 투자자의 두 가지 원칙 | 차가운 심장으로 투자하기 위해 | 돈 그릇을 키워야 수익도 늘어난다

**14. 투자 못하는 사람을 위한 경제독립 프로젝트** _김다현, 월 현금흐름 250만 원, 41세 • **209**
연금 탑으로 만든 파이어 플랜 | 소유보다 경험을 우선시하는 삶 | 대기업 직장인이라, 딩크족이라 가능하다?

**15. 리스크는 줄이고 수익은 극대화하는 지역 분산투자** _붇터린치, 순자산 40억 원, 38세 • **219**
전국을 기회의 장으로 삼다 | 붇터린치의 세 가지 투자 원칙 | 직장인에서 투자자 마인드로 전환하라 | 진짜 투자자의 질문

**16. 지도 밖으로 눈을 돌리면 자유가 가까워진다** _돈파파, 순자산 15억 원, 41세 • **233**
시즌 1. 종잣돈으로 부동산 투자를 시작하다 | 시즌 2. 파격적으로 자산을 배분하다 | 시즌 3. 지리적 차익으로 여유로운 삶을 설계하다 | 월급쟁이도 돈의 주인이 될 수 있다

## RICH CODE 4 차별화DIFFERENCE
## 남들과는 다르게, 특별하게 부를 축적한다


**17. 인플루언싱, 나라는 특별 자산에 투자하라** _박성운, 월수입 3,000만 원 이상, 36세 • **245**
기록해두지 않으면 기억은 증발한다 | 인플루언싱이 전부다 | 전략적 수익화 프로세스 | 영향력 피라미드를 이해하라 | 나는 무엇을 팔 수 있을까

**18. 인생에서 시간의 자유가 무엇보다 중요한 당신에게** _제이슨, 순자산 4억 원, 39세 • **260**
자유로운 삶을 위한 최저 소득 기준 | 믿음으로 버티는 가치투자 방식 | 투자도 삶도 자기주도적으로

19. **언제 비트코인이 오르내리는지를 연구하다** _나씨, 순자산 50억 원, 36세 • **272**
욕망을 읽으면 돈이 보인다 | 초보일수록 때를 기다려야 한다 | 결국 코인도 실력이다

20. **결혼하지 않고 혼자 자유롭고 여유롭게 사는 법** _홍경희, 월 자본소득 280만 원, 43세 • **283**
삶을 정비하면 5억 원도 충분하다 | 똑똑하게 자산 재분배하기 | 오직 손품으로 캐나다 부동산을 사다 | 비혼이라면 경제적 자유는 필수

21. **자본주의라는 게임에서 승리하기 위해 해야 할 것** _김민재, 순자산 18억 원, 36세 • **294**
대기업 사원이 그토록 궁상맞게 살았던 까닭 | 자본은 곧 전투력이다 | 부동산 게임에 참전하다 | 100세까지 18억 원 다 쓰고 죽는 게 목표

## RICH CODE 5 최고 PEAK
## 대체할 수 없는 최고가 되어 부를 축적한다

22. **'매의 눈' 김과장이 회사를 나와 100억 기업가가 된 비결** _김진우, 연매출 100억 원, 44세 • **309**
강남 편의점을 주름잡던 점포 개발 회사원 | 첫째도 입지, 둘째도 입지다 | 의외로 직장에서 배우는 건 많다 | 직장인 10년, 사업가 N년, 다른 세상이 열렸다

23. **왜 1,000억대 자산가들은 그에게 선뜻 자산을 맡기는가** _서재영, 월수입 1억 원 이상, 58세 • **320**
수년간 업계 '연봉 킹' 비결은 현장에 있다 | 가상 부동산 투자하는 이상한 아저씨 | 요즘 부자들은 이렇게 달라졌다 | 주변 환경을 늘 새롭게 바꿔라

24. **최고들은 성공할 확률을 매일 1퍼센트씩 올린다** _김작가, 연봉 대한민국 상위 1퍼센트, 40세 • **329**
그들은 운을 받아들일 준비를 마쳤다 | 왜 성공한 사람들은 운의 힘을 인정할까 | 실패도 경험으로 만드는 사람들 | 매일 성공할 확률을 높여간다

**에필로그** 우리가 경제적 자유를 이루는 그날까지 • **341**

서문

# 이제 돈 버는 패러다임이 바뀌었다

밀레니얼 세대는 돈에 솔직하다. 돈을 벌어 자산을 불리고 경제적 자유를 이루고 싶다는 꿈을 감추지 않는다. 이들은 성공해서 부자가 되겠다는 소망을 어디에서나 당당하게 드러낸다.

부에 대한 열망을 천박하게 여기는 것은 과거의 잔재로, 낡은 생각이다. 오늘날 경제적 자유를 실현하는 일은 단순히 돈을 많이 번다는 목표에 매진하는 게 아니라 자신이 진정으로 원하는 일을 선택할 수 있는 환경을 만드는 것이다. 즉 자아실현이라는 고차원적인 삶의 목적을 이루겠다는 의지의 표현이다. 이를 위해 많은 밀레니얼 세대가 저축, 투자, 창업 등 가능한 방법들을 동원해 제약에서 벗어나 자유로워지려는 도전을 시도하고 있다.

이들의 용기 있는 도전을 지켜보면서 나는 젊은 나이에 부를 이룬 밀레니얼 부자들의 공통점을 발견했다. 그들은 이제부터 이야기할 다섯 가지 생각과 행동 방식을 공유하고 있었다.

## 근로소득만으로는 부자가 될 수 없다

KB금융지주 경영연구소에서 발간한 〈2021년 한국 부자 보고서〉에 따르면 2020년 말 금융자산 10억 원 이상을 보유한 개인은 39만 3,000명으로 전체 인구의 0.76퍼센트를 차지했다. 거주 지역을 살펴보면 서울과 경기, 인천 등 수도권에 부자의 70.4퍼센트가 거주하고 있었으며 그중 서울에는 강남구, 서초구, 송파구 세 곳에 45.7퍼센트가 몰려 있었다.

이들의 자산 포트폴리오는 거주 주택이 29.1퍼센트로 가장 높은 비중을 차지했다. 전통적인 부의 축적 수단은 주택과 빌딩, 상가, 토지 등 부동산이지만 주식, 리츠, ETF 등 금융자산 비중도 9퍼센트나 된다. 이들은 부의 원천으로 사업소득(41.8퍼센트)을 가장 많이 꼽았고 그다음으로 부동산 투자(21.3퍼센트), 상속 및 증여(17.8퍼센트), 금융투자(12.3퍼센트), 근로소득(6.8퍼센트)을 꼽았다.

내가 만났던 자수성가한 밀레니얼 부자들도 이 보고서의 분석에서 크게 벗어나지 않았다. 많은 이가 아파트, 원룸 건물, 상가, 토지 등 거주용 혹은 임대용 부동산 자산을 취득해 부동산 호황기에 크

**부자들이 꼽은 부의 원천**

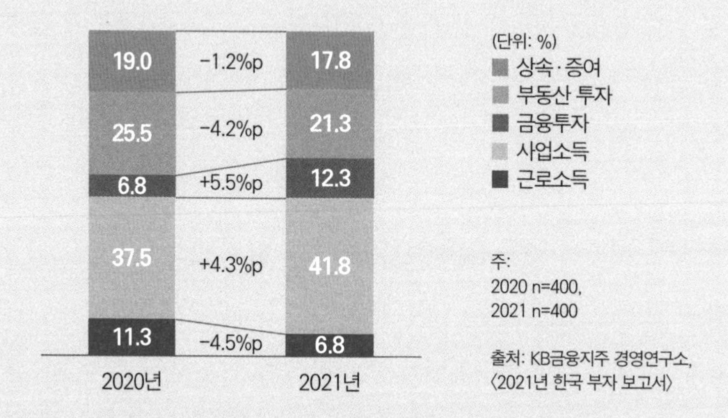


게 자산을 불렸다. 주식이나 코인 등 금융투자를 통해 수십억 원대 자산을 일군 경우도 많았다. 부모의 도움을 받아 성공한 사례는 다루지 않았음을 고려하면, 월급쟁이가 경제적 자유를 얻을 수 있는 가장 강력한 수단은 부동산과 주식 그리고 코인 투자였던 셈이다. 서글프게도 근로소득만으로 부자가 된 사례는 업무 역량이 매우 뛰어난 극소수에 불과했다.

밀레니얼 부자들이 30~40대 젊은 나이에 빠르게 경제적 자유에 도달할 수 있었던 것은 냉정하게 말하면 '근로소득만으로는 부자가 될 수 없다'라는 사실을 절감하고 투자에 적극적으로 뛰어들었기 때문이다. 근로소득은 물론 신성한 것이다. 직장은 조직에서 유기적으로 일하는 법을 배우고 생계를 유지할 안정적인 소득을 얻으며 소속감을 느끼고 인정 욕구까지 채울 수 있는 소중한 삶의 터전이다. 하지만 월급을 아껴 저축하는 것만으로는 자산 가격이 상승하는 속도를 따라잡을 수 없는 게 현실이다.

국세청이 발표한 지난해 노동소득증가율은 2.7퍼센트에 불과했다. 반면 KB부동산에서 밝힌 같은 기간 아파트 매매가격 상승률은 13.06퍼센트였다. 이것만 봐도 현실이 어떤지 알 수 있다. 열심히 일하면 부자가 될 수 있다는 생각은 희망 사항일 뿐 자본주의 사회에서는 이룰 수 없는 꿈이다. 경제적 자유를 얻고자 하는 밀레니얼 세대라면 열심히 일해서 월급을 모아 종잣돈을 만들고 투자에 진지하게 임해야 한다.

다행히 밀레니얼 세대에겐 큰 기회가 열려 있다. 온라인 시장에서 자신의 재능을 활용한 지식창업에 도전해 사업소득을 얻고 이를 빠르게 투자로 전환해서 자산을 불리는 방법이 새로운 부의 원천으로 떠오르고 있다. 실제 많은 밀레니얼 부자가 평범한 월급쟁이로 시작해 자신의 재능을 활용한 사업소득을 추가로 벌어들이고 이것으로 부를 축적하고 있다. 처음에는 투잡이나 사이드잡으로 시작한 일이 나중에는 근로소득을 넘어서고, 곧 직장에서 독립해 자신만의 비즈니스를 꾸려나가는 기반이 된 사례가 많다.

결코 쉬운 길은 아니지만 큰 비용을 투자하거나 시간과 공간의 제약을 받지 않고 도전해볼 수 있다는 점에서 놓치기 아까운 기회인 것만은 분명하다.

자산가가 되는 단 하나의 정답은 없다. 자신이 흥미를 느끼고 잘하는 분야에 적극적으로 도전해 성과를 내면 그게 정답이다. 부동산 영역을 예로 들어보면 흔히 아파트 시세차익형 투자가 답인 것

같지만 그렇지 않다. 실제 자산가들을 살펴보면 원룸 건물과 같은 수익형 투자를 비롯해 빌라 경매, 토지 투자, 오피스텔·꼬마 빌딩 투자 등 부를 이룬 방식은 저마다 제각각이다. 자신이 흥미를 느끼고 적성에 맞는 분야를 찾아 깊이 파고드는 게 최선이다.

요즘은 해당 분야의 롤모델이나 멘토를 몇 번의 검색만 거치면 찾을 수 있음은 물론 노하우를 쌓는 데 필요한 정보나 자료들을 쉽게 손에 넣을 수 있다. 세상이 제시하는 정답을 찾으려 애쓰지 말고 자신만의 정답지를 써나갈 수 있다면 자산가가 되는 일도 그리 먼 꿈이 아닐 것이다.

### 실행력이 모든 것을 결정한다

밀레니얼 부자들에게서 배워야 할 점을 단 하나만 꼽으라면 바로 '실행력'이라고 할 수 있다. 누구나 머릿속에는 부자가 될 수 있는 멋진 아이디어 한두 개쯤은 있다. 스타트업에 도전할 만한 기발한 서비스 아이디어나 유튜브 채널을 만들어 구독자를 끌어모을 수 있는 소재도 무궁무진하다. 또 어디가 유망하다거나 어떤 종목이 좋다는 투자 아이디어는 직장인들이 삼삼오오 모이면 단골로 등장하는 소재다. 하지만 말로는 쉽게 이야기하는 그 아이디어를 직접 실행에 옮기는 사람은 극소수에 불과하다.

실행력은 흔히 자기 자신에 대한 믿음과 실행 의지에서 온다고 생각하지만 이는 순진한 착각이다. 본래 인간은 나약하고 생각을 쉽게 바꾸며, 끊임없이 자신의 선택과 행동을 합리화한다. 그리고 인간의 몸은 항상 편안하고 안락한 상태를 추구하며 두뇌는 당장 입을 손실이나 리스크를 조금이라도 회피하는 선택을 하려고 한다. 따라서 실행력이 뛰어난 사람들은 의지가 남들보다 뛰어난 사람이라기보다는 목표를 달성하기 위해 자신의 행동을 강제할 환경을 잘 조성하는 전략가에 가깝다.

가장 효과적인 전략은 돈을 쓰는 것이다. 살짝 부담스러울 정도로 비용을 투자해서 돈이 아까워서라도 중도에 포기하지 않고 꾸준히 하도록 만드는 것이다. 직접 모임을 만들거나 리더가 되어 인정받고 싶은 욕구를 활용하는 고차원적인 방법도 있다. 약속을 잘 지킬 수밖에 없는 환경을 조성하는 방식으로 자기관리를 해나가면 의지에 기대는 것보다 성공 확률이 훨씬 커진다.

투자의 대가들도 자신의 한계를 객관적으로 인지하고 개선해나가는 방식으로 성공에 도달했다. 세계 최대 헤지펀드인 브리지워터 어소시에이츠의 설립자이자 CEO인 레이 달리오Ray Dalio는 《원칙》에서 "자신을 큰 기계 안에서 작동하는 기계로 생각하라. 그리고 더 좋은 결과를 내기 위해 그 기계를 고치는 능력이 있다는 사실을 깨달아라"라고 말했다. 성공하기 위해서는 내가 나의 설계자이자 관리자가 되어 노동자인 내가 어떤 특징이 있는지 객관적으로 볼 수 있어야 한다. 그리고 감정이 아닌 전략으로 나를 다스릴 줄 알아야 한다. 자신이 세운 목표와 실제 도출되는 결과를 비교해 자신을 어떻게 바꾸고 개선해나갈 것인지 고민하라는 것이 달리오가 우리에게 전하는 조언이다.

실행력이 뛰어난 사람들은 작게 그리고 빠르게 시작할 줄 안다. 큰 목표를 세우고 계획을 세우느라 실행을 지체하면 시작하지 못하는 이유와 실패할 가능성 등 오만 가지 핑계만 떠오를 뿐이라는 사실을 알기 때문이다. 인터뷰에서 만난 자산가들은 그들의 목표를 이야기하고 얼마 지나지 않아 이를 작게라도 시작했고 작은 성공들을 축적해나갔다. 말만 하고 아무것도 시작하지 않은 채 시간을 흘려보내는 사람은 찾아보기 어려웠다.

직접 부딪혀봐야 아이디어가 좋은 것이었는지, 어떤 점이 부족한지 알 수 있다. 해보지 않고 머릿속으로만 기회와 리스크를 저울질하는 것은 아무런 변화도 만들어낼 수 없다. 연초에 세운 목표를 얼마나 실행했는지를 점검해보면 자신이 실행하는 사람인지, 생각만 하는 사람인지를 객관적으로 파악할 수 있다. 생각만 해서는 삶의 어떤 부분도 달라지지 않는다.

인터뷰할 때 나는 인터뷰이에게 마지막 공통 질문으로 앞으로의 목표를 묻곤 한다. 그리고 3개월, 6개월 정도 지나서 그들에게 어떻게 지내고 있는지 묻는다. 돌아오는 대답을 들어보면 대부분이 전에 이야기한 목표와 관련된 무언가를 이미 하고 있었다. 그리고 그 일은 예상보다 빠르게 성장했다. 그들은 6개월 전보다 훨씬 더 많은 노하우를 쌓았고, 몸값을 더 올렸고, 더 많은 자본소득을 벌어들이고 있었다. 그들의 성장 속도는 듣기만 해도 자극제가 될 정도로 놀라운 수준이었다.

이렇게 빨리 성장한 이유는 그들이 남들보다 특출하게 뛰어난 사람이어서가 아니다. 생각을 바로 실행에 옮기는 사람들이기 때문이다. 그들이 계속해서 생각을 실행으로 옮기는 동안 당신은 여전히 어디서부터 시작해야 할지 모르겠다면, 얼마 안 가 이들과의 격차는 현저하게 벌어질 것이다.

## 오픈 마인드를 가진다

우리나라 60대 이상의 부자들을 살펴보면 대체로 무역업이나 제조업, 부동산 투자를 통해 자산을 축적했음을 알 수 있다. 이후에 등장한 젊은 부자들은 인터넷이 확산되면서 IT업계에 뛰어든 이들이 많다. 그리고 이제 밀레니얼 부자들은 플랫폼이나 AI, 블록체인, 메타버스, 암호화폐 시장에서 나오고 있다.

새로운 기술이 열어갈 미래에 남보다 먼저 관심을 두고 투자나 사업 기회를 찾았던 밀레니얼 세대의 상당수가 수십억, 수백억 자산가가 되어 30~40대라는 젊은 나이에 경제적 풍요를 누리고 있다. 이들은 자신에게 다가온 새로운 기회를 외면하지 않고 열린 마음으로 받아들인 덕분에 막대한 부를 거머쥘 수 있었다.

사실 2016년 이전까지만 하더라도 암호화폐 시장은 '스캠 사기'라는 오해와 '도박판'이라는 오명에서 벗어나지 못했다. 일확천금을 노리는 부도덕한 투기꾼들이 모여 거래하는 시장으로밖에 인식되지 않았고, 코인 투자를 하고 있다고 주변에 이야기하면 걱정과 핀잔을 듣기 일쑤였다. 암호화폐에 잠시 관심을 가졌던 사람들조차 이런 선입견을 먼저 접하면서 가까이하면 안 되는 대상으로 여겼고 미디어도, 당국도 시장의 어두운 면만을 부각하기 급급했다.

이때 탈중앙화를 추구하는 암호화폐의 의미와 자산 혹은 화폐로서의 가능성에 대해 진지하게 공부하는 사람들이 등장했다. 이들은 백서를 찾아 읽거나 해외에서만 활성화됐던 커뮤니티를 찾아 암호화폐를 공부하고 종잣돈을 투자하기 시작한 20~30대 사회초년생이었다. 물론 당시 높은 변동성을 보고 큰돈을 벌기 위해 무작정 투자에 뛰어든 경우도 많았다. 하지만 대부분은 중앙은행이 발행하는 공인된 화폐가 아닌 발행량이 2,100만 개로 한정된 분산된 권력구조의 비트코인이 열어젖힐 새로운 세상에 열린 마음으로 뛰어든 이들이었다.

암호화폐는 당시만 해도 미국, 한국, 중국 등 소수의 젊은 개인투자자들이 열광하는 시장으로 전체 시가총액이 300조 원 안팎에 불과했다. 가격이 일정 수준 이하로 급락할 때마다 '코인 시장은 끝났다'라는 뉴스가 지면을 장식했고 공포심도 극도에 이르렀다. 그러나 2021년 말 코인 시장 규모는 2,500조 원에 육박하는 수준으로 팽창했고 주축도 개인에서 미국 금융기관들로 바뀌었다. 세계 금융 1번지 월가에서 암호화폐를 자산 포트폴리오에 추가하기 시작하면서 게임의 양상이 달라지고 있다. 이제는 누구도 섣불리 비트코인이나

이더리움이 곧 사라질 것이라고 이야기할 수 없는 규모가 됐다.

국내 최고의 고액자산가 전담 PB로 꼽히는 서재영 NH투자증권 마스터PB는 자산가일수록 변화와 트렌드에 더 민감하고 블록체인 같은 새로운 기술에 관심이 높다고 말한다. 그의 말에 따르면 자산의 일정 비율을 코인 투자에 할애하는 자산가들이 늘어나고 있으며 이들은 암호화폐뿐 아니라 메타버스, AI, 블록체인 관련 신산업에 적극적으로 투자하고 있다. 그는 이렇게 말했다.

"자산가 중에서도 플랫폼 사업 등으로 자수성가한 젊은 부자일수록 미래 기술에 관심이 높고 적극적으로 투자합니다. 새로운 기회가 열렸을 때 빠르게 선점하기 위해서죠."

## 빠르게 확장한다

2020년 초 코로나가 전 세계를 덮치면서 모든 것이 송두리째 바뀌었다. 사회적 거리두기가 강화되고 일상이 동결되면서 많은 산업이 위기를 맞았는데 특히 오프라인 비즈니스가 타격을 크게 입었고 항공, 여행 산업은 도산 위험에 처했다. 반면 온라인 서비스는 오히려 폭발적인 성장을 거듭해 매년 2~3배 이상 시장이 팽창했다.

이 기간 밀레니얼 부자들은 가만히 있지 않았다. 이들은 온라인 영역에서 자신을 브랜딩하고 비즈니스를 확장하는 데 공을 들여 엄청난 부가가치를 창출했다. 이는 시장에 맞게 자신을 끊임없이 변화시키고 남들보다 비교우위에 있는 분야에서 충분히 준비되어 있었기 때문에 가능했던 일이다.

코로나를 기점으로 국내 온라인 시장 성장세를 살펴보면 실로 놀라운 수준이다. 온라인 쇼핑 시장은 무려 연평균 20퍼센트대의 고성장을 기록했다. 한국온라인쇼핑협회는 2022년 온라인 쇼핑 시장 규모가 지난해보다 14.5퍼센트 성장한 211조 8,600억 원에 이를 것으로 내다봤다. 온라인 유통시장은 생활 전반을 바꾸며 업계를 뒤흔들고 있다. 스타트업으로 출발한 마켓컬리는 국내 증시 상장을 추진 중이며 4조 원대 기업가치를 인정받았다. 국내 외식시장의 지형을 바꿨다고 평가받는 배달의민족(이하 '배민')은 이용자 수가 2021년 무려 2,000만 명을 돌파했다. 배민이 주도한 온라인 음식 서비스 거래시장은 2020년 약 17조 4,000억 원 규모로 전년보다 78.6퍼센트 커졌다.

정보를 얻는 방식도 달라졌는데, 구독자 190만 명을 거느린 주식 유튜브 채널 〈삼프로TV〉는 지상파를 압도하는 영향력으로 1,000억 원 이상의 가치를 인정받는 채널로 부상했다. 온라인 성인교육 시장에서는 클래스101, 패스트캠퍼스 등의 플랫폼들이 매년 두 배가 넘는 성장세로 수백억 원대 매출을 내는 기업이 되었다. 이처럼 코로나는 전 세계 수많은 사람에게 고통을 안겨주었지만 한편으로는 온라인 분야 산업 전반의 발전을 빠르게 앞당기는 기폭제가 되기도 했다.

새롭게 등장한 부자들은 온라인 시장 확대로 파생된 기회들을 놓치지 않고 자신의 것으로 만들었다. 투자자들은 2020년 초 코로나 폭락장에 공격적인 주식투자를 감행해 200~300퍼센트를 넘어서는 높은 수익률을 거뒀다. 사업가들은 오프라인에 치중했던 사업을 온라인으로 확장해 플랫폼을 키우고 질 높은 상품을 고가에 판매해 자산을 불렸다. 이들 모두 기회가 있는 시장에 재빨리 뛰어들어 수요를 선점했기에 큰 성공을 이룰 수 있었다. 그런 선택은 자신을 변화시켜 새로운 것에 적응하지 않고는 불가능하다.

지금처럼 급격히 변화하는 시장에 어떤 형태로든 발을 담그지 않으면 뒤처지기 쉽다. 이럴 때 밀레니얼 부자들은 무엇을 해야 하는지 잘 알고 있다. 이들은 자신이 하는 일을 어떻게 진화시켜야 변화하는 시장에서 경쟁력을 가질 수 있을지를 끊임없이 생각하고 실행에 옮긴다. 사고를 확장하고, 행동 보폭을 넓히고, 투자나 비즈니스 영역을 확대한다. 이것이야말로 또 다른 기회를 연이어 만들어내는 창조적인 행위다.

## 간절함이 모든 것을 바꾼다

각자의 영역에서 다양한 방식으로 부를 이룬 밀레니얼 부자들의 마지막 공통점은 '간절함'이 있었다는 것이다. 간절함은 모든 것의 시작이자 끝이다. 가난과 돈의 무서움을 경험해보지 않은 사람은 돈에 대해 진지하고 치열하게 고민해볼 시간을 갖기 어렵다. 결핍은 남들보다 더 움직이고 노력하도록 자신을 이끄는 최고의 동기부여다. 그런 측면에서 새로운 세대의 부자들이 이루고자 했던 경제적인 자유는 단순히 자산이 많은 상태가 아니다. 자신이 자유롭게 선택할 수 있는 주체적인 삶을 사는 것이다. 그리고 이 자유를 얻는 과정은 힘들고 지루하고 고통스럽고 긴 터널과도 같아서, 정말로 간절한 사람만이 통과할 수 있다.

자수성가한 요즘 부자들은 저마다 간절함이 있었고 그 정도도 평범한 사람들보다 훨씬 컸다. 돈 때문에 부당한 대우를 받고 힘든 환경을 참아낸 좌절의 시간이 있었다. 가정을 이루기 전까지 반지하에서만 살았다는 수십억대 자산가가 있는가 하면, 화장실이 늘 집 밖에 있었고 요리를 할 만한 싱크대가 없어 바닥에서 음식을 해 먹었다는 100억대 자산가도 있었다. 심지어 돈이 없어 수술비를 마련하지 못해 사랑하는 가족을 허망하게 떠나보낸 이도 있었다. 이런 결핍은 상처지만 한편으로는 어떤 역경에도 굴하지 않고 목표를 향해 집중할 수 있는 원동력이 되기도 한다.

간절함은 인생을 바꿀 수 있는 충분한 이유가 된다. 삶에서 무언가를 원하고 이를 얻기 위해 정성을 다할 때 놀랍게도 기회가 찾아온다. 젊은 나이에 수십억대 자산가가 된 이들에게 노하우를 물으면 대개 유망한 투자처나 기술을 알려줄 것 같지만 그저 간절히 바라면 반드시 이루어진다는 식의 답변을 듣는다. 간절히 바라면 꿈을 이룰 수 있다니, 마치 뜬구름 잡는 이야기처럼 들릴지도 모른다. 하지만 중도에 포기하지 않고 애초에 세운 목표를 향해 오래 밀고 나가는 불요불굴不撓不屈의 자세를 잃지 않으려면 결국 간절함밖에는 기댈 곳이 없다.

누가 더 나은 능력을 지녔는가보다 누가 더 간절한가가 실제로 성공을 결정하는 요소다. 간절하면 더 잘하기 위해 마음을 쏟고 성장할 기회를 늘 탐색하기 때문이다. 그리고 기회가 오면 누구보다 열정적으로 임하며 쉽게 지치지 않고 꾸준히 지속한다. 결국 먼저 시작한 이보다 더 나은 역량을 쌓고 경쟁력을 확보한다. 의무감으로 하는 사람과 즐기는 사람은 절대로 간절한 사람을 이길 수 없다. 간절하게 노력하는 사람은 운마저 끌어들이는 마력을 지녔다.

10년을 매일같이 새벽 5시에 일어나 출근 전에 책을 읽고 글을 쓰고 투자를 공부했다면 이는 간절함 때문일 것이다. 내 삶을 바꾸는 것이 그 누구보다 간절해서, 이른 아침에 시간을 내는 게 얼마나 귀한지 그 가치를 알기 때문에 멈추지 않고 이어가는 것이다. 피곤하고 귀찮은데 어떻게 하느냐고 묻는다면 그건 간절함의 깊이를 이해하지 못한 것이다. 간절함은 나를 움직이고 나아가 남의 마음도 움직일 수 있는 강력한 무기다. 아무것도 가지지 못했을지라도 간절함이 있다면 원하는 것을 얻는 건 시간문제다.

살면서 배워야 할 가장 중요한 것이 있다면 자신의 한 번뿐인 인생을 소중하게 여기고 간절한 마음으로 꿈꾸고 실행하는 것이다. 간절한 마음이 있다면 삶의 목적이나 목표를 허투루 세우지 않는다. 누구나 노력하면 경제적 자유를 이루고 원하는 삶을 살 수 있다면 좋겠지만 현실은 그렇게 녹록지 않다. 치열한 시장에서 투자든,

사업이든 자신의 역량을 펼칠 수 있는 행운은 그리 쉽게 주어지지 않는다. 지난 10년간 못한 일을 당장 몇 년 안에 갑자기 해낼 수 있는 초능력이 생길 리도 없다. 꿈꾸는 것을 이뤄내려면 간절한 마음을 잃지 않고 오랫동안 유지할 수 있어야 한다.

지금 어두운 현실에 갇혀 힘들어하는 누군가가 있다면, 그곳에서 벗어나고 싶다는 간절함만으로도 모든 것을 바꿀 수 있다는 사실을 알려주고 싶다. 간절함은 마지막까지 놓치지 말아야 할 한 가지이자 전부다.

이 책에는 내가 만났던 젊은 부자들 24인의 투자와 인생 이야기를 담았다. 그들이 경제적 자유를 이룬 방법은 모두 제각각이었지만 그 특징을 다섯 개의 키워드로 분류해볼 수 있었다. 이를 리치 코드rich code라고 부르기로 했다. 그들은 다음 다섯 가지 방법 중 자신에게 맞는 것을 적용해 부자가 되었다.

- 몰입Flow : 자신에게 맞는 투자 방법을 찾아 몰두한다.
- 확장Expansion : 다양한 파이프라인을 만들어 영역을 확장한다.
- 헤지Hedge : 절대 잃지 않는 투자를 위해 자산을 안전하게 분산한다.
- 차별화Difference : 남들과는 다른 생각과 방법으로 도전한다.
- 최고Peak : 자기 분야에서 최고가 되어 정점을 찍는다.

물려받은 돈도, 특별한 능력도 없던 평범한 사람들이었지만 묵묵히 자신의 길을 개척해간 것이다. 이 책을 읽는 독자도 조금 먼저 부자가 된 이들의 사례를 참고 삼아 경제적으로 풍요롭게 원하는 인생을 살 수 있기를 바란다.

경제란 살아 있는 유기체와 같아서 100퍼센트 똑같은 상황은 존재하지 않는다. 그러나 거시적인 관점에서 볼 때 경제는 일정한 패턴으로 움직이고 기회는 매번 다른 얼굴을 하고 찾아온다. 그때 이 책이 큰 도움이 될 것이라고 믿는다. 앞으로 펼쳐질 평범한 얼굴을 한 젊은 자산가들 사례에서 자신만의 방향성을 찾길 바란다.

# RICH CODE 1

# 몰입

## FLOW

한 가지에 집중해 빠르게 부를 축적한다

**Flow**

정보가 넘쳐나는 세상이다. 핸드폰 하나만 있으면 '지금 여기에 투자하라' 따위의 정보를 찾아내는 것쯤은 몇 초면 가능하다. 하지만 안타깝게도 이런 정보의 유효기간은 단 며칠, 몇 주에 불과한 경우가 비일비재하다. 스스로 중심을 잡지 않으면 어렵게 모은 시드머니를 여기저기 투자하고 가격 변동에 일희일비하다 결국엔 경제적 자유를 얻지도 못한 채 귀중한 시간만 날려버리고 만다. 그러나 적어도 내가 만난 젊은 자산가들 중에는 이런 단편적인 정보에 휘둘리는 사람은 단 한 명도 없었다.

부를 축적하는 가장 빠른 길은 자신에게 맞는 투자 영역을 찾아 거기에 몰두하는 것이다. 자산가 대부분은 자신이 가장 잘할 수 있고 잘 안다고 생각하는 분야 한 가지만 파고든다. 어느 정도 목표를 달성한 후에는 자산을 안전하게 지키기 위해 분산투자하기도 하지만 처음부터 다양한 투자처를 섭렵하는 경우는 드물다. 이유는 간단하다. 인간의 능력에는 한계가 있고 당신도 평범한 사람들 중 하나이기 때문이다. 한 가지에 몰두할 수 있으려면 남의 이야기, 남의 시선에 연연하지 말아야 한다. 자신이 잘할 수 있다고 믿는 분야를 정하고 누가 뭐라 해도 밀고 나가는 집념이 있어야 한다. 부동산인지, 주식인지, 코인인지, 창업인지 여부는 그리 중요한 게 아니다. 얼마나 몰두할 수 있느냐, 스스로 정한 기한 내에 목표에 다다를 수 있느냐가 성패를 가르는 열쇠다.

# 1

수도권·부산 아파트 투자자

순자산 25억 원

월 자본소득 320만 원

김도협(부산빠꾸미)

41세

# 부자들을 연구하니 부자되는 길이 보였다

STX, SK그룹 등 남부럽지 않은 대기업에 다니면서도 고용불안과 쪼들리는 삶에서 벗어나지 못했던 김도협 씨는 직장 생활 10년 만에 순자산 21억 원을 달성하고 경제적 자유를 이뤘다. 그는 부동산 투자로 재테크를 시작한 지 4년 만에 목표 자산을 초과 달성했다. 또한 조기 은퇴를 위한 자산 포트폴리오 조정을 통해 하루 세 시간 하고 싶은 일만 하며 월 300만 원 이상의 자본소득을 올리는 시스템을 마련해서 가족과 제주로 이사했다. 은퇴 후에는 자산이 늘어나는 속도가 전보다 빨라졌고 은퇴 무렵 보유했던 자산 21억 원은 1년여 만에 25억 원 이상으로 늘어났다.

김도협 씨가 경제적 자유를 간절히 원했던 이유는 놀랍게도 남부럽지 않은 직장 생활 때문이었다. 대학 졸업 후 2008년 STX조선해양(현 케이조선)에 취업했을 때만 해도 중산층으로 걱정 없이 살 수 있으리라 믿었다. 하지만 현실은 녹록지 않았다. 입사 직후 미국발 서브프라임 모기지 사태로 전 세계 경제가 크게 휘청이더니, 눈부시게 성장하던 회사가 무서운 속도로 내리막길을 걷다 급기야 대규모 정리해고에 나섰다. 하루아침에 동료들의 절반이 해고를 당했다. 그리고 얼마 지나지 않아 남은 인력도 절반이 사라졌다.

가까스로 서울 SK그룹으로 이직에 성공했지만, 이번에는 참여했던 신사업이 좋은 성과를 내지 못하면서 언제 부서가 해체될지 모르는 불안에 시달렸다. 누구보다 열심히 일했지만 불안과 공포는 사라지지 않고 그를 괴롭혔다. 아내와 맞벌이를 하면서도 풍족하기는커녕 쫓기듯 사는 삶에 대한 불만도 컸다.

"남들이 부러워할 만한 대기업에서 10년 가까이 일했지만 결국 제가 느낀 건 '내가 아무리 열심히 해도 업황이 침체되거나 사업이 부침을 겪으면 내 인생이 위태로워진다'는 사실이었어요. 제 노력과 무관하게 삶과 가정이 통째로 흔들릴 수 있다는 사실이 소름 끼치게 무서웠죠. 제 인생을 더 이상 누군가의 손에 맡기지 말자고 다짐했습니다. 어느 날 갑자기 직장을 잃더라도 안정적으로 삶을 영위할 수 있는 자산과 수익 파이프라인을 만들어야겠다고 몇 번이고 다짐했죠."

## 40년치 생활비를 미리 모은다면

답이 보이지 않는 직장 생활을 힘겹게 버티면서 도협 씨는 3인 가족의 1년 생활비 4,000만 원을 기준으로 40년치 생활비에 해당하는 16억 원을 모아 40세 이전에 직장을 조기 은퇴하겠다는 목표를 세웠다. 적어도 80세까지 가족이 생활하는 데 필요한 최소한의 돈은 마련해둬야 자유롭게 원하는 일을 찾아 도전하는 삶을 살 수 있다고 생각했기 때문이다. 간단히 생각해보니 다음과 같은 계산이 나왔다.

연 생활비(4,000만 원) × 추후 기대수명(40년)

= 필요 은퇴자금(16억 원)

조기 은퇴가 가능한 자산을 설정할 때는 실제 본인 가정의 지출 성향과 거주 지역의 물가 수준이 큰 영향을 미친다. 서울시에서 집계한 2021년 3인 가구 가계지출 중윗값은 380만 6,000원이다. 조기 은퇴 후 물가가 비싼 서울살이를 굳이 고집하지 않는다면, 자녀 사교육비 지출을 자제한다면, 건강관리를 통해 장기적으로 발생할 의료비 지출을 줄인다면 한 달 300만 원 정도의 지출로도 충분히 원하는 일상을 누릴 수 있다는 게 도협 씨의 판단이었다.

이 액수가 물가상승분을 반영한 것은 아니다. 하지만 도협 씨는 자산에서 나오는 자본소득과 별도의 파이프라인을 통해 벌어들이는 현금흐름으로 물가상승을 충분히 상쇄할 수 있다고 보고, 자산을 계속 증식해나가기로 했다.

목표를 세운 뒤에는 맞벌이 소득을 최대한 절약하고 저축해 종잣돈을 모으는 데 보탰다. 동시에 책, 유튜브, 재테크 커뮤니티 등에서 정보를 습득하며 돈 버는 방법을 닥치는 대로 공부하고 네이버 블로그에 기록하기 시작했다. 시간이 별로 없다는 생각에 다른 무엇보다도 자산가가 된 사람들이 걸어온 길을 분석하고 공통점을 찾는 데 집중했다. 현재 뚜렷한 기술이나 재능이 없다면 재테크로 부자가 된 사람들을 잘 분석해 그들의 뒤를 따르는 게 시행착오를 최소화하고 기간을 단축할 수 있다고 믿었기 때문이다.

> "2년이 넘게 매일 새벽 6시부터 두 시간씩, 출근 전 도서관에 가서 재테크를 공부했고 자산가가 된 사람들을 꼼꼼하게 분석했죠. 그 사람들이 걸어간 길을 속속들이 알아야 그들을 벤치마킹해서 자산가가 될 수 있다고 생각했습니다. 계속 파고들다 보니 어느 순간 길이 보이기 시작했습니다. 그 후 제가 모은 종잣돈으로 투자에 나설 시점이 됐다고 판단했을 때 자산가들이 실천한 길을 그대로 따랐습니다. 그렇게 해서 단기간에 자산을 불릴 수 있었죠."

도협 씨가 분석한 자수성가형 자산가들은 다음 세 단계로 부를 늘린다.

- 1단계: 주 종목 하나만 판다.
- 2단계: 기회가 왔을 때 올인한다.
- 3단계: 성과를 냈으면 떠난다.

첫 단계는 자산시장을 꾸준히 공부하고 관찰하면서 본인이 가장 잘할 수 있는 분야를 하나 정해 여기에 집중하는 것이다. 부동산, 주식, 암호화폐, 사업 등 제각기 다른 영역을 두루 살펴보고 본인에게 가장 적합한 영역 하나를 골라 집중할 때 투자는 가장 효율적인 성과를 낸다.

두 번째 단계는 섣불리 나서기보단 시장 흐름을 지켜보다 기회가 왔다고 판단했을 때 종잣돈을 비롯한 가용자금을 집중투자해서 큰 투자 성과를 내는 것이다. 매달, 매년 꾸준히 일정 수준 이상의 수익률을 내는 안정적인 투자도 좋지만 결국 자산을 크게 불리는 건 기회가 왔을 때 집중투자할 수 있느냐 여부에 달렸다. 이는 충분히 공부해서 시장을 보는 눈을 기르고 투자할 자금까지 준비됐을 때만 가능한 도전이다.

마지막으로, 세 번째 단계는 투자로 목표한 성과를 내면 지나치게 욕심을 부리지 않고 안전자산으로 전환해 다음 투자 기회가 올 때를 기약하며 숨 고르기에 들어가는 것이다. 욕심이 과하면 모든 것을 망친다.

도협 씨는 이런 패턴이 평범한 직장인이 자산가가 되는 가장 효율적이고 빠른 길임을 몸소 증명해 보였다. 그가 부동산을 투자 수단으로 택한 것은 직장에 있는 동안에는 업무에 집중하고, 퇴근 이후나 주말에 짬을 내서 공부하고 임장을 다닐 수 있었기 때문이다. 또 부산과 수도권에 모두 거주해본 경험을 살리면 남들보다 폭넓은 지역에 투자할 수 있겠다는 자신감도 있었다. 투자에 실패하더라도 주식이나 암호화폐처럼 투자금 대부분을 잃어버릴 수 있는 위험이 비교적 적다는 점도 부동산 투자를 택한 이유였다.

도협 씨는 시중에 나와 있는 부동산 관련 책을 모두 읽을 정도로 2~3년간 꾸준히 공부하며 시장 흐름이나 정부 규제가 의미하는 바를 파악하려고 애썼다. 그리고 시장이 본격적인 상승장에 진입했을 때 재테크 커뮤니티나 투자 현장에서 투자자들이 움직이는 패턴을 주시하며 기회를 감지하고자 했다.

보통 부동산 흐름은 상승 신호를 감지한 전국구 투자자들이 발 빠르게 물건을 매수하기 시작한 후 해당 지역 투자 수요가 움직이고, 실수요자들이 뒤늦게 뛰어드는 수순을 밟는다. 가격 상승세도 서울 강남권 핵심 지역부터 시작해 마포구, 용산구, 성동구 등으로 옮겨 가고 서울 전역으로 확대된 후 규제가 시작되면 지방 주요 도시로 옮겨 가는 순서다. 늘 부동산 현장에 촉각을 곤두세우고 있어야 이런 투자자들의 움직임을 조기에 감지할 수 있다.

마지막으로 종잣돈을 집중투자해 일정 부분 성과를 낸 후에는 안전자산으로 전환해야 한다. 그래야 향후 하락 리스크를 방어하거나 규제에 따른 대응을 원활히 할 수 있다. 끝없이 오르거나 리스크 없이 좋기만 한 투자는 없다는 걸 명심해야 한다.

## 1억 원이 20억 원대 자산이 되기까지

도협 씨는 여러 투자 분야 중 부동산, 그중에서도 직장인이 비교적 쉽게 할 수 있는 아파트에 집중적으로 투자했다. 그는 직장 생활을 하는 4년간 월급을 아끼고 모아 30대 초 결혼할 즈음에는 1억 원의 종잣돈을 가지고 있었다. 결혼 후에는 아내와 맞벌이를 하면서 저축을 극대화해 종잣돈을 4억 원까지 불렸지만 대부분 주거비를 충당하는 데 썼다.

자산이 본격적으로 늘어나기 시작한 것은 아파트 분양권 투자에 나선 2016년 말부터다. 전세살이였던 그는 부동산 시장이 대세 상승기에 접어든 시점에 남양주 다산신도시 신축 아파트 분양권 투자를 시작으로 용인 수지, 파주 운정, 부산 대연동·사직동 등지의 아파트에 집중투자해 4년여 만에 자산을 21억 원까지 불렸다. 특히 3기 신도시 역세권과 신분당선, GTX 등 광역교통망 호재가 있는 지역에 선제 투자하고 목표가를 달성하면 매도하는 전략으로 자산을 빠르게 불려나갔다. 매도할 때도 실거주 비과세 혜택이나 임대사업자 등록을 통한 양도소득세 감면, 일시적 1가구 2주택 비과세 등 제도를 적극적으로 활용해 절세로 차익을 극대화했다.

> "시장을 보는 눈이 생기면 정부 규제도 수요억제책인지, 공급확대책인지, 시장이 어떻게 반응할지 예측하는 능력이 생깁니다. 잘 아는 지역을 중심으로 호재를 파악하고 있으면 실수요가 움

도협 씨의 자산 증식 그래프

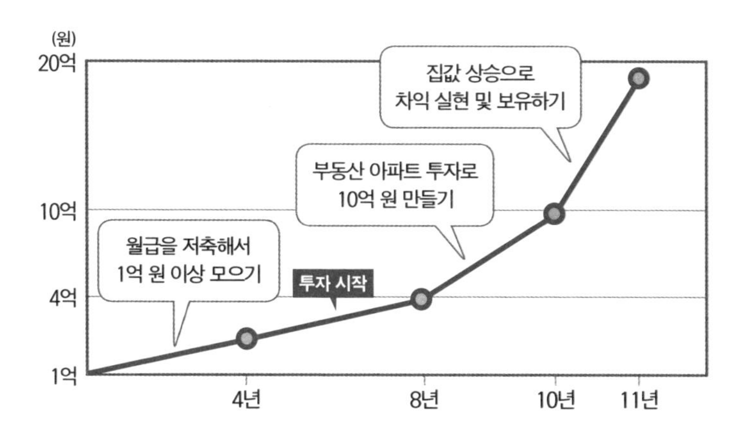


직이기 전에 미리 투자할 수 있고, 나중에 본격적인 상승 시그널이 나타났을 때 차익을 실현할 수 있는 노하우가 쌓이죠."

자산이 늘어날수록 불어나는 속도는 빨라진다. 도협 씨가 종잣돈 4억 원을 만드는 데는 8년이 걸렸지만 이를 10억으로 불리는 데는 2년, 20억 원 이상으로 키우는 데는 1년도 채 걸리지 않았다. 종잣돈이 1~2억 원 수준일 때 선택할 수 있는 투자 수단과 방식은 한계가 있고 경쟁도 치열하다.

하지만 종잣돈 규모가 커지면 투자 수단과 방식이 훨씬 다양해지고 경쟁이 덜해 안정적으로 수익을 극대화할 수 있다. 이렇게 부의 증식 속도가 다르기 때문에 근로소득에만 의존해서는 빠르게 자산가가 되기 어렵다.

## 하루 세 시간 일하고 시간 부자로 산다

39세에 조기 은퇴한 도협 씨는 가족과 제주도로 내려가 바다와 숲, 자연을 만끽하며 살아가고 있다. 부동산 투자로 불린 자산은 부동산 70퍼센트, 배당주식과 달러화 등 현금성 자산 30퍼센트로 포트폴리오를 조정했다. 수도권에 보유한 아파트에서 월세 230만 원, 블로그와 유튜브 활동을 통해 80만 원가량의 수익이 나오고 주식 배당수익도 현 10만 원에서 100만 원 수준까지 늘려갈 계획이다.

이렇게 가족의 생활비를 다양한 파이프라인에서 나오는 수입으로 충당하기 때문에 자산은 줄어들지 않고 꾸준히 늘어난다. 추가적인 투자 기회가 올 때를 대비해 현금성 자산을 일정 부분 가져가는 것도 그가 선배 자산가들을 분석하며 배운 노하우 중 하나다.

> "요즘 직장인들은 자신이 다니는 회사가 업계 1위든, 글로벌 기업이든 상관없이 코로나19 같은 예상치 못한 위기로 언제든지 위태로워질 수 있다는 사실에 공감하죠. 근로소득은 더 이상 중산층의 삶을 보장해주는 안전장치가 아닙니다. 철저히 준비해서 적극적인 투자로 경제적 자유를 이루면 시간 부자가 되어 여유롭게 살아갈 수 있습니다. 내 삶을 책임질 수 있는 자본소득을 창출하는 것, 내 삶의 주도권을 내가 쥐는 것, 그것이 행복하게 살기 위한 조건이죠."

도협 씨의 현금흐름 비중

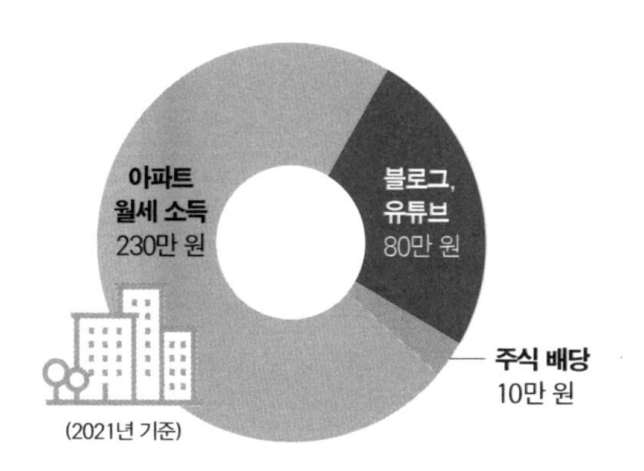


그런데 순자산 25억 원, 월수입 320만 원은 과연 조기 은퇴하기에 적정한 액수일까? 미래에셋은퇴연구소에서 발간한 〈2020년 은퇴 라이프 보고서〉를 보면 전국 50대 직장인 1,960명이 밝힌 평균 자산은 6억 6,708만 원, 부채는 6,987만 원 수준으로 결코 적은 금액이 아님을 알 수 있다. 그렇지만 자산가치 상승으로 서울 강남 아파트 한 채 가격이 수십억 원을 구가하고 대기업 직장인 연봉이 현재 수입보다 훨씬 많을 텐데 굳이 직장을 그만둘 이유가 있느냐고 반문할 수도 있다.

그러나 이는 부의 증가 속도와 시간가치를 이해하지 못하고 하는 말이다. 우리가 직장에 출퇴근하며 버는 근로소득은 내 시간가치에 대한 등가교환이다. 하루 대부분 시간을 직장 업무에 할애해서 버는 월 500만 원의 소득은 매일 일하지 않아도 벌 수 있는 자본소득 300만 원과 비교하기 어렵다.

근로소득은 회사가 어려워지거나 직장을 그만두는 순간 '제로'가 되지만 자본소득은 잘만 구축해놓으면 오히려 시간이 갈수록 늘어나 노후를 책임져주는 든든한 버팀목이 된다. 직장에 매여 있을 시간에 투자를 통해 자산을 불리면 훨씬 큰 성과를 낼 수도 있다. 실제로 도협 씨는 퇴사 후 현금흐름과 자산이 기대 이상으로 꾸준히 증가하고 있다.

이와 비교해 비록 수십억 원에 호가하더라도 전 재산이 강남 아파트 한 채인 경우에 대해서도 생각해볼 대목이다. 강남 아파트와 동시에 자본소득도 충분히 벌어들이는 자산가라면 문제없지만 실거주하면 아무런 소득이 발생하지 않고 매도해야만 시세차익을 기대할 수 있기 때문이다. 실거주하는 동안에는 직접 노동하지 않고는 자산에서 오는 자본소득을 기대하기 어렵다는 점을 간과해선 안 된다.

정부 규제 흐름을 읽는 안목으로 GTX 등 광역교통망 호재 지역 아파트에 집중투자해 자산을 불렸다.

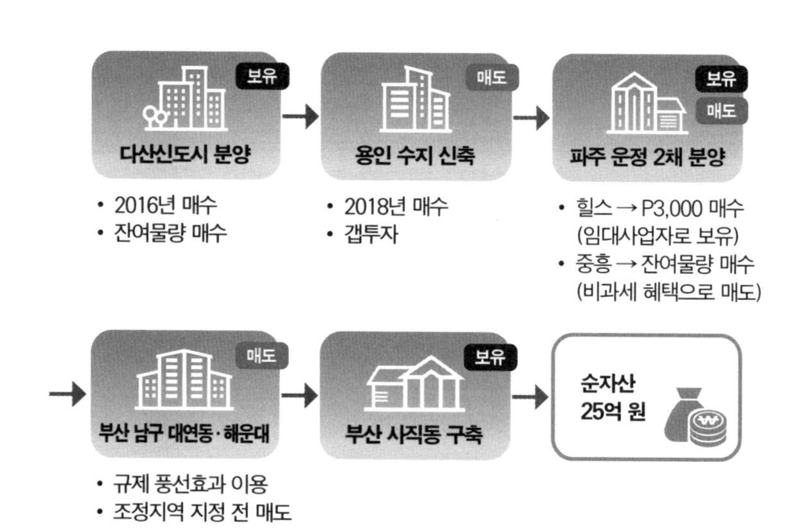


2016년 초 남양주 다산신도시는 대규모 분양으로 투자자들의 이목을 끌었다. 잠실, 송파로 연결되는 8호선 신설이 예정됐을 뿐만 아니라 현대프리미엄아울렛, 스타필드 하남 등 대규모 쇼핑단지도 들어설 예정이었다. 도협 씨는 다산신도시의 분양권 잔여물량의 기회를 놓치지 않고 다산신도시 신축 아파트를 취득했다. 이후 신분당선 생활권인 용인 수지 신축을 전세를 끼고 매입하고, GTX-A 호재가 있는 파주 운정 지역의 분양권에 투자했다. 파주 힐스테이트(힐스)는 프리미엄 3,000만 원을 주고 매입, 파주 중흥s클래스는 분양권 추가 모집(잔여물량 줍줍)으로 매입했다. 이때부터 수도권에 대한 부동산 규제가 강해져 지방으로 눈을 돌려 부산 아파트에 투자했다. 도협 씨는 발 빠른 선제 투자로 시세차익을 내 자산을 늘렸다.

# 2

# 매달 1억 넘게 버는 30대 남자 이야기

세계 1위 비트코인 트레이더

자산 수백억 원대

안시후(매억남)

35세

한국 프로게이머들의 세계적인 실력은 이제 익숙한 이야기가 됐지만 비트코인 시장에도 발군의 실력을 보유한 국내파 트레이더가 있다는 사실을 아는 사람은 많지 않다. 안시후 씨는 트레이딩으로 수백억 원의 자산을 벌어들였을 뿐 아니라 세계대회에 출전해 최고 수익률, 최다 우승이라는 놀라운 실력을 검증받았다. 아직 깨지지 않은 신기록을 보유한 그의 첫 사회생활은 놀랍게도 '평범한 직장인'이었다. 안정적인 직장을 뒤로하고 남들이 위험하다며 피하는 시장에 뛰어들어 전설을 만들어낸 그의 원동력은 목표를 향한 강한 집념과 몰입에 있었다.

**안시후 씨는 국내 코인 트레이더 사이에서도 뛰어난 역량을 갖춘**

실력자로 손꼽힌다. 자신의 존재를 밝히고 거래를 공개하는 트레이더들 가운데 가장 많은 자산을 축적한 것으로도 알려져 있다.

그는 바이낸스Binance, 바이비트Bybit 등 해외 대형 암호화폐거래소에서 전 세계 트레이더들을 대상으로 개최하는 비트코인 세계대회에 출전해 총 세 번의 우승을 거머쥐었다. 대회에서 그는 한화로 약 25만 원을 3주 만에 1억 4,000만 원으로 불리는 등 최고 1만 2,300퍼센트의 수익률을 기록하며 우승했고 이 기록은 여전히 유지되고 있다. 개인전과 팀전 모두에서 우승을 기록한 트레이더도 그가 유일하다. 또한 그는 매월 초 1,000만 원을 투자해 월말에 1억 원 이상을 인출하는 트레이딩을 온라인에 공개하기 시작하면서 매달 1억 버는 남자라는, '매억남'이라는 닉네임도 얻었다.

## 돈 욕심이 나의 원동력이었다

평범한 중산층 가정에서 부족함 없이 자랐던 시후 씨는 갑작스럽게 가정 형편이 어려워지면서 60평대 아파트에서 방 두 개짜리 빌라로 이사했다. 이는 그가 성인이 되자마자 맞닥뜨린 경제적 난관이자 돈의 중요함을 처음으로 깨닫게 된 계기였다.

대학 졸업 때까지 그는 방 없이 거실에서 생활하며 아르바이트로 등록금을 충당하고 생활비를 보태야 했다. 졸업 후 다행히 이름만 들으면 알 만한 IT 대기업에 입사할 수 있었지만, 그것으로 모든 문제가 해결된 건 아니었다. 그는 어려워진 집안을 일으켜야겠다는 생각에 열심히 일하고 직장에서 나름대로 인정도 받았다. 그러나 한 달에 340만 원 남짓한 월급으로는 아무리 아끼고 모아도 서울에 변변한 전셋집 한 채 마련하기 힘들겠다는 생각이 들었다. 성인이 되자마자 돈에 대한 결핍을 겪었던 그였기에 이런 좌절감은 다른 기회를 끊임없이 물색하고 도전하게 된 계기가 되었다.

> "모든 사람이 돈을 많이 벌고 싶어 하지만 전 그중에서도 돈에 대한 욕심이 상위 1퍼센트에 속하는 사람이라고 자부해요. 가난이 지독하게 싫었거든요. 모두가 알 만한 대기업에 다녔지만 돈을 더 벌고 싶어서 회사를 나오기로 했습니다. 퇴사하겠다고 하니 어머니가 많이 말리셨죠. 그때 전 '엄마, 나는 지금 이렇게 사는 게 더 불행해. 꿈을 좇다가 망해서 무일푼이 되더라도 도전할 수 있으면, 뭐라도 해볼 수만 있으면 그게 더 행복할 것 같아'라고 설득했어요. 성공이 절실했고 돈을 벌고 싶다는 열망이 너무나 강해서 부모님도 결국엔 받아들이셨죠."

돈을 많이 벌고 성공하겠다는 열망은 누구보다 강했지만 시후 씨도 투자에서는 초보였다. 처음부터 타고난 투자자란 없다. 그가 처음 투자에 입문한 건 주식이었다. 그 역시 다른 사람의 추천을 받아 잘 모르는 종목에 '묻지마 투자'를 해서 손실을 입었다. 증권사에 다니는 지인의 추천으로 산 엔터주가 매수 당일부터 하루도 빠짐없이 하락하더니 한 달 만에 30퍼센트 가까운 손실을 남겼다. 그는 공부 없이 시작한 투자의 결과를 뼈아프게 경험하고는 이때부터 퇴근하면 새벽 3~4시까지 잠을 줄여가며 트레이딩을 공부했다.

그렇게 하루도 빼놓지 않고 공부한 성과는 바로 나타났다. 2014년, 1년 차부터 100퍼센트 넘는 수익률을 거두었고 이후 2017년까지 4년 연속으로 200~300퍼센트대 수익률을 거두며 자산을 불렸다. 하지만 성과가 좋았던 것과 별개로 자만심이 생기면서 번 돈을 허투루 쓰는 일도 많아졌다. 투자금을 꾸준히 불리고 모아 자산을 키워가지 않고 돈을 벌 때마다 명품과 슈퍼카를 사들이는 등 계획 없이 소비하는 패턴이 반복됐다. 남들은 그가 투자로 성공해 여유로운 줄 알았지만 실제로는 자산이 거의 없는 것이나 마찬가지였다. 그는 이때의 경험을 통해 투자와 별개로 자산을 불리고 관리하는 것의 중요성을 깨달았다고 한다.

## 주식과 코인의 공통점을 발견하다

시후 씨가 주식이 아닌 비트코인 트레이딩에 입문한 계기는 2017년 11월 비트코인에 관심을 가지게 되면서다. 처음에는 그 역시 스캠 사기가 아닌가 의심했다. 하지만 곧 탈중앙화된 화폐 시스템을 추구하는 코인의 매력에 끌렸고, 비트코인 가격이 800만 원일 때부터 2,000만 원이 넘어갈 때까지 시장을 꾸준히 지켜보면서 관심을 놓지 않았다.

본격적인 투자에 나선 것은 비트코인이 2,800만 원까지 올랐다가 600만 원으로 두 달 만에 수직 하락하던 시기였다. 주식 트레이더의 관점에서 비트코인 폭락을 지켜보면서 그는 가격 하락에 투자할 수 있는 선물 거래가 비트코인에는 없는지 궁금해졌다. 시장이 오를 때까지 기다리지 않고 당장 수익을 창출할 기회를 노리겠다는 생각에서였다.

코인 시장이 아직 제도화되지 않아 별도의 선물 거래 자격 없이도 거래에 바로 참여할 수 있다는 사실을 알게 되자, 그는 비트코인 하락에 베팅하는 선물 거래를 시작으로 본격적인 트레이딩에 몰입했다.

"주식투자를 통해 차트 보는 법이나 트레이딩하는 법은 이미 어느 정도 실력을 쌓은 상태였어요. 당시 비트코인 폭락 패턴을 보니 주식 테마주가 폭락하는 것과 양상이 너무나 비슷하다고 생각했죠. 비트코인 가격이 최소 1,000만 원 수준까지는 떨어지겠다고 판단하고 하락에 베팅했고 3주도 안 되어 투자 원금의 7~8배 넘는 돈을 벌어들였습니다. 이 돈을 모두 인출해 비트코인 현물거래소에서 떨어질 만큼 떨어진 코인을 다시 사들였고, 그때부터 시장 상황에 따라 현물과 선물에 고루 투자하면서 본격적인 트레이딩을 시작했죠."

## 세계 1위 비트코인 트레이더의 두 가지 원칙

시후 씨가 자타 공인 실력 있는 비트코인 트레이더가 되기까지는 약 4년이라는 시간이 걸렸다. 코인 투자로 수십억 원의 자산을 벌어들인 투자자는 꽤 있지만 그처럼 꾸준히 높은 수익률을 기록하면서 수백억대 자산을 축적한 경우는 흔치 않다. 그가 꼽는 비결은 바로 '몰입'이다. 꾸준히 높은 승률을 기록하는 트레이더가 되기 위해 그는 차트를 다각도로 공부하고 실전 경험으로 실력을 쌓았다. 하루 3~4시간만 자고 깨어 있는 모든 시간을 트레이딩에 쏟아부었다. 그는 특히 주식에서도 많이 활용되는 차트 분석 이론인 '엘리어트 파동이론Elliott Wave Theory'을 공부해 실전 투자에 적용하기 시작하면서 발군의 성과를 내기 시작했다.

"트레이딩을 잘하고 싶어서 해외 포럼이나 커뮤니티를 찾아보며 해외 트레이더들은 어떻게 하는지를 유심히 살펴봤죠. 그러다 해외 애널리스트 같은 전문가들은 대부분 엘리어트 파동이론으로 차트를 분석한다는 걸 알게 됐습니다. 이 이론이 무엇인지, 어떻게 적용하는 건지 정도는 어렴풋이 알고 있었는데 트레이딩에 접목해볼 생각은 못 했어요. 이게 될까 하는 마음으로 공부해서 30만 원으로 테스트해봤는데 생각보다 잘 통했습니다. 그래서 기존에 참고하던 지표에 엘리어트 파동이론을 접목한 방식으로 투자를 이어오고 있어요."

[엘리어트 파동이론]

엘리어트 파동이론은 현존하는 최고의 주가 예측 도구로 꼽히는 이론이다. 1934년 랠프 넬슨 엘리어트Ralph Nelson Elliott가 만든 이론으로 장중 단기 예측은 물론 장기 시장 예측도 높은 확률로 가능하다고 평가받고 있다. 상승 파동과 하락 파동을 구분하고 주가 흐름이 대세 상승인지, 하락을 위한 가짜 상승인지, 향후 반등이 나타날지 방향성을 예측할 수 있다.

차트는 현재 가격에 대한 표시일 뿐 미래의 방향성을 정확하게 예측할 수 없다. 지금껏 나온 그 어떤 이론이나 분석 기법도 주가 흐름을 100퍼센트 예측하는 건 불가능하다. 이는 곧 투자자들이 수익을 벌어들일 확률과 손해를 볼 확률을 늘 고려해야 한다는 의미다. 보통 초보 투자자들은 특정 종목을 매수하면서 해당 종목의 가격이 오를 것만 생각하기 쉬운데, 잃을 확률을 염두에 두지 않는 투자는 실패로 이어지기 쉽다. 시후 씨는 투자할 때 반드시 지키는 두 가지 원칙이 있다.

1. 매수할 때 몇 퍼센트의 확률로 수익을 낼 수 있을지 계산한다.
2. 번다면 얼마를 벌고, 잃으면 얼마를 잃을 것인지를 '손익비' 관점에서 고려한다.

예를 들어 현시점에서 매수하면 수익을 낼 확률이 33퍼센트, 손실을 입을 확률이 66퍼센트로 추정된다고 하자. 그렇다면 투자하고 싶은 욕구가 높더라도 잃을 확률이 높기 때문에 당장 매수에 나서기보다는 시장 흐름을 지켜보며 다음 타이밍을 기다리는 편이 낫다. 시장 전반적인 여건이 좋지 않은데 무턱대고 매수하고 오르기만을 기다리는 것은 현명하지 못하다.

또한 매수 시점에 잃고 벌 확률뿐 아니라 손익비도 반드시 따져야 한다. 예를 들어 현시점에 매수했을 때 수익을 낼 확률이 66퍼센트, 손실을 입을 확률이 33퍼센트라고 가정하면 수익을 낼 때의 금액과 손실을 입을 때의 금액을 추정해서 손익비가 다섯 배 이상일 때만 매수에 나선다는 원칙을 세워 지키는 것이다. 매수한 뒤 가격이 하락하더라도 덜 잃고, 오르면 그만큼 많이 벌 수 있는 자리라는 판단이 서야만 투자를 실행에 옮긴다. 매수하기 전에 적정 매수가격과 목표 매도가격도 미리 정해서 그때그때 시장 상황에 좌우되지 않고 계획대로 매매하는 것도 시후 씨가 리스크를 관리하는 노하우다.

"확률과 손익비를 따져서 매매하는 건 제 투자 원칙이 크게 잃지 않고 안정적으로 투자하는 데 있기 때문입니다. 초보 투자자들은 항상 돈을 벌 생각만 할 뿐 잃을 확률은 고려하지 않는 경우가 많죠. 저는 매수할 때 지금 사면 몇 퍼센트의 확률로 성공할 것인가, 벌면 얼마를 벌고 잃으면 얼마까지 잃을 것인가, 두 가지를 늘 생각합니다. 투자는 확률 게임이라고 보기 때문이에요. 단순히 가격이 오를 때 추격매수하고 내릴 때 공포감에 휩쓸려 판다면 결코 성공적인 투자를 하기 어렵습니다."

그의 이런 투자 원칙은 최근 러시아 · 우크라이나 전쟁에도 적용됐다. 전쟁 발발로 비트코인 가격이 급락하자 그는 러시아가 우크라이나를 침공한 당일에 코인 선물을 롱포지션으로 매수했다. 이미 적정 가격 이하로 떨어지면 매수할 계획을 세워놓고 있었고 코인이 그 가격에 도달하자 원칙대로 매수에 나선 것이다.

전쟁 발발 전부터 전쟁 관련 온갖 악재들이 예고되고 있었고 가격에 충분히 선반영됐다고 그는 판단했다. 그가 매수한 이후 추가로 하락할 수는 있지만 이미 충분히 하락한 다음에 매수했기 때문에 추가 하락으로 손실을 볼 확률보다 반등할 확률이 높고, 손익비 관점에서 반등했을 때 얻을 수 있는 수익이 최소 10배 이상으로 훨씬 크다고 계산한 것이다. 물론 가격 방향이 그의 예측과는 다르게 움직일 수 있다. 분석이 틀렸다면 손실을 방어하기 위해 손절해야 한다.

"얼마에 매수하고 오르면 얼마에 팔지, 내리면 얼마에 손절할지 미리 다 정한 상태에서 매매합니다. 시장 상황이 어떻게 흘러가든 미리 정해둔 가격에서 해야 할 행동을 반드시 하려고 노력해요. 상황이 닥치고 난 후에 생각해서 결정하려고 하면 이미 늦습니다. 계좌에 마이너스가 생기면 심리적으로 불안해져 패닉이 올 수 있고 멘털 싸움에서 지고 말죠. 투자하기 전에 이미 많은 프로세스를 거쳐 실행에 옮긴다고 보면 됩니다."

## 변동성은 곧 수익의 기회다

흔히 코인 시장은 변동성이 높아 위험한 시장이라고들 한다. 하지만 시후 씨는 변동성이 높다는 게 곧 리스크가 크다는 것을 의미하지는 않는다고 지적한다. 변동성 없이 안정적인 시장에서는 손실을 볼 확률이 낮긴 하지만 이익을 볼 기회도 적다. 변동성은 곧 기회의 크기와 직결되며, 변동성이 큰 시장에서 수익의 기회도 극대화된다는 뜻이다. 그러나 실력이 쌓이지 않은 초보 투자자에게는 변동성이 작든 크든 돈을 벌기 어려운 것은 마찬가지다. 변동성을 위험으로 보기보다는 기회로 보고 리스크를 관리해가며 투자할 줄 아는 실력을 기르는 게 우선이다.

투자 실력을 기르는 지름길은 '몰입'의 경험을 쌓는 것이다. 시후 씨는 살면서 트레이딩을 할 때만큼은 다른 어떤 것에도 한눈팔지 않고 온전하게 몰입하는 시간을 가졌고, 그 시간에 가장 많이 성장했다고 말한다. 굳이 코인이 아니더라도 어떤 분야에서든 깨어 있는 모든 시간을 쏟아부어본 사람만이 진정한 실력을 쌓을 수 있다는 이야기다. 멘털 관리도 반복된 실전 경험을 통해 자연스럽게 습득할 수 있다.

시후 씨는 트레이더의 가장 중요한 자질로 인내심을 꼽았다. 매일 혹은 단기간에 투자 성적표가 나오기 때문에 큰돈을 벌거나 잃으면 일희일비하고 멘털이 흔들리기 쉽다. 자산 규모가 늘고 운용 액수가 커질수록 수익과 손실에 크게 흔들리지 않고 꾸준하게 투자하는 내공을 기르는 게 오래갈 수 있는 노하우다.

"지금껏 성공한 트레이더들을 꽤 많이 만났는데, 똑똑한 사람이 아니라 절제하고 인내심이 강한 사람이 오랫동안 좋은 성적을 내더라고요. 비단 코인 트레이더뿐만 아니라 어떤 분야에서건 성공한 0.1퍼센트의 사람들은 자신의 영역에 깊이 몰입하는 비범함이 있는 것 같아요. 직장에 취업 한번 하기 위해서도 수년을 노력하는데 한 분야의 최고가 되려면 얼마나 오랫동안 몰입해서 노력했을까요. 연봉보다 더 많은 돈을 벌고 싶은 사람이라면 반드시 몰입하고 인내심을 길러야 한다고 생각합니다."

## 성취 욕구로 엄청난 성과를 거두는 사람들

우리 주변의 자수성가한 사람들을 보면 목표가 뚜렷하고 성취 욕구가 높은 사람들이 많다. 이들은 자신이 원하는 것에 도전해 그것을 얻어냈을 때의 짜릿함 때문에 힘들고 고통스러운 시간을 기꺼이 감내한다. 평범한 직장 생활에 만족하며 소소하게 살아가는 데 행복을 느끼는 사람과는 확실히 다르다. 이들은 끊임없이 도전하고 부딪히면서 성과를 내고 이로써 살아 있음을 느끼고 행복감을 느낀다.

투자로 수백억 원의 자산을 일궜음에도 시후 씨가 여전히 트레이딩을 열심히 하는 이유도 그와 같다. 그는 남들보다 나은 실력을 쌓고 이를 증명하면서 자신의 성취욕을 충족하고 행복감을 느끼기 때문이다. 그에게 코인 시장은 돈을 버는 곳 이상으로 자신의 자아를 실현하고 존재 이유를 확인할 수 있는 공간이다. 그는 자산이 지금보다 더 불어나더라도 시장을 떠날 생각이 없다. 투자하는 이유가 단순히 자산을 불리기 위해서만은 아닌 것이다.

실패나 예기치 못한 좌절을 경험했을 때 이를 극복하는 태도도 사람마다 다르다. 누구나 초보 투자자 시절에는 투자금을 잃고 좌절하지만 시간이 갈수록 이를 극복해 실력으로 승화시키는 사람이 있고, 같은 실수를 반복하다 투자 자체를 색안경을 끼고 바라보는 사람이 있다. 자신이 투자하는 시장의 원리를 제대로 이해하고 스스로 조절할 수 있는 실력을 쌓기도 전에 잘못된 방향으로 들어서 실패만 거듭하다 투자에서 멀어지는 사람들이 적지 않다.

이제는 투자의 시대라지만 평범한 사람들에게 투자는 결코 만만한 대상이 아니다. 흔히들 투자 고수가 던져주는 단편적인 조언만 믿고 거금을 투자했다가 실패하고선 이를 남탓으로 돌리곤 한다. 투자를 열심히 공부하고 오랜 기간 실력을 쌓아 성과를 낸 사람에게 그저 운이 좋아서 자산을 불렸을 뿐이라며 평가절하하기도 한다.

이런 부류의 사람들은 결코 제대로 성장할 수 없다. 자신도 결국엔 그 '운'에 기대어 준비되지 않은 투자만 되풀이할 가능성이 크기 때문이다.

**주식투자로 처음 투자를 시작했고 엘리어트 파동이론을 코인 트레이딩에 접목해 수백억 원대 자산을 만들었다.**

---

**주식투자 시기 | 2014~2017**

- 첫 투자(SM엔터테인먼트) 실패 후 주식 공부 매진
- 4년 연속 수익률 100~300퍼센트 달성
- 선물 트레이딩에 재능 있음을 확인

**코인 투자 시기 | 2017~현재**

1. 비트코인 급락기 선물 거래에서 하락에 베팅 → 7~8배 수익 창출
2. 비트코인 급락 후 현물 거래에서 매수 → 반등으로 수익 창출
3. 상승 시 현물 · 선물
   하락 횡보 시 선물 거래

**차트 분석을 통한 트레이딩으로 코인 현물 · 선물 투자를 병행하며 자산 생성**

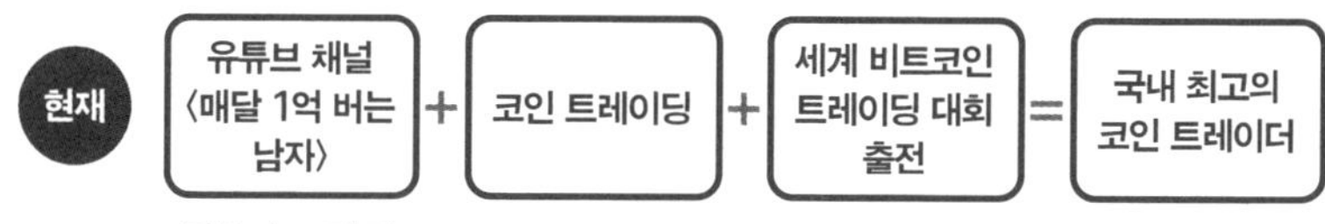


시후 씨는 2014년부터 2017년까지 주식투자로 투자의 기본기를 다졌다. 선물 트레이딩, 주식 단타 매매 등 차트와 주가 흐름을 보고 투자해 4년 연속 수익률 100~300퍼센트를 달성했다. 스스로 투자에 재능 있는 걸 깨닫고 2017년 코인 투자를 본격적으로 시작한다. 그는 코인도 하락에 베팅하는 선물 거래소가 있는 것을 발견하고 코인 선물과 코인 현물 매수를 반복하며 투자금을 불렸다. 현재 코인 투자를 병행하면서 유튜브 채널 〈매억남-매달 1억 버는 남자〉에 자신의 코인 트레이딩 기록을 꾸준히 업로드하고 있다.

# 3

# 린스타트, 돈 없는 2030이 창업하는 특별한 기술

프로 연쇄창업가

연매출 총 40억 원

월 사업소득 2,000만 원

이한별(김성공)

32세

온라인, 오프라인 가리지 않고 도전해 사업체 다섯 곳에서 연매출 총 40억 원을 벌어들이는 젊은 CEO 이한별 대표. 그가 이 다섯 개 사업을 안착시키기까지는 2년도 채 걸리지 않았다. 이를 위해 그가 투자한 돈은 프리랜서로 일하며 모은 3,000만 원이 전부였다. 적은 자본으로 시작해 이제는 20명 가까운 직원을 거느린 사업체로 성장시켰고 월 2,000만 원 이상을 벌어들이게 되었다. 온라인 시장이 주류가 된 시대에 자신만의 무기로 빠르게 시장에 안착한 것이 그의 성공 비결이었다.

머릿속 아이디어를 현실로 구현해서 돈 되는 비즈니스로 키우기까지 이한별 씨는 자신만의 무기를 만들어 시장에서 실험해보는 과정을 끊임없이 되풀이했다. 스스로 '창업형 인간, 김성공'이라는 캐릭터도 만들었다. 사실은 학창 시절부터 10번이 넘는 창업에 도전하면서 실패하고 다시 도전하는 과정을 무한 반복했고 이를 통해 가설을 시장에서 검증하는 방법을 체득했다. 이런 노하우들은 그가 본격적인 사업에 뛰어들었을 때 단기간에 비즈니스를 안착시킬 수 있는 내공이 되어 돌아왔다.

현재 그는 대전 최대 오프라인 코딩학원과 경제적 자유를 꿈꾸는 사람들을 위한 온라인 교육 플랫폼 라이프해킹스쿨을 필두로 코딩마법학교, 스튜디오 공간 대여, 온라인 렌털 플랫폼 한강에피크닉을 직접 운영하고 있다.

> "저는 굉장히 하고 싶은 게 많았던 학생이었어요. 원하는 일에 도전하려면 경제적·시간적 여유가 반드시 있어야 한다는 생각이 들었습니다. 그래서 취업 대신 창업을 택했습니다. 자유를 얻는 가장 빠른 길이 창업이라 믿었거든요. 지금은 비교적 어린 나이에 제가 꿈꾸던 경제적·시간적 자유를 얻고 행복하게 일하고 있습니다."

## 돈이 없다면 작게라도 시작하라

누구에게나 기막힌 아이디어는 있다. 하지만 그것을 현실로 구현할 역량을 갖춘 사람은 많지 않다. 막대한 자본을 투입해 전문가에게 맡기지 않으면 아이디어를 시장에 선보일 수 없다는 것은 어쩌면 실현 가능한 아이디어가 아닌 그저 허황된 꿈에 지나지 않을지도 모른다.

취업 대신 사업에 도전해 경제적·시간적 자유를 이루고 싶었던 20대 시절의 한별 씨는 자본도, 인맥도 없었다. 아르바이트와 프리랜서를 해서 모은 돈 3,000만 원이 가진 전부였다. 시장에 뛰어들어 뭔가 보여주려면 내가 가진 무기가 있어야 했다. 그가 선택한 것은 '코딩'이었다.

약 1년 동안 집약적으로 공부해서 익힌 코딩 기술은 그가 상상하던 아이디어를 홈페이지로, 애플리케이션 서비스로 구현할 수 있게 해주었다. 이 코딩 기술로 당시 대학생들이 중고 물품을 거래할 수 있는 앱을 출시했지만 실패했다. 지역을 기반으로 한 중고거래 플랫폼인 당근마켓 못지않은 참신한 아이디어였으나 시장 반응을 얻지 못한 탓이었다.

한별 씨는 생각만큼 성과를 내지 못해도 포기하지 않고 꾸준히 더 나은 아이템을 고안해 시장의 문을 두드렸다. 그렇게 할 수 있었던 건 돈을 주고 타인에게 개발을 맡기지 않아도 직접 코딩으로 서비스를 구현할 역량이 있었기 때문이다. 남의 손을 빌리지 않고 직접 시도할 수 있었기 때문에 적은 자본으로도 도전을 이어가고 역량을 쌓아갈 수 있었다. 수차례 실패는 있었지만 그 시도들이 지금의 사업을 성공으로 이끈 최고의 자양분이었다.

## 큰 성공을 위한 린스타터 전략

카이스트 대학원에서 공부하다 코딩이 공교육에 활용된다는 소식을 접한 한별 씨는 오프라인 코딩 교육사업에 도전하고 싶었다. 그래서 학교가 있던 대전 교육시장을 서울과 비교하며 가능성을 점검했다. 대형 코딩학원이 많은 서울에 비해 대전은 교육열이 높은데도 제대로 된 코딩학원이 없었다. 하지만 오프라인 학원은 교육 공간은 물론 컴퓨터 등의 교육 장비 구입과 강사 채용에 이르기까지 초기 투입 자본이 만만찮게 드는 사업이었다. 그는 최대한 작게 시작해 가능성을 타진해보기로 했다.

코딩을 직접 가르칠 수 있었던 한별 씨는 자본부터 투자하지 않고 먼저 시장을 테스트해보기로 했다. '학부모들이 자녀에게 코딩 교육을 시키고 싶어 할 것이다', '교육열은 높지만 제대로 된 코딩 교육기관이 없는 대전에서 코딩학원을 열면 잘될 것이다'라는 가설을 검증하고 싶었기 때문이다.

그는 지역 맘카페를 통해 코딩 교육을 홍보하고 학부모 설명회를 열어 자녀에게 코딩을 가르칠 필요성에 대해 알렸다. 그리고 5~6명의 소규모 학생 그룹을 모집해 임시 대여한 공간에서 코딩을 직접 가르치고 학생과 학부모의 반응을 살폈다. 이 과정에서 만족도를 극대화하기 위해 강의 커리큘럼을 차별화하는 데 신경 썼다. 그 결과 학생과 학부모의 반응은 만족스러웠고 주변에 추천이 이어졌다.

가설을 검증한 결과 시장에서 충분히 경쟁력이 있다는 판단이 서

가설 실행 프로세스

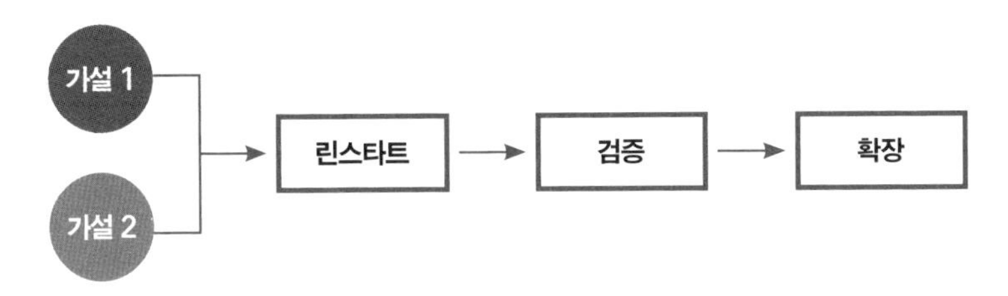


자 한별 씨는 어렵게 모은 3,000만 원의 창업자금을 투자해 학원을 설립했다. 이미 유료 교육을 소규모로 진행하고 있었기 때문에 당장 필요한 월세 등 비용 조달 부담도 적었다. 처음에는 비용을 절감하기 위해 그가 직접 교육에 나섰다. 그러다 얼마 지나지 않아 학원이 입소문을 타고 수강생이 빠르게 늘자 강사를 채용해 관리만 하는 수준에 이르렀다. 이렇게 되는 데는 불과 1년밖에 걸리지 않았다. 1년 만에 그가 대전에 세운 코딩학원은 지역에서 가장 규모가 크고 인지도가 높은 곳으로 자리 잡았고 월 3,000만 원 이상의 꾸준한 수익을 벌어들이는 효자 비즈니스가 됐다.

한별 씨가 코딩학원을 설립하는 데 세웠던 가설과 검증 과정을 요약하면 아래와 같다.

- 가설 1: 자녀에게 코딩 교육을 시키려는 학부모들이 많을 것이다.
- 가설 2: 대전은 교육열이 높지만 제대로 된 코딩 교육기관이 없어 수요가 있을 것이다.
- 린스타트: 지역 맘카페에 광고해 5~6명의 학생들로 그룹을 만들

어 임시 대여한 공간에서 코딩을 직접 가르치고 학생과 학부모의 반응을 살핀다.

- 검증: 알찬 커리큘럼으로 학생과 학부모의 만족도가 높아 추천이 이어지면서 학원의 사업성을 확인했다.
- 확장: 학원 사업을 본격화하고 초기 월세와 비용 부담은 테스트 과정에서 번 돈으로 상당 부분 충당해 리스크를 줄인다.

* 주의 사항: 가설이 검증되기 전까지는 저비용으로 린스타트업lean startup('만들기-측정-학습'의 과정을 반복하며 꾸준히 혁신해나가는 전략)을 해야 한다.

## 경험이 쌓일수록 훌륭한 가설을 세운다

과거의 비즈니스는 막대한 돈을 들여 시제품이나 완제품을 개발한 후 고객에게 알려 구입하게 하는 형태로 이뤄졌다. 창업자들도 이 프로세스에 따라 고객에게 선보일 제품을 최대한 완성형으로 만드는 데 대부분 자본과 에너지를 투입했다. 하지만 이제는 고객들이 상품보다는 온라인을 통해 '브랜드'를 먼저 접하는 시대가 됐다.

필요한 것이 생기면 우리는 포털사이트에 검색해서 온라인이든, 오프라인이든 원하는 것을 구매할 루트를 찾는다. 이때 소비자들이 가장 먼저 접하는 것은 특정 제품보다는 그 제품이 포함된 브랜드일 가능성이 크다. 상품 자체의 퀄리티보다 브랜드의 이미지, 포지셔닝이 소비자에게 더 먼저, 더 중요하게 인지되는 것이다. 퀄리티 높은 상품을 선보이는 것은 창업자에게 당연한 덕목이지만 이제는 상품 자체보다 이를 어떻게 포장해서 어떤 형태로 알릴 것인지가 더 중요해졌다.

브랜딩을 할 줄 알아야 상품이 진정 필요한 고객에게 가닿을 수 있고 제 가치를 인정받을 수 있다. 회사의 분야와 비전을 명확히 하는 것도 브랜딩의 중요한 요소다. 자신이 만든 상품 혹은 서비스와 이를 상징하는 브랜드를 제대로 구축해야 그것이 속한 카테고리 내에서 경쟁력을 가지고 지속 가능한 비즈니스를 할 수 있다.

또한 마케팅도 창업의 빼놓을 수 없는 주요 요소다. 니즈가 있는 잠재고객이 상품 혹은 서비스를 인지하고 살펴본 후 결제하기까지는 마케팅이 결정적인 역할을 한다. 아무리 상품이 좋아도 잠재고객에게 가닿지 않고 잠재고객이 인지 이상의 활동을 할 수 있도록 이끌어내지 못하면 판매로 이어지지 않는다.

한별 씨는 비즈니스에서 마케팅이 차지하는 비중이 최소 80퍼센트 이상에 이른다고 말한다. 질 좋은 상품 혹은 서비스는 기본이고 그 위에 제대로 된 마케팅이 더해져야 진정한 가치를 인정받을 수 있다는 것이다. 그는 기존 마케팅 이론을 더 쉽게 이해할 수 있도록 '돌다리 이론'으로 이 과정을 설명한다. 돌다리 이론은 잠재고객이 상품 혹은 서비스를 인지하고 관심을 가진 후 구매와 재구매까지 하게 되는 프로세스 하나하나를 돌다리를 밟아 목적지에 도달하는 과정으로 설명한 이론이다.

우선 잠재고객은 온·오프라인 광고나 지인의 추천 혹은 인터넷

돌다리 이론

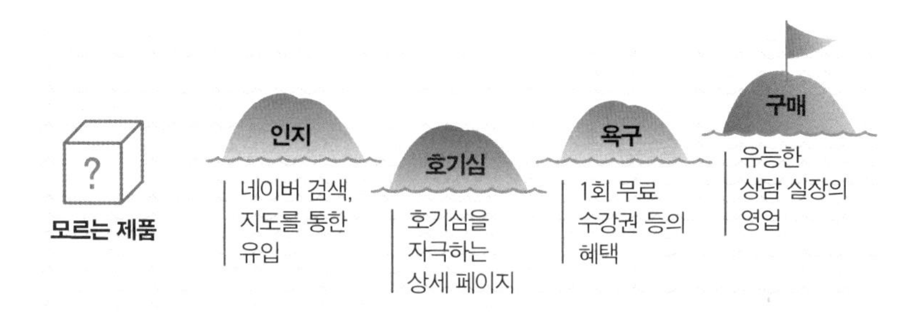


후기 등을 보고 상품을 처음 '인지'한다. 그런 다음에는 홈페이지나 판매 사이트, 지도를 클릭할 수도 있고 그냥 지나칠 수도 있다. 잠재고객이 클릭하게 만들려면 상호명이나 간략한 상품 설명, 후기 제목 등이 매력적이어야 한다. 잠재고객에게 처음 노출됐을 때 관심을 끌 수 있느냐가 인지 과정의 핵심이다.

잠재고객이 인지 돌다리를 성공적으로 건넜다면 다음은 '호기심' 돌다리를 공고하게 세워야 한다. 가볍게 상품을 살펴보려고 들어온 사람들이 수 초 후 흥미를 잃고 그냥 나가느냐, 좀 더 정보를 찾아보기 위해 머물러 있느냐는 호기심 돌다리를 얼마나 잘 세웠느냐에 좌우된다. 이 단계에서는 잠재고객이 궁금해할 만한 기본적인 정보를 잘 제공하면서 계속 읽어보고 싶게 만드는 장치를 설치해둬야 한다.

다음 돌다리는 '욕구'다. 잠재고객이 상품을 보고 구매하고 싶다는 생각이 들게끔 만드는 장치다. 잠재고객은 비용이 얼마인지, 자신이 얻을 수 있는 효과는 무엇인지, 정말 필요한 것인지를 끊임없이 저울질하며 상품 구매 여부를 고민할 것이다. 이때 구매 결정이 가치 있다는 것을 인지시킬 수 있는 돌다리를 마련해둬야 고객이 구매로 나아갈 수 있다.

이렇게 '구매' 돌다리까지 무사히 건너오면 잠재고객은 비로소 진짜 고객이 된다. 이 단계에서는 결제 과정이 불편하거나 복잡한 과정 없이 편리하게 이뤄져야 하고, 결세 이후 환불 없이 상품을 잘 이용하고 후기까지 남기고 재결제로 이어지게 해야 한다.

이 모든 과정이 각각의 돌다리를 공고하게 세우는 과정이라고 한별 씨는 말한다.

"인지, 호기심, 욕구, 구매에 이르기까지 돌다리를 하나하나 공고하게 세우지 않으면 잠재고객이 강에 빠지지 않고 목적지에 도달하기 어렵습니다. 만약 시장에 내놓은 상품이 퀄리티가 좋은데도 예상한 대로 팔리지 않는다면 돌다리를 하나씩 점검해 보면서 어디서 문제가 발생했는지 살펴봐야 하죠. 돌다리를 하나씩 세워 이를 점검하고 보완해나가는 과정이 마케팅의 핵심이라고 생각합니다. 현재 운영 중인 대전 코딩학원도 이 돌다리를 잘 세워둔 덕분에 마케팅 비용을 하나도 들이지 않고 매달 새로운 수강생이 유입되어 잘 굴러가고 있습니다."

한별 씨는 오프라인 코딩학원을 안착시킨 직후 여기서 쌓은 노하우로 온라인 교육사업에 진출했다. 창업 과정에서 누군가에게 기술과 노하우를 배울 곳이 없어서 막막했던 경험을 아이디어로 승화시켜 '비즈니스 하는 법, 돈 버는 방법'을 가르치는 온라인 강의 사이트를 손수 만든 것이다. 웹사이트를 만들고 강사를 영입해 온라인 강의를 제작하는 과정을 거쳐 론칭한 라이프해킹스쿨 역시 젊은 층의 높은 수요로 단기간 내에 시장에 안착할 수 있었다. 마침 코로나19를 겪으면서 비대면 온라인 강의에 대한 수요가 급증했고, 기업들의 채용이 급감하면서 청년들의 창업 수요가 늘어난 것도 사업의 급속한 성장에 긍정적인 영향을 미쳤다.

한별 씨가 사업을 확장한 과정은 특히 눈여겨볼 만하다. 오프라인 학원으로 시작해 온라인으로 교육사업을 확장하는 과정에서 그는 자신의 고민과 기술, 노하우를 적극적으로 활용했다. 또한 스스로 창업을 해나가는 과정에서 멘토가 부족하고 노하우를 배울 곳이 많지 않다는 생각에 이를 사업화한 것이 창업교육 플랫폼 라이프해킹스쿨이었다. 코딩학원과 마찬가지로 여기서도 자신이 직접 강사로 나서 노하우를 공유함과 동시에 멘토가 될 만한 인플루언서를 영입해 상품 라인업을 갖췄다.

코로나 여파로 온라인 교육시장이 한 해 2~3배 이상 급성장하는 적기에 브랜드를 론칭한 덕분에 라이프해킹스쿨 역시 단기간에 자리를 잡고 높은 매출 성장세를 구가했다. 오프라인은 안정적인 사업이지만 온라인은 폭발적인 성장이 가능한 새로운 시장이다. 한별 씨는 온·오프라인 교육으로 비즈니스를 확장하면서 각각의 노하우

라이프해킹스쿨 홈페이지

를 교차 적용하는 형태로 시너지를 내고 있다.

다른 사업들도 꼬리에 꼬리를 물고 실현되었다. 온라인 콘텐츠 제작 경험을 활용해 촬영 스튜디오를 인수해서 직접 스튜디오 공간 대여를 시작했고, 코딩 교육에 대한 시장 저변을 확대하기 위해 코딩마법학교도 설립했다. 한강에서 캠핑과 나들이를 즐기는 젊은 층을 위한 온라인 렌털 플랫폼 한강에피크닉도 한별 씨가 직접 앱을 개발하고 운영하고 있다.

불과 2년 남짓한 기간에 사업체를 다섯 개로 늘리기까지 한별 씨는 '좋은 가설을 세우고 시장에서 검증하는 과정'을 끊임없이 되풀이했다. 그렇게 경험이 쌓이면서 더 좋은 가설을 세우고 더 적은 비용으로 빠르게 시장에서 테스트하는 노하우도 생겼다.

## 밀레니얼처럼 영리하게 창업하기

한별 씨처럼 창업을 통해 비즈니스에 도전하고자 하는 밀레니얼 세대가 늘고 있다. 여전히 대다수 청년이 취업을 위해 노력하고 있지만 온라인 시장 확장으로 청년 창업은 이전보다 빠르게 증가하는 추세다. 취업이든, 창업이든 자신이 원하는 길을 택해 노력하면 되겠지만 청년들이 창업을 한 번도 경험해보지 못하고 취업을 당연시하는 게 아쉽다고 한별 씨는 말한다.

사람마다 적성과 재능이 다르듯이, 조직의 구성원으로 일하면서 안정적인 소득을 벌어들이는 게 맞는 사람이 있고 리더로서 주도적으로 일하며 상품을 직접 출시하고 기업을 키워나가는 게 맞는 사람이 있다. 자신이 어떤 사람인지는 창업에 한 번쯤 도전해보지 않으면 알기 어렵다. 아주 작은 사업이라도 창업을 경험해보는 것과 오로지 취업만 생각하는 것은 큰 차이가 있다.

청년들이 창업을 망설이는 것은 창업이 우리 사회에서 여전히 환영받지 못하는 도전이기 때문이다. 눈부신 성장을 이룬 스타트업은 모두가 선망하는 대상이지만 막상 자녀가, 친구가 창업한다고 하면 무턱대고 말리거나 걱정 어린 시선으로 바라본다. 그도 그럴 것이 기성세대는 아이디어를 상품 혹은 서비스로 만들어 성공 또는 실패하기까지 막대한 자본을 지출해야 했다. 시장의 수요가 실제 어떤지도 알지 못한 채 자본을 투자했다가 싸늘한 반응에 투자금을 잃고 빚까지 떠안는 창업자들이 많았다.

하지만 나만의 무기를 갖추고 작게 시작해서 빠르게 확장할 수 있는 분야에 도전한다면 단기간에 경제적·시간적 자유를 이루고 원하는 삶을 살 수 있다. 그래서 밀레니얼 세대는 한 번의 실패가 다시는 재기할 수 없는 인생의 실패가 되지 않도록 작은 도전과 발전을 꾸준히 반복한다. 작게 시작해서 시장의 반응을 빠르게 테스트해보고 실제 가능성이 있는 사업에 자본과 에너지를 집중투자해서 단기간에 성과를 내는 방식이다. 일단 아이디어를 아이템으로 만드는 것부터 시작하지 않고, 먼저 수요자를 모아 이들의 관심사가 자신이 생각하는 비즈니스와 일치하는지를 점검해보는 것이다.

수요를 테스트하는 과정은 온라인 플랫폼을 이용하면 훨씬 수월하게 진행할 수 있다. 인스타그램, 페이스북 등 SNS는 관심사가 비슷한 사람들을 한자리에 모을 수 있는 최적의 도구다. 잠재고객을 수백 명이든, 수만 명이든 모을 수만 있다면 이들이 원하는 바를 테스트하고 업그레이드하는 것은 어려운 일이 아니다. 사람들의 반응은 조회 수, 구독자 수, '좋아요'와 댓글, 공유 빈도 등 다양한 데이터로 즉각 확인할 수 있다.

오늘날 사람들은 자신이 관심 있어 하는 것에 적극적으로 의사를 표현하고 불만을 이야기한다. 이를 내 비즈니스를 발전시키는 도구로 활용하면 적은 비용으로 고부가가치 사업을 빠르게 안착시킬 수 있다. 더 이상 실패가 두려워 도전을 포기할 필요가 없는 세상이 열린 것이다.

**대학 시절 10여 차례의 창업 시도를 했었던 연쇄창업러. 카이스트 재학 시 교육열 높은 대전 지역의 코딩 수요를 파악해서 코딩학원을 오픈해 대성공을 거뒀다. 그 이후 온·오프라인을 넘나들며 다섯 개가 넘는 사업체를 운영하고 있다.**

---

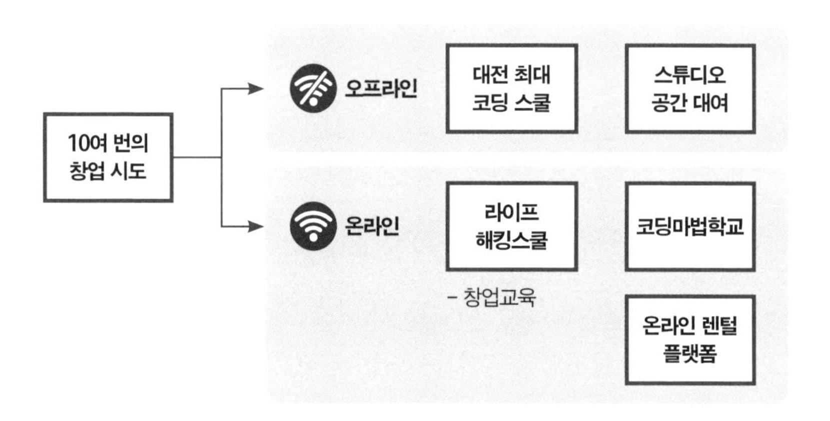


온라인 창업교육 플랫폼 라이프해킹스쿨(lifehacking.co.kr)은 한별 씨의 대표적인 사업 중 하나다. 특히 메인 강의인 '창업부트캠프 300'은 적지 않은 수강료에도 큰 인기를 끌고 있다. 소수정예로 선발해서 운영되며 강의에 참가하기만 하면 각 분야 여러 명의 전문가가 맞춤 창업 코칭을 해준다. 창업가 마인드세팅부터 창업 소재 찾기, 가설 세우기, 초기 자본 유치 전략 등 어디서도 가르쳐주지 않는 창업 노하우를 아낌없이 전수해준다. 이곳을 수료하고 자기만의 브랜드를 만들어 성공적인 사업을 이어가는 수강생도 많다. 이외에도 주식, 코인, 수익형 글쓰기 등 적은 자본으로 시작하는 방법들을 소개하고 있다. 어떻게 사업 구조를 만들어 나가고 마케팅, 브랜딩을 하는지 상세히 알려줘 수강생들의 많은 호응을 얻고 있다.

# 4

중소기업 출신 원룸 건물주

자산 120억 원

월 자본소득 7,000만 원

강용수(용주주)

47세

# 연봉 2,500만 원 받고도 건물주 될 수 있다고?

원룸 건물 다섯 채를 보유한 강용수 씨는 결코 금수저도, 명문대 출신의 대기업 회사원도 아니었다. 월급 200만 원 받는 중소기업 직장인이었던 그는 로버트 기요사키의 책 《부자 아빠 가난한 아빠》에 나오는 자본소득 창출 원칙을 실행에 옮겨 40세에 자산을 70억, 47세에 120억까지 불렸다. 그의 원칙은 아파트 시세차익형 투자에만 집중하는 흐름에 편승하지 않고 투자하는 순간 수익이 돌아오는 수익형 자산에 집중하는 것이었다. 수익형 자산 중에서도 특히 원룸 건물 투자에 매진한 결과 자산이 점점 빠르게 증가하면서 원룸 140호실에서 월 6,000만 원의 자본소득을 벌어들이는 시스템을 구축할 수 있었다. 이 자본소득은 심지어 추가 투자를 하지 않았는데도 1년 만에 월 7,000만 원으로 불어났다. 용수 씨처럼 자산 120억 원을 보유한 부자는 많다. 하지만 그 자산에서 매달 7,000만 원이 넘는 현금흐름이 창출되는 자산가는 드물다.

MZ세대는 멘토를 원한다. 그들이 원하는 멘토는 청춘이니 열정이니 하며 꼰대 같은 소리나 자랑을 늘어놓지 않고 소신대로 사는, 롤모델로 삼을 만한 사람이다. 170만 명의 밀레니얼 세대가 유튜브 〈싱글파이어〉 채널에서 강용수 씨의 이야기에 열광한 이유는 그가 단지 원룸 140호실을 보유한 부자여서가 아니다. 그가 지금의 평범한 2030처럼 돈도, 학벌도, 물려받은 재산도 없는 흙수저였지만 혼자 힘으로 놀라운 부를 이뤄냈고, 누구나 실천 가능한 솔루션을 제시하며 자신의 경험을 아낌없이 나눴기 때문이다.

용수 씨의 부와 자유는 어찌 보면 '당연한 생각'에서 시작됐다. 모두가 이미 알고 있고 당연시되는 진리를 실천했을 뿐인데 부가 저절로 따라왔다. 어쩌면 월급 노예로 평생을 살 수 있었던 그가 경제적 자유를 이룰 수 있었던 그 특별하면서도 지극히 당연한 생각은 무엇일까?

### 당연한 생각 1. 월급보다 자본소득이 많으면 자유로울 수 있다

용수 씨는 고등학교만 졸업하고 바로 생업 전선에 뛰어들었다. 남들보다 일찍 가정을 이루고 직장 생활을 열심히 했지만 자녀 둘을 키우면서 살기에는 빠듯한 월급에 좌절할 때가 많았다. 그 역시 부를 누리며 안정된 생활을 하길 바랐으나 그의 회사는 큰 경제위기가 오면 언제 사라져도 이상하지 않을 정도로 불안정한 사업체였다. 대기업에 다니거나 전문직에 종사하는 이들처럼 많은 근로소득을 올릴 기회가 없었다.

계속해서 길을 찾던 용수 씨는 어느 날 문득 돈을 모아 투자해서 자산을 만들고 여기서 나오는 자본소득이 월급보다 많아지면 되겠다는 생각이 들었다. 월급이 적은 대신 자산에서 높은 소득을 올리면 경제적 자유를 얻고 풍족한 삶을 살아갈 수 있겠다고 생각한 것이다. 자본소득이 근로소득을 뛰어넘으면 회사에 멋지게 사표를 던지겠다는 발상의 전환이 그의 인생을 송두리째 바꾼 계기가 됐다. 우물 안 개구리가 우물 밖을 보며 노력하기 시작한, 그의 인생 터닝 포인트였다.

목표를 구체화한 용수 씨는 이 생각이 실현 가능한지 자신이 가진 지표를 활용해 실험해보기로 했다. 지표는 바로 미래가계부와 자산평가서였다. 그의 가계부는 세세한 지출 내역을 정리하는 평범한 가계부가 아니다. 6개월, 1년, 10년 치 가계부를 미리 쓰고 그에 맞춰 살면서 자산 목표 달성 기간을 단축해가는 게 핵심이다.

돈이 들어올 일과 나갈 일을 예측하는 것은 생각보다 그리 어렵지 않다. 갑자기 큰돈이 생길 리 만무하고 지출도 큰 변수가 없는 한 웬만하면 연간 단위로 예측할 수 있기 때문이다. 그는 현재 패턴대로 살아간다면 5년 뒤, 10년 뒤에 얼마의 자산이 축적될지를 예측하고 자산을 모으는 기간을 단축하기 위해 생활 방식을 정비해갔다. 막연히 부자가 되겠다며 무작정 절약하거나 저축하지 않고 목표와 계획, 전략을 세워 실천한 것이다.

수입은 근로소득과 자본소득, 지출은 고정지출과 변동지출로 나누고 그 안에서 변동지출을 최대한 줄이고 자본소득을 늘려나가는 게 목표였다. 저축률은 버는 돈의 60퍼센트 이상으로 유지했고 커피, 외식 등은 최대한 절제하며 변동지출을 줄여나갔다. 반면 저축으로 모은 종잣돈은 월세가 창출되는 수익형 부동산에 투자해 근로소득 외에도 자본소득이 조금이나마 계속해서 창출되는 구조를 만들었다.

회사에서 승진해 월급이 오르거나 보너스를 받는 등 근로소득이 늘어나고 투자로 인한 자본소득이 증가해도 지출은 더 늘리지 않았다. 시간이 갈수록 수입은 늘지만 지출은 늘리지 않는 게 그가 자산가가 될 수 있었던 아주 단순하면서도 핵심적인 요인이었다.

매월 말 자산평가서를 작성해 아내에게 보여준 것도 그가 자산가가 될 수 있었던 원동력이다. 자산평가서로 자신이 보유한 모든 자산의 현재가치를 기록하고 부채를 기입해 순자산이 전월보다 늘어났는지 줄어들었는지를 파악했다. 그가 생각한 부자되는 원리는 아주 단순했다. 바로 자산이 전월 대비 증가하는 흐름이 장기간 반복되는 것이다.

미래가계부와 자산평가서 작성으로 그는 근로소득을 초과하는 자본소득을 창출하겠다는 목표를 40세에 달성했다. 당시 자산은 70억 원 수준이었고 일하지 않아도 매월 700만 원의 소득이 창출됐

자산평가서 항목

| 자 산 평 가 서 | | |
|---|---|---|
| **자산** | 동산 | 저축<br>대부<br>펀드<br>적금<br>현금 |
| | 부동산 | 아파트<br>상가 |
| 자산 총액 | | |
| **부채** | 은행 대출<br>개인 대출<br>보증금 | |
| 부채 총액 | | |
| 순자산 | 자산 총액 - 부채 총액 | |

다. 직장 생활이 필수가 아닌 선택지가 된 순간이었다. 이때만 해도 용수 씨는 자본소득이 1,000만 원을 넘어 7,000만 원에 육박하게 될지는 전혀 예상치 못했다.

## 당연한 생각 2. 대기업 친구가 과소비하면 기쁘다

중소기업에 다니던 용수 씨가 대기업 직장인들을 제치고 자산가가 될 수 있었던 비결은 미래를 위해 불필요한 소비를 최대한 절약했던 것이었다. 그는 많이 버는 것보다 많이 저축하는 게 자산을 축적하는 데 훨씬 중요하다는 사실을 일찌감치 깨달았다.

버는 돈이 많을수록 지출 욕구는 커진다. 멋지게 인테리어한 새집으로 이사한 지인의 집들이를 갔을 때의 일화는 용수 씨의 '부자 마인드'를 엿보게 해준다. 당시 용수 씨 부부는 소형 임대아파트에 살고 있었다. 지인의 집들이에서 새 가구와 화려한 인테리어를 보고 감탄한 용수 씨의 아내가 집으로 돌아와 우울해하자 그는 이렇게 말했다.

> "저 친구는 대기업 다니고 나는 중소기업 다니는데 나보다 월급 많이 받는 친구를 내가 어떻게 이겨. 근데 저 친구는 지금 3,000만 원 지출했잖아. 난 거북이고 저 친구는 토끼인데 지금 토끼는 잠든 거나 다름없어. 나중엔 거북이가 토끼를 반드시 추월할 거야."

이 말은 오래 지나지 않아 현실이 되었다. 자본소득과 근로소득을 최대한 저축해서 투자에 나섰던 용수 씨는 곧 100억대 자산가 반열에 올랐다. 남들보다 많은 월급에 만족하며 현재를 즐기는 직장인은 나이가 들면 직장에서 퇴직을 통보받고 노후를 걱정해야 한다. 실제로 평범한 대기업 직장인이 은퇴를 앞둔 나이에도 대출을 낀 집 한 채 정도가 자산 전부인 경우가 많다.

작은 임대아파트에서 살며 실거주하는 집의 평수를 계속해서 늘려가지 않은 것도 눈여겨봐야 할 '부자의 생활 습관'이다. 용수 씨는 신축 아파트를 분양받아 입주하는 시점에 새집에 들어가지 않고 기존 아파트에 살면서 좋은 집을 월세로 전환해 자본소득을 창출하는 길을 택했다. 누구나 새집에서 편안하게 살고 싶은 마음은 동일하다. 그러나 용수 씨는 기존의 검소한 생활을 유지하려는 태도를 가졌던 것이다.

만일 신축 아파트에 입주한다면 편리한 생활을 누리겠지만 주택담보대출 원리금을 갚으면서 생활해야 한다. 그러나 이를 투자용으로 전환하면 월세를 받는 돈에서 이자비용을 지불하고도 매월 수십만 원의 자본소득을 창출할 수 있다. 이런 소득이 하나둘 모여 월 7,000만 원이 만들어진 것이다.

## 당연한 생각 3. 일만 열심히 해서는 잘살 수 없다

저축으로 종잣돈을 마련하는 데 열심이었던 용수 씨가 투자자로 나서게 된 것은 청약에 우연히 당첨되면서였다. 첫 청약에 당첨되어 동호수 추첨을 위해 모델하우스를 방문했다. 그는 그곳에서 만난 부동산 중개인으로부터 2,500만 원 프리미엄을 붙여줄 테니 팔라는 이야기를 듣고 충격을 받았다.

당시 그의 연봉이 2,500만 원이었다. 그저 운 좋게 아파트에 당첨됐을 뿐인데 1년 연봉을 벌어들일 수 있다는 사실에 그는 아연실색했다. 집에 돌아와 기뻐함과 동시에 '지금껏 사람들이 열심히 일만 해서 돈을 번 게 아니었구나'라고 생각했다. 저축만 알고 재테크에 무지했던 자신을 반성하고 그때부터 투자로 자본소득을 창출하는 공부를 열심히 하기 시작했다.

자본주의에서 돈이 돈을 버는 구조를 이해하지 못하면 부자가 될 수 없다. 근로소득은 생계를 유지할 수 있는 근간이 되는 소중한 소득이지만, 근로소득에만 목매서는 절대 경제적 자유를 얻을 수 없다는 사실을 인지해야 한다. 자본주의 사회에서 부자가 되는 원리는 믿고 싶지 않은 현실을 냉철하게 받아들이는 데서 출발한다. 근로소득이 증가하는 속도는 매우 느리며 증가 폭도 크지 않다. 하지만 자본소득은 규모가 커질수록 매우 빠른 속도로 증가하고 증가 폭도 크다.

따라서 근로소득과 자본소득을 함께 창출할 수 있다면 비록 직장인이더라도 빠르게 경제적 자유에 도달할 수 있다. 열심히 일만 해서는 결코 잘살 수 없다는 걸 깨닫는 게 부자가 되는 첫걸음이다.

## 투자는 무조건 수익률이다

아파트에 투자하려면 최소한 1억 원 이상, 특히 자산가치가 급등한 요즘에는 수억 원의 종잣돈이 필요하다. 그것도 전세를 낀 갭투자일 때 가능한 이야기이고 어렵게 돈을 모아 전세를 월세로 전환한다고 하더라도 투자금 대비 월세 수익률은 4퍼센트 언저리에 불과하다. 모두가 수년간 보유하고만 있어도 수억 원의 시세차익을 거둘 수 있는 아파트 갭 투자에 골몰하는 이유가 여기에 있다.

용수 씨 역시 월급 250만 원을 매달 70퍼센트 가까이 아껴 모아 목돈을 만들고 소형아파트에 연이어 투자했지만 수익률 한계를 느끼고 원룸 건물 투자로 전향하기로 했다. 그가 사는 경기도 평택 지역은 삼성전자 공장이 지어지고 일자리를 찾아온 젊은 1인 가구의 유입이 꾸준히 늘면서 원룸 건물 수익률을 7~9퍼센트 수준까지 기대할 수 있었다.

그는 우선 보유하고 있던 소형아파트를 처분해 원룸 13호실짜리 다가구주택을 매매가 6억 5,000만 원, 실투자금 2억 5,000만 원에 매입했다. 투자금이 적었기 때문에 건물에 낀 대출을 승계함과 동시에 매도인과 협의해 기존 월세를 전세로 일부 전환하는 조건으로 부족한 부분을 충당했다. 수익률이 9퍼센트 수준이었던 첫 원룸 건

원룸 건물 투자 구조

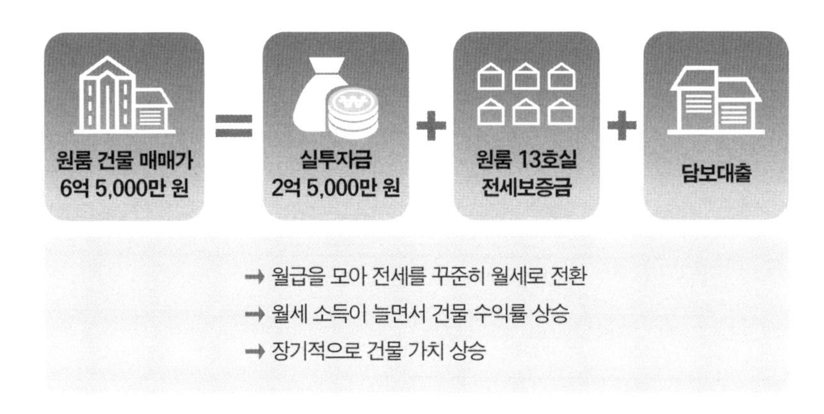

물 투자는 건물에서 나오는 월세와 근로소득을 아끼고 저축한 돈을 모아 4~5년에 걸쳐 전세를 월세로 하나씩 전환하면서 내실화했다.

첫 건물의 월세 전환이 어느 정도 이뤄졌을 때 용수 씨는 비슷한 규모의 원룸 14호실짜리 다가구주택을 계약금 10퍼센트만 투자해 매입했다. 첫 건물의 절반 정도를 다시 월세에서 전세로 전환하고 두 번째 건물도 같은 방식으로 부족한 투자금을 메워 매입한 다음, 월세 수입과 근로소득을 아껴 전세를 다시 월세로 전환하는 방식을 반복했다. 소득이 늘어나는 중에도 지출은 늘리지 않았기 때문에 두 번째 건물의 전세 물량을 월세로 전환하는 데는 불과 2년 6개월 정도밖에 걸리지 않았다. 근로소득과 자본소득을 합한 소득이 불어나면서 자산 증식 속도가 두 배로 빨라진 것이다.

세 번째 건물부터는 규모를 배로 키웠다. 역시 계약금 10퍼센트로 투자했고 이때는 전세를 월세로 전환하는 데 2년이 채 걸리지 않았다. 무려 50호실짜리 오피스텔 건물을 매입한 네 번째, 다섯 번째 투자에서는 매달 하나씩 전세를 월세로 전환할 수 있었다.

월 700만 원에서 1,000만 원, 2,000만 원으로 점차 늘어나던 자본소득은 건물 다섯 채를 보유하게 된 순간 월 6,000만 원으로 불어났다. 그리고 추가 투자 없이도 지역 원룸 수요 증가에 따른 월세 시세 상승으로 자본소득은 1년 만에 1,000만 원 늘어나 7,000만 원 규모가 됐다.

자산이 불어나는 속도는 이처럼 초반에는 느리지만 일정 수준을 넘어서면 가속도가 붙어 기하급수적으로 증가한다. 실제로 경험해

용수 씨의 자산상승곡선

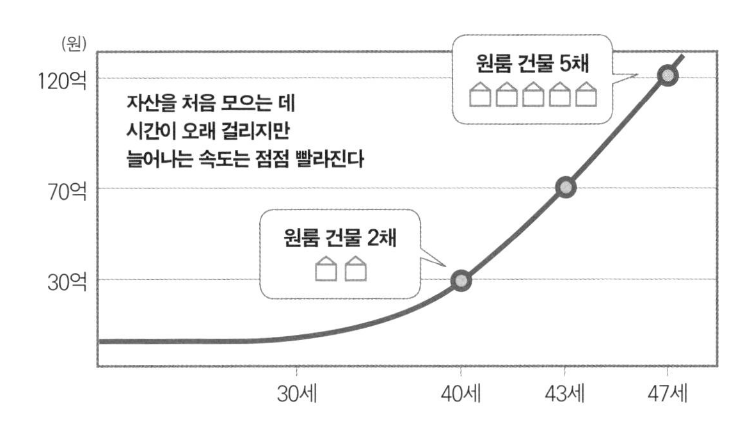


보지 못하면 이해하기 어려운 구조다. 건물을 유지하고 관리하는 노하우는 꾸준히 노력해서 쌓아가야 하지만 자산이 불어나는 것은 어느 순간 더 노력하지 않아도 자연히 된다.

## 월급쟁이에게 연봉보다 중요한 것

"월 200만 원을 받아도, 월 400만 원을 받아도 평범한 월급쟁이라면 사정은 똑같습니다. 절약의 끝판왕은 안 쓰는 거예요. 대부분 사람이 신용카드를 쓰면서 자신은 합리적인 소비를 한다고 생각하죠. 부자가 되는 건 똑똑해서도 아니고 지식이 많아서도 아니에요. 실천하느냐, 하지 않느냐의 차이입니다. 생활습관을 얼마나 바꾸느냐에서 부를 축적하는 속도가 달라지죠.

아껴 쓰고 저축하는 건 초등학교 교과서에도 나오는 내용이에요. 그걸 실천한 사람만이 부자가 될 수 있습니다."

이처럼 직장인이 부자가 되는 비결은 단순하다. 실천하기까지는 많이 노력해야 하지만 원리 자체는 너무나 단순해서 정말로 그럴 수 있는지 의심스러울 정도다.

일하지 않아도 막대한 현금흐름을 창출하는 길은 단순하게 더 벌고, 덜 쓰는 데 있다. 여기서 더 번다는 건 노동의 양을 늘린다는 의미가 아니다. 노동을 투입하는 데는 물리적인 한계가 있고 사람은 나이 들기 때문에 언제까지나 그럴 수는 없다. 근로소득이 아닌 자본소득을 늘려 내가 아닌 내 자산이 돈을 벌어주는 시스템을 만들어야 한다는 이야기다. 이렇게 근로소득과 자본소득이 함께 창출될 때 자산이 불어나는 속도는 점점 빨라진다.

한편 덜 쓴다는 건 건물의 수익률을 높이고 안정적인 현금흐름을 창출하는 구조로 만들기 위해 지출 대신 저축으로 전세를 월세로 전환하는 과정을 일정 기간 거쳐야 한다는 의미다. 불어난 소득을 지출하지 않고 투자에 계속 투입하면 엄청난 복리 효과를 내서 경제적 자유의 시점을 훨씬 앞당길 수 있다.

자본주의에서 부자가 되는 원칙은 복잡하지 않다. 근로소득만으로는 경제적 자유를 이루기 어렵다. 그리고 우리는 자유에 도달하기도 전에 은퇴와 월급 없는 삶에 직면해야 한다. 근로소득을 넘어서는 자본소득을 이뤄야 내 시간을 온전히 자유롭게 활용할 수 있는 '시간 부자'의 삶을 누리게 된다.

한 라디오 프로그램을 통해 용수 씨를 처음 만났을 때는 그저 평범한 40대 남성으로 보였다. 방송에 출연할 정도라면 부동산이나 증권 전문가 또는 관련 사업체를 운영하는 사람일 거라고 생각했다. 하지만 몇 마디 대화를 나눠보니 그는 자기만의 방식으로 부를 일군, 유쾌하고 여유 넘치는 사람이었다. 120억 자산가라는 걸 전혀 눈치챌 수 없을 정도로 소탈하고 겸손한 면모를 갖추고 있었다. 그러면서도 자신이 부를 쌓은 노하우를 사람들과 나누고 대화하는 데 거리낌이 없고 당당했다. 그는 평택에서 서울로 나올 때면 항상 지하철을 이용하고 작은 인터뷰나 방송도 열심히 준비했다.

그렇게 가진 것을 나누고 베풀 줄 알며 작은 일에도 최선을 다하는 성실함과 꾸준함, 그것이 그가 지금의 부를 이룬 원동력일 것이다. 그의 삶과 태도는 많은 직장인이 경제적 자유를 이루고 난 후에 지켜가야 할 모습이 아닐까 생각한다.

Tech Tree

# 부의 테크트리

**원룸 건물을 전세 끼고 적은 투자금으로 매입한 뒤 돈을 모아 원룸 하나씩 월세로 전환한다. 이를 다섯 번 반복해서 월 7,000만 원의 현금흐름을 만들었다.**

---

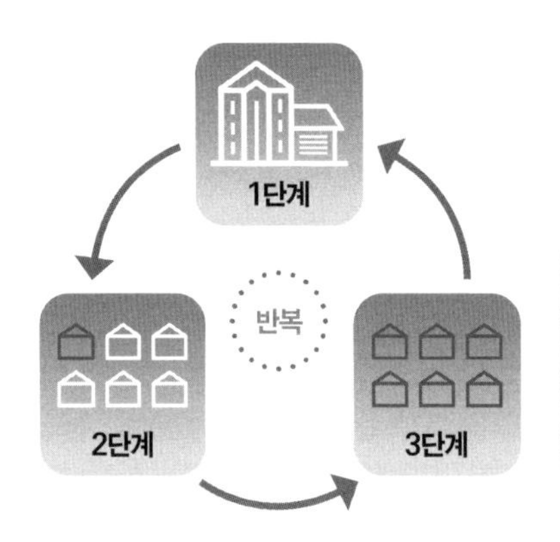


**1단계** 원룸 건물을 전세 끼고 실투자금 낮춰 매입
**2단계** 원룸 하나씩 돈 모아서 월세화
**3단계** 건물 안의 모든 원룸 월세화 완료

용수 씨의 원룸 건물 투자는 적금과 닮아 있다. 대신 은행에 돈을 불입하는 것이 아니라 자신이 소유한 건물에 돈을 차곡차곡 쌓는다는 점이 다르다. 이 방법은 총 3단계로 요약할 수 있다. 1단계는 원룸 수요가 많은 입지의 건물을 급매로 구입하는 것이다. 이때 은행 대출과 전세보증금을 최대한 활용해서 실투자금을 낮춘다. 2단계는 원룸 건물에 속한 전세 원룸들을 하나하나 월세화하는 것이다. 절약, 근로소득, 자본소득을 총동원해서 월세화를 시킨다. 3단계는 건물 안의 모든 원룸을 월세화하는 것이다. 이제 이 원룸 건물은 스스로 돈을 창출해내는 하나의 시스템으로 작동할 것이다. 물론 이를 위해 치밀한 세금 관리와 건물 관리 노하우가 필요하다. 이러한 세부 사항은 용수 씨가 유튜브, 블로그, 강의 등 다양한 통로로 공개하고 있다.

Money Study

## 진짜 부자들만 아는 부의 원칙

직업의 네 가지 유형

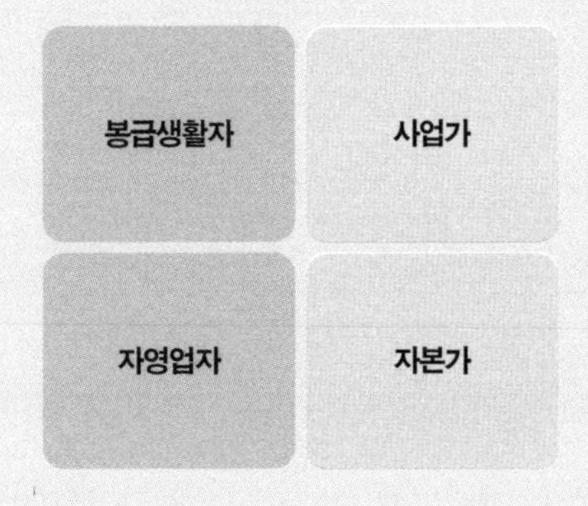


위 그림은 강용수 씨가 오늘날의 자신을 있게 해준 인생 책으로 꼽는 로버트 기요사키의 《부자 아빠 가난한 아빠》에 나오는 직업 유형이다. 세상에 있는 모든 직업은 이 네 카테고리로 분류할 수 있다.

우선 봉급생활자는 평범한 직장인을 말하며 자영업자는 자신의 가게나 사업장에서 일하는 사장님을 말한다. 대부분 사람이 봉급생활자이거나 자영업자에 속한다. 사업가는 자영업자와 다르다. 이 둘은 규모의 차이가 아니라 본인이 일하느냐 안 하느냐의 차이다. 내가 일을 해야 굴러가는 사업을 운영하면 자영업자다. 병원을 운영하는 의사도, 법무법인을 소유한 변호사도 본인이 일하지 않으면 사업이 굴러가지 않는 경우는 자영업자에 해당한다.

로버트 기요사키는 이 네 가지 직업을 '시스템'으로 설명한다. 봉급생활자는 누군가 만들어둔 시스템 안에 속해 일한다. 자영업자는 시스템을 만들고 그 안에서 자신도 일한다. 사업가는 시스템을 만들고 직원을 고용해 사업을 굴러가게 하고 본인은 그 안에서 나와 자유를 누린다. 자본가는 좋은 시스템을 갖춘 사업에 자본을 투자하는 사람이다.

남이 만든 시스템 안에서 일하는 봉급생활자와 자신이 만든 시스템 안에서 일하는 자영업자는 경제적 자유를 얻거나 자산가가 되기 어렵다. 부자가 되려면 사업가가 되거나 자본가가 되어야 한다. 현재 직장 생활을 하고 있거나 자영업자라면 어떻게 자신의 기술과 역량으로 좋은 시스템을 창출하고 자신은 거기서 벗어나 경제적 자유를 얻을 수 있을지를 끊임없이 고민해야 한다. 그것이 자본주의 사회에서 부자가 되는 비결이다.

**월급쟁이가 자산가로 변모할 수 있었던 비결**

용수 씨는 중소기업 직장인으로 출발해 소규모 제조업체도 운영해봤고 수익형 부동산 투자로 규모를 키워 임대사업 시스템도 구축했다. 하지만 그를 부자로 만들어준 것은 근로소득도, 사업소득도 아닌 자본소득이었다. 근로소득과 사업소득을 아끼고 모아 종잣돈을 만들기는 했지만 결국 투자로 창출한 자본소득이 눈덩이처럼 불어나 일하지 않아도 매달 7,000만 원 이상이 벌리는 시스템이 만들어졌다.

그는 자산가가 될 수 있었던 비결을 네 가지로 꼽는다. 이를 순서대로 충실히 실천하면 누구나 부자가 될 수 있다. 자산가는 특별한 재능이 있거나 탁월한 사람이 아니라 이 네 가지 단계를 제대로 실천한 사람이다.

목표를 구체적으로 설정한다

자산가가 되기 위해서는 구체적인 목표를 세우는 것이 필수다. '마흔 살에는 부자가 될 거야' 또는 '30대에 경제적 자유를 이룰 거야' 같은 생각은 목표가 아니라 이루기 어려운 희망일 뿐이다. 목표는 구체적인 내용과 달성 시점, 수단이 명확해야 한다.

용수 씨는 자신이 원하는 자산 규모를 비롯해 돈을 벌면 가지고 싶은 것들을 일일이 사진으로 인화해 보드에 붙여 꿈을 시각화했다. 자신의 욕망을 솔직하게 성찰하는 과정은 필수다. 집, 차 등 가지고 싶은 것들을 최대한 구체화해야 한다. 자산 규모와 달성 시기, 수단 등이 명확한 목표는 실현할 가능성이 훨씬 커진다.

인간은 보고 듣고 생각하는 대로 행동하는 동물이다. 보드를 매일 들여다보며 노력한 용수 씨는 보드에 붙인 목표 대부분을 실제로 이뤘다. 그야말로 '마법의 보드'다. 용수 씨는 집에서 가장 눈에 띄는 곳에 보드를 설치해 시각화했지만 이는 개인마다 다를 수 있다. 스마트폰, 회사 사무실 등 어디에도 좋다. 내 안의 열정을 일깨워줄 수 있는 곳에 구체적인 목표를 붙여 리마인드하라.

### 자산을 분석한다

목표를 구체화했다면 이제 자기 자신을 알아야 한다. 우리는 흔히 시장을 잘 몰라서 실패한다고 생각하지만 실제로는 자신을 잘 몰라서 실패하는 경우가 더 많다. 나를 알면 앞으로 내가 어떻게 변화해야 할지 알게 되고, 이를 실행에 옮기면 내가 원하는 인생을 만들어갈 수 있다.

용수 씨는 매월 말 자산평가서를 써서 순자산이 증가하는지, 감소하는지 꼼꼼히 점검했다. 부자가 되는 원리는 매우 단순하다. 버는 돈보다 덜 써서 자산이 쌓이고 지난달보다 이번 달, 이번 달보다 다음 달 자산이 꾸준히 불어나면 된다. 용수 씨는 부동산과 금융자산, 부채를 10원도 빠뜨리지 않고 자산평가서에 기입했다. 현금을 기입하는 란에는 지갑이나 옷 주머니에 있는 지폐, 동전까지 빼먹지 않고 적었다.

이렇게 자산평가서를 매달 꼼꼼히 적으면 자산을 명확히 파악할 수 있을 뿐 아니라 비로소 자산가가 되는 전략을 세울 준비가 된다. 6개월, 1년, 5년 등 미래가계부를 적어 계획한 대로 지출하는 습관을 들이고 저축 가능액을 미리 파악하고 늘려나가는 노력도 중요하다. 쓰고 남은 돈을 저축하는 게 아니라 미리 계획한 지출을 하는 습관을 들이는 것이다. 용수 씨는 자산평가서와 미래가계부야말로 120억대 자산가가 될 수 있었던 핵심 노하우라고 이야기한다.

### 마스터플랜을 세운다

이제 목표를 세우고 자산 분석까지 마쳤으니 목표를 달성하기 위한 마스터플랜을 세워야 한다. 당장 1년 후부터 10년 후까지 인생의 마스터플랜을 세우는 단계다.

신혼부부라면 언제까지 얼마를 만들고 자녀가 태어나면 집을 마련하는 등 생애주기에 맞춘 투자 및 자산 설계가 핵심이다. 차는 언제 바꿀지, 집부터 사고 차를 살지 등 굵직한 계획을 미리 세워야 그에 따른 자산 변동과 올바른 방향을 정립할 수 있다. 열심히 저축하고 투자해 목돈을 만들었더라도 이런 인생의 마스터플랜이 없으면 귀한 돈을 불리기도 전에 외제차를 사거나 소비성 지출로 목돈을 쓰게 된다. 더 나은 미래를 위한 장기계획이 꼭 필요한 이유다.

#### 배운 지식을 실천한다

마지막 4단계는 투자 공부로 배운 지식을 실천에 옮기는 것이다. 흔히 사람들은 자산가가 되기 위해 투자 공부를 열심히 해서 실행만 하면 된다고 생각하고 앞의 단계를 등한시한다. 하지만 투자 자체는 오히려 후순위다. 제대로 된 목표와 자산 분석, 마스터플랜 없이 무턱대고 투자에만 매달리면 결코 오래갈 수 없다.

단편적인 투자를 몇 번 성공했다고 해서 자산을 불려 부를 일구기는 어렵다. 자산가가 되는 과정은 인생 전반에 걸친 장기전이다. 얄팍한 지식으로는 이루기 어려우며 잠깐 운 좋게 성과를 냈다고 하더라도 이를 유지하고 꾸준히 불리기는 쉬운 일이 아니다. 투자 스킬에만 몰두하지 말고 1~3단계에 집중한 후에 투자를 실행에 옮기는 것이 '찐 부자'가 되는 정석이다.

# 5

# 나는 속 편한 우량주 집중투자로 우아하게 돈 번다

욜로 출신 주식투자자

자산 5억 원

한주주

37세

신용대출로 받은 3,000만 원을 명품 쇼핑에 죄다 써버리고 입사와 동시에 빚을 떠안은 극한의 욜로족이 뼈저린 현실 자각 후 경제적 자유를 위한 투자의 길로 들어섰다. 한주주 씨는 월급을 받으면 다음 월급날까지 한 푼도 남김없이 다 써버리던 삶에서 절약과 저축, 투자를 생활화하는 삶으로 과감히 변화했다. 그 결과 자산시장 상승기에 빚을 모두 청산하고 시드머니를 불릴 기회를 얻었다. 초우량 주식에 집중해 남다른 수익을 거둔 것이다. 이후 목표한 자산이 생기자 과거에는 돈을 써도 행복하지 않았던 공허한 일상이 무엇이든 원하는 일에 도전해볼 수 있는 활기찬 일상으로 변모했다. 이렇게 자기를 온전히 책임질 수 있다는 자신감은 한주주 씨를 진정한 경제적 자유의 길로 이끌었다.

대학을 졸업하고 원하던 직장에 합격했다는 통보를 받으면 세상을 다 얻은 것처럼 기쁘면서 동시에 인생 최대의 과업 하나를 끝낸 것 같은 착각에 빠지곤 한다. 한주주 씨도 마찬가지였다. 입사하자마자 고단했던 취업준비생 생활에 대한 보상심리로 합격증을 들고 시중 은행을 찾아 마이너스 통장부터 개설했다. 입사와 동시에 높은 연봉이 약속된 대기업이었기 때문에 은행의 문턱은 생각만큼 높지 않았다. 한주주 씨가 생각하기엔 다른 입사 동기들도 마이너스 통장을 발급받는다고 했고, 쓰는 액수만큼만 이자를 내면 되므로 전혀 문제 될 게 없었다. 하지만 현실은 그렇지 않았다.

## 소비 습관을 바꾸자 모든 문제가 풀렸다

당시 한주주 씨의 신용등급은 6등급, 이자율은 연 7퍼센트에 이르렀다. 금융에 무지했기 때문에 부채가 어떤 것인지, 이자가 높은지 낮은지에 대한 개념이 없었고 그저 통장에 인출할 수 있는 돈이 생겨 풍족해졌다고만 생각했다.

그녀는 입사 첫날이 오기 전까지 마이너스 통장에 있는 돈을 인출해 명품 옷과 가방을 사고, 여행을 다니고 호캉스를 즐겼다. 얼마 지나지 않아 돈은 바닥을 드러냈다. 첫 월급을 받기도 전에 이미 경제적 자유를 이룬 것처럼 풍족한 소비를 했기에 오래 지나지 않아서 그녀의 통장에는 빚 3,000만 원이 찍혀 있었다.

한번 커진 소비 규모는 쉽사리 줄어들지 않는다. 입사 첫해에 한주주 씨는 부모님이 집을 얻으라고 주신 월세 보증금 1,000만 원을 다 쓰고도 4,000만 원의 연봉까지 매달 한 푼도 남김없이 다 썼다. 그렇게 지내다 보니 어느덧 1년 지출이 8,000만~9,000만 원 수준까지 불어났다.

한주주 씨가 단기 월세를 살면서도 명품으로 치장하고 마치 내일이 없는 것처럼 소비하며 살았던 건 경제 관념이 없었고 자존감이 낮았기 때문이었다. 돈과 저축, 투자를 배우지 않은 상태에서 무방비로 사회에 나온 한주주 씨가 가장 쉽게 배울 수 있었던 건 소비였다. 그녀는 소비 욕구를 그때그때 충족시킬 수 있는 것만이 행복이라고 믿었다.

> "사회에 나오자마자 영혼까지 끌어다 소비했죠. 그렇게 돈을 썼으면 행복해져야 하는데, 실제 소비 이후의 저는 충족감을 느끼지 못했어요. 돈을 몰랐고 돈 쓰는 법도 몰랐죠. 스물여덟 겨울에서야 제가 빚 3,000만 원이 있고 일도 잘하지 못하고 관계에도 서툴다는 현실을 자각하면서 변화가 시작됐어요."

총체적 난국에 빠진 한주주 씨가 변화하기 시작한 건 가장 큰 문제였던 '빚'을 갚는 노력을 시작하면서부터다. 수많은 문제 가운데 어디서부터 손대야 할지 갈팡질팡하지 않고 가장 큰 문제부터 시작한 것이 효과적이었다.

그녀는 우아해지기 위해 한 달에 400만 원 이상을 지출했던 생활에서 벗어나고자 한 달 지출예산을 100만~120만 원으로 줄였다. 이는 월세가 포함된 예산으로, 허리띠를 졸라매고 고정지출 외에 꼭 필요한 곳에만 써야만 맞출 수 있는 목표였다. 가계부를 쓰면서 그녀는 자신이 줄일 수 있는 소비는 무엇인지, 줄이면 안 되는 소비는 무엇인지를 파악했고 예산에 맞게 사는 삶을 실행에 옮기면서 1년 만에 빚 3,000만 원을 모두 갚을 수 있었다.

한번 습관이 된 절약과 저축은 빚을 모두 갚은 후에도 종잣돈을 모으는 목표로 이어졌고, 빚이 제로가 된 이듬해에는 4,000만 원에 가까운 시드머니를 모을 수 있었다. 계획적인 지출과 저축으로 빚을 모두 갚고 종잣돈을 만들자 삶에도 변화가 생기기 시작했다. 돈을 관리할 수 있게 되면서 자연스럽게 자신도 관리할 수 있게 되었고, 인간관계나 회사에서 생기는 문제도 자연스럽게 해결되었다.

돈 문제가 해결되자 인생의 많은 문제가 풀리는 것을 경험했다. 직장 생활에도 재미를 느끼기 시작했다. 그녀는 어렵게 모은 종잣돈으로 투자를 시작해 자산을 불려가겠다는 목표를 세우고 경제 공부에 몰두했다.

한주주 씨는 2015년 초부터 투자를 시작했는데, 당시 광풍이 일었던 중국 주식에 관심을 가졌다. 급성장하는 중국 시장을 기대하며 투자금이 몰리던 시기에 그녀도 중국 우량주 10~20개에 분산투자해서 10년 가까이 묻어둘 생각이었다. 그러나 아직은 투자 초보였기에 그녀의 뜻대로 시장이 움직여주지는 않았다.

"주식을 사자마자 주가가 무섭게 빠지기 시작했어요. 서킷 브레이커가 두 번 걸릴 정도로 급락했죠. 어렵게 모은 돈으로 나선 첫 투자가 손실을 보니까 마음이 아파서 계좌는 덮어두고 회사 생활에 집중했습니다. 3개월 후 주가가 다행히 회복되어 조금 오른 걸 보고 종목을 전부 매도했어요. 그리고 제대로 공부해서 확실한 종목 하나에 올인하자는 생각으로 6개월간 공부하며 그 하나의 종목을 찾았습니다."

## 초우량주 소수 종목에 집중투자하다

한주주 씨는 6개월간의 '삽질' 끝에 중국의 텐센트에 시드머니를 투자했다. 텐센트는 중국 최대의 온라인 플랫폼 기업으로 중국인 12억 명이 쓰는 메신저 위챗을 개발한 회사다. 게임 LoL의 개발사인 라이엇게임즈를 인수한 모회사이기도 하다. 놀랍게도 텐센트 투자 이후 투자금이 5,000만 원, 1억 원으로 점차 불어났다. 상당 기간 공부해서 좋은 회사를 선별하고 투자를 실행해 어렵게 모은 자산이 불어나는 생애 첫 경험을 한 것이다.

주식으로 굴리는 자산이 '억대'가 되면서 그녀는 성장성이 높으면서도 좀 더 장기간 안정적으로 보유할 수 있는 종목을 찾았다. 그런 그녀의 눈에 아마존이 들어왔다.

하지만 바로 사지 않고 텐센트와 비교 분석하면서 주가 흐름을 지켜보는 시간을 가졌다. 일정 기간 지켜본 후 아마존이 같은 업종 내 다른 종목에 비해 떨어질 때 하락 폭이 작고 오를 때 큰 상승 폭을 보인다는 것을 발견하고는 곧장 텐센트를 모두 매도하고 아마존으로 갈아탔다. 그리고 같은 방식으로 아마존을 장기간 보유하면서 집중투자하는 전략을 유지했다.

이후 수익률이 높아지고 투자금이 점차 커지면서 소수 종목에 집중투자하는 것으로 전략을 소폭 수정했다. 현재 그녀가 보유 중인 종목은 미국 시가총액 최상위 종목으로 마이크로소프트, 애플, 구글, 아마존, 테슬라 다섯 개다. 최근에는 수년간 빅테크주의 순항으로 주식에 원금 1억 5,000만 원을 투자해서 5억 원의 자산을 일궜다. 수익률 20~30퍼센트에 쉽게 매도하지 않고 초우량주에 투자해 3년간 두 배의 수익을 노린다는 전략으로 꾸준히 보유했기에 가능했던 일이다.

"주식투자를 꾸준히 해오면서 정말 좋은 자산이라는 확신이 있으면 장기적으로 가져가도 되고, 기다림은 충분히 보상받는다는 사실을 배웠습니다. 빨리 자산을 불리려고 이 종목, 저 종목 샀다 팔았다 하는 식으로 마음이 조급하면 장기투자를 견디지 못하죠. 기다림의 시간을 충분히 견디면 시장은 분명 기회를 줍니다. 좋은 주식을 샀다고 하더라도 조금 오르면 금세 팔아버리는 등 그날그날의 주가에 일희일비하지 않는 태도가 중요해요."

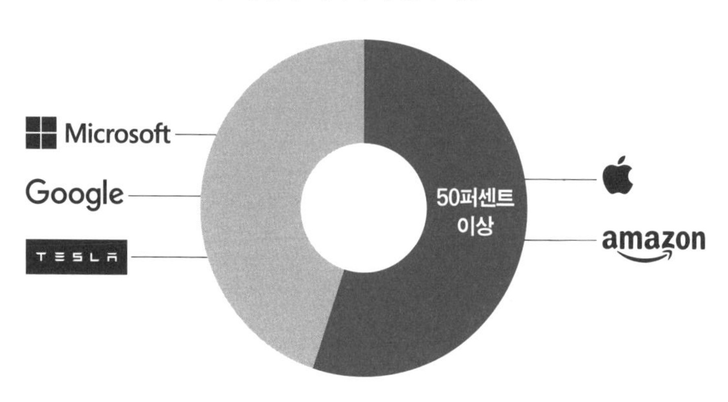


## 어떤 장이 와도 괜찮은 전략

한주주 씨는 주식투자로 만든 자산 5억 원과 저축으로 마련한 생활비 5,000만 원을 들고 회사에 사표를 내밀었다. 삼성전자 반도체 파트에서 근무하면 높은 연봉과 인센티브가 보장될 텐데 이런 퇴사 결정은 누구라도 이해하기 어려울 것이다. 하지만 한주주 씨는 모아둔 생활비로 살면서 경제와 투자 공부, 하고 싶었던 일에 마음껏 도전하면서 새로운 부가가치를 창출하는 삶을 살고 싶었다. 또한 직장 생활 10년차, 많은 것을 배웠지만 이제는 매달 받는 월급 이외에 성장할 가능성을 발견하지는 못한다는 게 그녀의 가장 큰 퇴사 이유다.

스스로 목표한 자산을 달성함으로써 그녀는 하고 싶은 공부와 일에 도전할 수 있는 '시간'을 벌었다. 한주주 씨와 같은 경제적 자유를 꿈꾸는 이들에게 시간은 그 어떤 것과도 바꿀 수 없는 소중한 가치다.

그녀는 앞으로도 미국 시가총액 최상위주 집중투자로 자산을 꾸준히 불릴 계획이다. 현재 5억 원 수준인 자산을 10억 원으로 만들겠다는 목표다. 누군가는 너무 리스크가 높다고, 금리 인상에 따른 증시 침체기에는 불가능하다며 의문을 제기할 수 있다. 물론 투자에 따른 리스크를 명확히 알고 대응하는 건 투자자에겐 기본자세나 다름없다. 하지만 그녀가 보유 중인 종목을 속속들이 들여다보면 단순히 시가총액 상위 기업일 뿐만 아니라 각 영역에서 세계 최고로 인정받는 기업들이다. 주가도 오랜 기간 우상향해왔고 앞으로도 해당 영역에서 경쟁 우위를 점할 것으로 예측된다. 결국 그녀는 목표를 수년 내 달성할 것이다.

집중투자 종목에 대한 철저한 공부 그리고 포트폴리오 관리는 투자자에게 너무나 당연한 일이다. 소수 종목에 집중투자할수록 보유 종목을 속속들이 잘 알고 금리 인상 또는 외부 변수가 해당 기업의 비즈니스에 미치는 영향을 분석할 줄 알아야 진짜 투자자다.

한주주 씨는 자신과 같은 선택을 하는 사람이 있다면 다음과 같은 말을 꼭 해주고 싶다고 한다.

- 월급쟁이 시절에는 가장 믿음이 가는 소수 자산에 집중투자해서 자산을 불려라.
- 퇴사할 때 자신의 소비 습관을 분석하고 2~3년치 최적 생활비를 미리 준비하라.

- 새로운 것에 도전하며 부가가치를 창출하라.

"가장 좋은 자산에 집중해서 투자하고 향후 몇 년간 최적 생활비를 마련했다면 퇴사할 수 있는 조건은 만족됐다고 생각합니다. 지금 돈을 많이 모은 상태는 아니더라도 즐거운 일을 하기 위해서 한 번쯤 도전해볼 수 있는 거죠. 만약 그 즐거운 일로 소소한 용돈 벌이가 가능하다면 더 좋고요."

**가장 확실하다고 여겨지는 한두 개 종목을 집중적으로 투자하는 전략으로 세계 시가총액 최상위의 가장 우량한 주식들만 꾸준히 모아간다.**

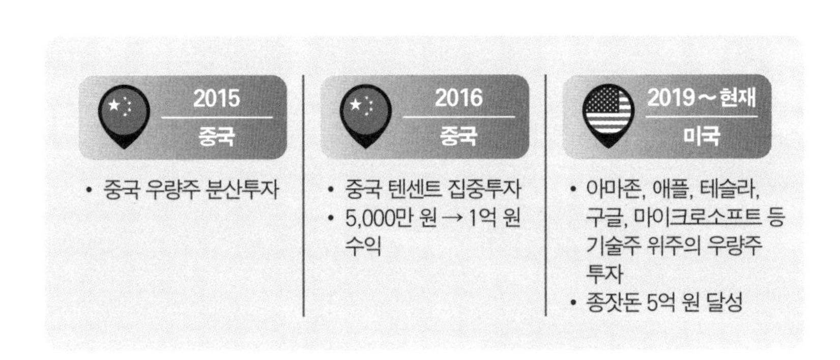


2016년 한주주 씨는 중국의 전자상거래 기업 텐센트 주식 하나로 투자금의 두 배에 달하는 자산을 만든 뒤, 초우량주 집중투자를 하기로 결심했다. 초우량주란 세계 시가총액 순위의 상위권에 위치하며 두 가지 요소를 갖춘 기업의 주식을 의미한다. ① 경제적 해자가 존재하는가. ② 미래 성장 산업 동력이 있는가. 한주주 씨가 보유했던 텐센트는 많은 수익을 가져다주었지만 세계적 관점에서 우량주는 아니었다. 그래서 2016년 아마존, 애플, 테슬라, 구글, 마이크로소프트 등 미국 초우량 주식으로 선회하여 많은 수익을 올렸다. 2022년 현재 주가는 주춤하지만 미국 경제가 폭락하지 않는 한 장기적으로는 우상향할 것으로 예측된다.

RICH CODE 2

# 확장
# EXPANSION

상식을 깨고 경계를 넘나들며 부를 축적한다

## Expansion

평범한 사람들이 흔히 하는 착각이 있다. 젊은 나이에 경제적 자유를 이룬 자산가들은 부모의 유산을 물려받은 금수저이거나 태어날 때부터 비범한 면모를 가졌거나 공개되지 않은 불법적인 경로로 성공에 이르렀을 것이라는 생각이다. 이들은 자산가들의 성공 스토리를 들으면 "애초에 천재였네"라며 자신과는 다른 부류의 사람으로 분류하거나 "논리에 허점이 있군", "단순 계산으로도 말이 안돼"라는 식의 의혹을 제기하고 나선다. 내가 보고 들은 작은 우물에 갇혀 확장적인 사고를 하지 못하고 자신이 처한 현실의 판을 스스로 바꾸려 하지 않는 사람들의 전형이다.

자신의 좁은 세계관을 박차고 나오면 세상에는 너무나 다양한 방식으로 부를 일구고 자유롭게 살아가는 부자들이 많다는 걸 알게 된다. 실제 이들 중 상당수가 좋은 집안, 학벌, 스펙 없이 스스로의 힘으로 자신의 울타리를 확장해 부를 이뤘다. 중소기업 직장인, 평범한 샐러리맨, 월급에 쪼들리는 외벌이 가장, 도전에 실패한 가진 것 없는 청년 등이 그들이 서 있었던 레이스의 출발점이었다. 그러나 막상 경기가 시작되자 이들은 평범한 사람들과 달리 자신을 한계 짓지 않고 끊임없이 판을 벌리고 성장했다. 이 과정에서 실패에 대한 불안을 극복하고 리스크를 무릅쓴 결과 이들이 누리게 된 것이 경제적 자유다. 울타리를 깨고 위험을 무릅쓰지 않으면 결코 부자가 될 수도, 인생을 바꿀 수도 없다.

# 6

1인 지식창업가

월수입 1,500만 원

김준영(포리얼)

30세

# 여섯 개의 파이프라인이 자는 동안에도 돈을 번다

연매출 21억 원, 2년 만에 가맹점 50개의 헬스케어 분야 스타트업 CEO가 된, 요양업계에 지각변동을 일으킨 젊은 사업가. 이는 몇 년 전까지 김준영 씨를 수식하는 말이었다. 성공 가도를 달리던 그는 어느 날 빈털터리로 대표이사를 그만두게 되었다. 그리고 얼마 안 가 월수익 1,500만 원을 벌어들이는 온라인 창업가로 변신했다. 그는 자본금 0원으로 시작해서 유튜브, 블로그 등 온라인 플랫폼을 통해 잠자는 동안에도 수익을 벌어들이는 패시브 인컴passive income을 만들어냈다. 그렇게 매일 현금이 창출되는 여섯 개의 파이프라인을 구축해 경제적 자유를 얻는 데까지는 불과 1년 6개월밖에 걸리지 않았다. 그는 지금도 이 파이프라인들을 체계적이고 유기적으로 관리해 1인 지식창업가로서 다양하게 활동하고 있다.

반지하에서 탈출하기 위해 시작한 사업을 더는 버티지 못하고 포기하던 날, 김준영 씨는 시간을 자유롭게 활용하면서도 큰돈을 벌어들일 수 있는 수단으로 유튜브를 선택했다. 당시 유튜브 가입자가 4,300만 명을 넘어 전체 인구의 83퍼센트에 육박하고, 유튜브 크리에이터들이 대기업 직장인 못지않은 수입을 벌어들인다는 뉴스가 화제였지만 지금처럼 전 국민이 유튜버인 시대는 아니었다.

하지만 준영 씨에게 유튜브는 자본금 한 푼 없이도 핸드폰 하나만 있으면 도전할 수 있는, 가능성이 무궁무진한 시장으로 보였다. 오프라인 창업에서는 특별한 아이디어가 있어도 자본금이 없으면 외부 투자에 의존해야 한다. 그리고 그 과정에서 대표이사의 지분이 희석돼 경영권 방어조차 어려운 것이 현실이다. 이를 준영 씨는 누구보다 잘 알고 있었다.

"오프라인 사업을 하면서 뼈저리게 깨달은 건 소득에도 등급이 있다는 사실이었어요. 내 몸과 시간을 녹여 돈을 버는 행위는

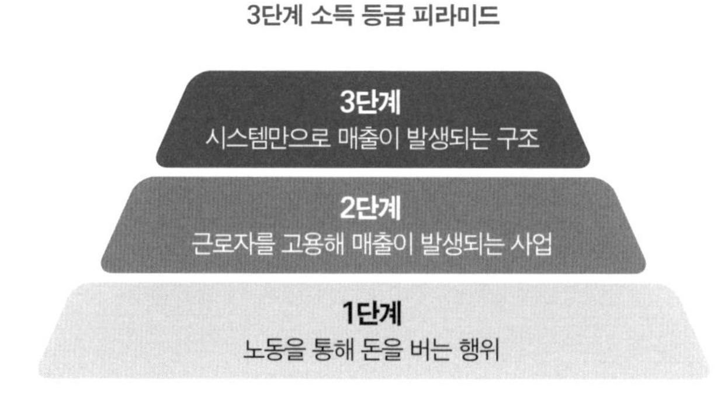

1단계, 근로자를 고용해 매출을 일으키는 사업은 2단계, 시스템이 자동으로 돌아가면서 수익을 벌어주는 구조는 3단계입니다. 온라인 플랫폼에서는 직접 일하거나 누군가를 고용해 인건비를 들이지 않고도, 심지어 제가 잠자는 동안에도 수익을 벌어들일 수 있는 3단계 시스템 구축이 가능하다고 봤습니다."

## 팔리는 콘텐츠 vs. 사라지는 콘텐츠

24시간 365일 일하지 않아도 수익을 내는 핵심은 유튜브 채널 〈포리얼〉에 업로드한 준영 씨의 창작물, 즉 '콘텐츠'에 있었다. 오프라인 사업을 접고 당장 생활비조차 없던 그는 창업 경력을 살려 스타트업에 도전하는 20대를 위한 조언을 담은 영상을 올렸다. 하지만 스타트업 시장이 협소했던 탓에 이렇다 할 반응을 얻지 못했다.

그러다 소수가 도전하는 창업보다는 누구나 한 번쯤은 경험해보는 아르바이트가 시청자층이 넓으리라 판단하고 대리운전, 퀵 배달, 심부름 대행 서비스 등 생계를 위한 아르바이트로 콘텐츠 주제를 전환했다. 그는 아르바이트로 돈 버는 과정을 핸드폰 영상으로 촬영해 기초적인 편집만 거쳐 유튜브에 올렸다. 이전보단 반응이 좋았지만 역시 채널을 성장시키기에는 역부족이었다.

시장이 원하는 콘텐츠를 고민하던 그는 직장인들 사이에서 사이드잡이 유행하면서 온라인 플랫폼으로 부수입을 올리는 이들이 늘

준영 씨의 유튜브 채널 〈포리얼〉

고 있다는 사실을 발견했다. 그는 '온라인으로 돈 버는 방법'을 검색해 나오는 무수한 아이템에 직접 도전한 영상을 올리기 시작했다. 이때부터 채널이 급성장해 구독자 수가 2년 만에 17만 명을 돌파했고 누적 조회 수 1,027만 회를 기록했다. 그중에서도 '카카오톡 이모티콘 만들어 팔기', '크라우드소싱 아르바이트', '네이버 블로그로 돈 벌기' 등은 채널 성장을 견인한 킬러 콘텐츠로 아직도 꾸준히 조회 수를 올리고 있다. 이제 준영 씨는 광고 협찬을 제외한 유튜브 계정 수익으로만 월평균 300만 원이 넘는 수입을 벌어들이고 있다.

수많은 유튜브 채널이 생겨나고 있지만 대부분은 낮은 조회 수와 높은 수익 창출 장벽에 가로막혀 오래가지 못하고 사라진다. 누구나 시작할 순 있어도 경쟁이 워낙 치열해 살아남는 채널은 많지 않다. 따라서 '내가 만들고 싶은 영상'이 아니라 '사람들이 보고 싶어 하는 영상'을 제작할 수 있느냐가 성패를 좌우한다. 콘텐츠 소비자의 선호와 트렌드를 이해하고 이에 기반한 영상을 제작할 수 있는 생산자 마인드가 있어야 채널이 성장하고 수익화가 가능하다.

이는 오프라인 창업과 다르지 않다. 사람들이 얻고 싶은 정보나 지식, 흥미나 즐거움을 느끼는 소재, 도움이 된다고 판단하는 콘텐츠를 제공해야 시청자를 불러 모을 수 있고 구독으로 이어져 채널을 키울 수 있다. 공통의 문제나 관심사, 욕구를 가진 사람들을 최대한 많이 모으고 이들에게 해결책을 제시하는 것이 핵심 비법이다.

준영 씨는 수백 번의 시행착오 끝에 다음과 같은 원칙을 정해서 유튜브 콘텐츠를 발행했다.

1. 나만 재미있는 영상을 만들지 않는다. 내가 아닌 사람들이 흥미를 느끼고 필요로 하는 소재를 선정하라.
2. 썸네일과 영상 초반에 에너지를 집중하라. 스쳐 지나가는 썸네일, 지루한 초반 영상은 알고리즘으로부터 멀어지는 길이다.
3. 구독자가 폭발하는 티핑 포인트를 놓치지 마라. 갑자기 조회 수가 늘거나 댓글이 많이 달린다면 영상을 분석하고 콘텐츠를 변주해 올려라.
4. 반응이 있다는 것은 가능성이 있다는 의미로 채널이 급성장할 기회다.

플랫폼 운영의 기본이 되는 알고리즘에 대한 이해도 필수다. 유튜브는 영상 업로드 초기 시청자들의 반응을 세밀하게 분석한 데이터를 기반으로 영상의 도달 범위를 결정하고 그것이 곧 조회 수로 직결되는 구조로 운영된다. 많이 시청하는 영상일수록 유튜브의 광고 수익 증대에 기여하기 때문에, 알고리즘은 좋은 영상을 선별해 더 많은 가입자에게 전달하는 구조로 작동할 수밖에 없다. 이는 모든 온라인 플랫폼에 공통으로 적용되는 원리다.

유튜브 알고리즘은 초반 영상 업로드 후 일정 시간 동안 가입자들이 썸네일을 보고 얼마나 클릭했는지, 영상 재생 후 얼마나 오랜 시간 머물렀는지, 시청 후 '좋아요', '구독', '공유' 등의 행위를 했는지, 광고를 얼마나 봤는지 등을 데이터로 수집해 영상을 판단한다. 데이터에서 좋은 결과가 나오면 더 많은 가입자에게 영상이 노출되고 추천되는 방식을 통해 조회 수가 급증한다. 이는 유튜브의 수익 증대는 물론 콘텐츠 생산자의 수익으로도 직결된다. 이처럼 유튜브 플랫폼이 작동하는 기본 원리에 대한 이해가 있어야만 채널을 성장시키고 실질적인 수익을 창출할 수 있다.

## 시스템이 자판기처럼 일하고 돈 번다

자신이 만든 유튜브 콘텐츠에 관심 있는 사람들을 모으는 데 성공했다면 그 자체로도 수익이 발생한다. 하지만 같은 콘텐츠를 활용해 플랫폼을 확장하면 수익을 다변화해 파이프라인을 여러 개 보유할 수 있다. 여기서 핵심은 하나의 주제로 여러 플랫폼을 운영하지만 각기 세분화된 다른 역할을 수행해야 한다는 점이다.

준영 씨는 그의 영상에 관심 있는 사람들 가운데 텍스트로 된 정보도 수요가 있음을 발견하고 같은 콘텐츠를 텍스트로 변주해 네이버 블로그에 업로드하는 플랫폼 확장을 시도했다. 즉 텍스트로 된 깊이 있는 정보를 원하는 사람은 블로그로 유입되게끔 유튜브에 블로그 링크 정보를 함께 올려 홍보했다. 그러자 하루 1~2만 명이 방문하는 유튜브 채널에서 10퍼센트가량이 꾸준히 블로그로 유입되었다. 자연스럽게 블로그 구독자도 증가했다.

영상보다 텍스트를 소비하는 사람들은 콘텐츠를 자세히 이해하고 구체적인 정보를 전달받으려는 사람들인 경우가 많다. 따라서 유튜브에서 블로그까지 들어와 콘텐츠를 소비한다는 것은 그만큼 준영 씨의 노하우를 상세히 알고 싶은 '진성 고객'이라는 이야기다.

블로그에 장시간 머무는 고객들이 늘어나면서 대가를 지불하고라도 오프라인으로 일대일 컨설팅을 받거나 모임을 통해 온라인으로 부수입을 창출하는 노하우를 배우고 싶어 하는 사람들이 생겨나기 시작했다. 또 온라인 청년창업을 지원하는 각종 기관에서 강연 요청도 들어오기 시작했다. 블로그가 유튜브 못지않은 또 다른 수익 창구가 되면서 이를 통해 월평균 200만~300만 원 이상의 수입을 벌어들이기 시작했다.

오프라인 모임이나 강연, 컨설팅이 활성화되면서 늘어나는 수요를 충족시키기 어려워지자 준영 씨는 다시 파이프라인 다변화를 시도했다. 한번 콘텐츠를 만들어놓으면 여러 사람이 유료로 구매해

**준영 씨의 블로그 '포리얼과 인생 추월차선'**

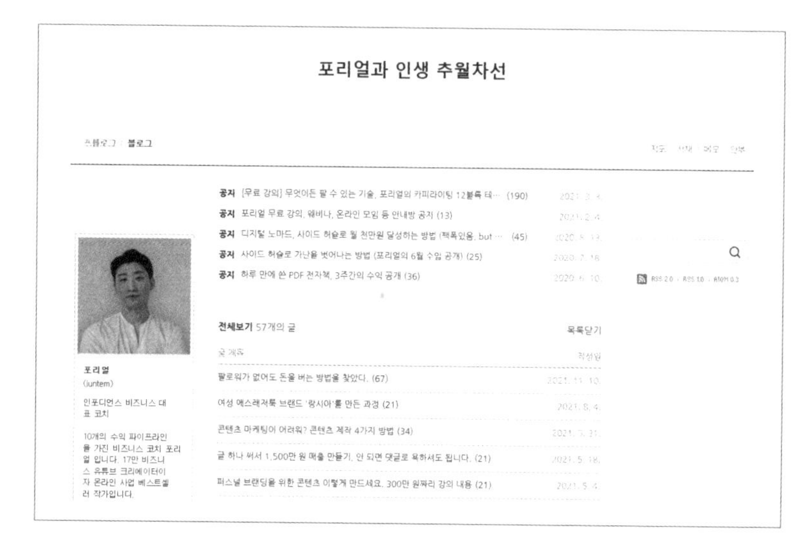


볼 수 있는 전자책과 VOD 강의를 제작해 판매하기 시작한 것이다. 시간과 노동을 할애해야만 수익을 벌어들일 수 있는 오프라인 모임과 달리 전자책이나 VOD 강의는 자는 동안에도 꾸준히 수익을 창출하는 패시브 인컴이 가능하다.

"주식 초보자를 위한 투자 노하우, 온라인 블로그로 부수입 올리기 같은 주제를 정하고 목차를 구성한 후 글을 써서 전자책으로 출시하는 전 과정을 직접 했습니다. 그리 오랜 시간이 걸리진 않았어요. 처음엔 마케팅 도움을 받기 위해 재능 공유 플랫폼 탈잉, 크몽 등에 올려 20퍼센트가량 수수료를 내고 판매했죠. 30~50쪽 분량이었지만 독자들의 좋은 후기와 인지도가 쌓이고 난 후에는 유튜브나 블로그 구독자들을 통해서도 홍보가 가능해져서 직접 웹사이트를 개설해 유료 콘텐츠를 판매하기 시작했습니다."

준영 씨의 유튜브와 블로그를 찾는 사람들 가운데서도 상세하게 배우고 싶은 사람들은 기꺼이 웹사이트를 방문해 콘텐츠를 유료로 결제하고 소비한다. 그리고 콘텐츠가 마음에 들면 자신의 블로그에 후기를 남기기도 해서, 이를 통해 자연스러운 마케팅 효과를 얻을 수 있다. 특히 전자책은 종이책과 달리 언제든 PDF 파일에 접속해 최신 내용을 업데이트하고 독자들의 반응을 수용해 내용을 보강할 수 있기 때문에 시간이 지나도 꾸준히 팔리는 효자 노릇을 톡톡히 한다. 준영 씨는 현재 전자책과 VOD 강의로 각각 월평균 300만 원에 가까운 추가 수익을 벌어들이고 있다.

## 패시브 인컴을 만들었다면

유튜브에서 출발해 블로그, 웹사이트로 확장된 준영 씨의 수입원들은 각각의 플랫폼이 서로 시너지를 내면서 꾸준한 수익을 벌어들이는 파이프라인 역할을 하고 있다. 고객들은 여러 플랫폼을 넘나들면서 그의 콘텐츠를 소비하고 홍보하는 일종의 영업사원 역할을 한다. 덕분에 준영 씨는 이제 한 달 내내 일하지 않아도 기존 영

준영 씨의 현금흐름 비중

(2021년 하반기 기준)

상과 글 등 콘텐츠가 꾸준히 소비되면서 최소 월 700만 원 이상은 벌어들이는 수준에 도달했다. 여기에 트렌드에 맞는 콘텐츠를 새로 업로드하거나 오프라인 모임 또는 강의를 늘리면 수익이 배로 늘어나 월 1,500만 원 이상을 벌어들일 수 있다. 온라인 플랫폼의 확장성을 감안하면 준영 씨의 수익은 앞으로도 꾸준히 늘어날 것으로 예상된다.

이런 온라인 창업이 무엇보다 좋은 점은 대기업 직장인의 연봉을 훌쩍 뛰어넘는 소득을 창출하면서도 시간을 자유롭게 활용할 수 있다는 점이다. 또한 무자본으로 시작할 수 있어 2030 세대가 충분히 도전해볼 만한 영역이라는 점도 강점이다.

좋은 직장에 취업해야만 안정적인 삶을 살 수 있다는 생각은 이제 고정관념이 됐다. 온라인에는 특출한 전문가가 아니라도 자신의 이야기로 공감과 지지를 받는 수많은 크리에이터가 있다. 이들은 자본금 한 푼 없이도 시장이 원하는 콘텐츠를 만들어 수만, 수십만 명의 구독자를 거느리고 근로소득을 뛰어넘는 패시브 인컴을 벌어들인다. 이들은 자신의 콘텐츠를 영상, 사진, 글 등 다양한 소재로 변주해 여러 플랫폼에서 고객을 모으고 수익을 벌어들이기를 주저하지 않는다. 자기 자신을 브랜딩하고 플랫폼을 다양화할수록 파이프라인이 늘어난다는 사실을 너무나도 잘 알고 있기 때문이다.

## 부의 테크트리

**자신의 콘텐츠를 유튜브에 올리고 수익으로 연결될 수 있는 파이프라인을 만들었다. 일을 적게 해도 블로그, 전자책, 온라인 강의, 일대일 코칭 등에서 정기적 수익이 발생한다.**

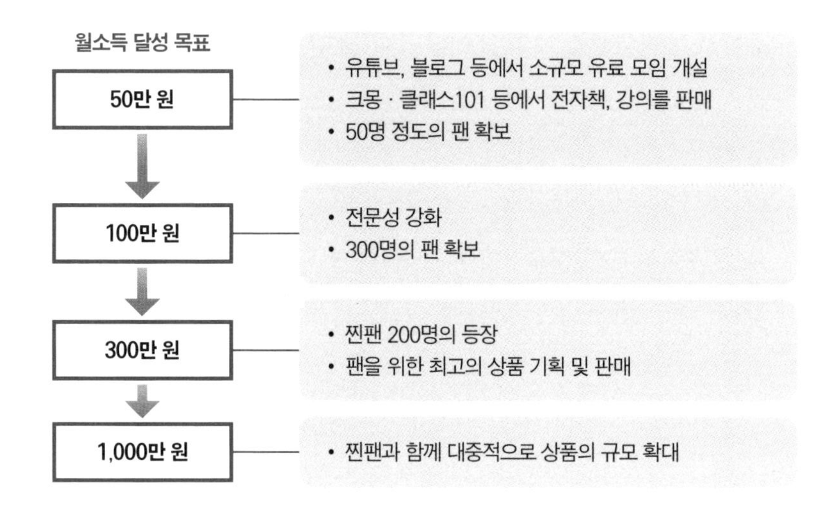


사람은 모두 한 가지 이상의 재능이 있다. 준영 씨는 이 점을 포착하여 누구나 월 1,000만 원 이상 버는 '1인 지식창업가'가 될 수 있다고 한다. 그러기 위해서는 달성 목표를 구체적인 숫자로 잡아야 한다. 50만 원을 버는 것부터 시작해서 100만 원, 300만 원 그리고 1,000만 원까지 차례로 달성해야 한다. 이 과정에서 가장 어려운 점은 처음 50만 원을 버는 것이다. 이는 자신을 알아가는 과정이며 시장을 탐색하는 과정이기 때문이다. 준영 씨는 자신도 이를 거쳐 지금의 수익을 얻을 수 있었다고 한다. 단단히 첫 스텝을 잘 밟는다면 내 안에 잠재된 다양한 파이프라인의 실마리를 찾을 수 있을 것이다.

Money Study · from 김준영

## 0원에서 1,000만 원을 버는 가장 현실적인 방법

어떻게 월 0원에서 1,000만 원까지 수익이 늘어날 수 있는지, 그 테크트리를 이야기하고자 한다. 결론부터 말하면 누구나 현재 상황에서 월 1,000만 원까지는 벌 수 있다.

월 1,000만 원을 벌고자 한다면 월 50만 원을 사이드허슬, 무자본 창업으로 만드는 것이 우선이다. 너무 당연한 이야기지만 어쩔 수 없다. 어떤 채널이라도 좋다. 유튜브, 블로그, 인스타그램, 스마트스토어, 네이버 카페, 밴드, 소모임 다 좋다. 무엇이 됐든지 월 50만 원을 만들어내라. 이 과정에서 본인이 선택한 채널 성격에 맞는 적합한 콘텐츠를 생산해 수익구조를 찾아야 한다. 이때 다음과 같은 '타이탄의 도구'가 쌓인다.

1. 주제에 대한 전문성(콘텐츠를 만들려면 해당 영역을 계속 공부해야 함)
2. 콘텐츠 기획 및 제작 능력(이미지, 영상, 글쓰기 등)
3. 사람들에게 팔리는 콘텐츠의 냄새를 맡는 능력(오늘날 아주 중요한 능력)
4. 사람들의 관심을 돈으로 만드는 능력(수익구조 설계)

이 타이탄의 도구는 앞으로 당신을 계속해서 먹여 살릴 중요한 능력들이다. 물론 월 0원에서 50만 원 수익을 만드는 건 쉽지 않다. 당신의 레벨이 낮다면 이 과정이 무척 오래 걸릴 것이다. 그러나 이 과정을 이겨내면 그다음 단계로 수익이 늘어나는 건 생각보다 쉽게, 금방 달성된다.

월 50만 원을 달성했다면 다음은 월 100만 원이다. 수익이 두 배로 늘어나는 것이지만 생각보다 어렵지 않다. 우선 어떤 영역이든 월 50만 원을 달성했다는 건 수요가 있음을 알려주는 1차 검증이다. 50만 원을 달성한 바로 그 방식으로 노력을 더 투입하면 100만 원을 만드는 건 간단하다.

예를 들어 책을 소개하는 블로그를 채널로 삼았고, 유료 독서 모임을 만들어 50만 원의 수익을 창출했다고 하자. 그러면 독서 모임 인원을 늘리거나 횟수를 늘리거나 참가비를 늘리면 된다. 물론 이 과정에서 본인의 전문성도 높아져야 한다. 이 과정 역시 하루아침에 되는 건 아니지만 월 0원에서 50만 원을 만들던 때를 생각하면 훨씬 편안한 과정일 것이다.

50만 원, 100만 원의 다음 단계는 월 300만 원이다. 앞서 100만 원까지는 50만 원 때와 같은 방법으로도 충분했지만 300만 원을 달성하기는 어렵다는 생각이 들 것이다. 여기서는 새로운 추가 수익 동력을 만들어야 한다. 우선 월 100만 원은 아주 의미 있는 수치다. 여기까지 왔다는 건 일단 소수라도 팬이 생겼음을 의미한다.

여기서 팬이란 유튜브로 치면 구독자다. 인스타그램으로 치면 팔로워, 블로그로 치면 이웃 같은 개념이지만 어쨌든 조금 더 충성도가 높은 사람들을 지칭한다. 이들은 나의 말을 소중하게 들어주고 나를 지지해주는, 그야말로 팬이어야 한다. 이런 팬을 수십만, 수백만 명이나 만들 필요는 없다. 딱 300명의 의미 있는 팬을 만드는 것을 목표로 하자. 당신이 100만 원을 벌게 된 노하우를 담은 전자책을 만들었을 때 1만 원에 사줄 수 있는 300명의 팬만 만들면 되는 것이다.

이렇게 월 300만 원의 단계를 달성하고 나면 300명의 팬은 바이럴을 일으키고 당신은 점차 영향력을 키워나가게 된다. 본인이 지정한 채널에서는 마이크로 인플루언서 정도의 지위가 될 것이다. 광고 수익의 여지도 있고(요즘 시끄러운 '뒷광고'는 금물이다) 여러 가지 수익 창출의 기회들이 보일 것이다. 그렇다면 이제 월 1,000만 원으로 나아갈 때다.

월 1,000만 원으로 가는 좋은 방법은 채널을 확장하는 것이다. 유튜브를 기반으로 했다면 블로그와 인스타그램을 병행한다. 한 가지 소스를 가지고 여러 채널에서 그 채널에 맞는 형식으로 콘텐츠를 만든다.

이제 앞에서 말한 의미 있는 팬들을 1,000명 만드는 것이 목표다. 이들은 충성도에 따라 다음과 같이 나눌 수 있다.

1. 내가 운영하는 모든 채널에 관심을 표하는 찐팬(200명)
2. 내가 운영하는 하나의 채널에 지속적인 관심을 표하는 팬(300명)
3. 내가 운영하는 어떤 채널이든 관심을 주기적으로 보이는 팬(500명)

괄호의 인원수는 목표다. 찐팬 200명을 확보하면 월 1,000만 원 달성은 아주 수월해진다. 이제 할 일은 그들의 삶에 도움이 될 수 있는 최고의 상품과 서비스를 기획하는 것이다. 200명의 찐팬을 만족시키면 찐팬은 자연스럽게 늘어난다. 그들은 10만 원이든, 20만 원이든 기꺼이 비용을 지불할 것이다. 왜냐하면 당신이 그들에게 그보다 훨씬 큰 가치를 제공할 것이기 때문이다.

여기서 중요한 건 마지막 문장이다. 그들에게 받는 비용보다 더 큰 가치를 제공해야 한다. 가령 나처럼 사이드허슬 또는 무자본 창업으로 돈 버는 방법을 알려주는 서비스를 제공한다고 해보자. 찐팬에게 30만 원을 받고 코칭을 해준다면 이 찐팬은 300만 원 이상의 가치를 얻어갈 수 있어야 한다. 그것이 1년 뒤, 2년 뒤, 5년 뒤 발현되더라도 그는 그 코칭으로 향후 월 1,000만 원, 아니 그 이상을 벌 수 있어야 한다. 그러니 처음에는 저렴하게 시작해서 전문가로 진화할수록 수요공급 법칙에 따라 비용을 높여라.

바로 이것이 사이드허슬로 월 0원에서 1,000만 원으로 수익을 늘리는 현실적인 테크트리다. 스마트스토어에서 물건을 팔든, 유튜브 채널을 운영하든, 블로그를 하든 이 테크트리를 적용해보면 분명 도움이 될 것이다.

50→100→300→1,000. 이 숫자를 명심하라. 각 단계에서 다음 단계로 나아가려면 당연히 자신도 레벨 업해야 한다. 100에서 300으로 못 넘어가고 머물러 있다면 해답을 찾아야 한다. 그리고 결국은 300으로 넘어가야 한다.

# 7

VIP 전문 부동산 컨설턴트

순자산 20억 원

월 자본소득 500만 원

박익현

40세

# 강남8학군 출신 모범생 회사원이 밑바닥부터 부동산을 시작한 까닭

박익현 씨는 강남 8학군에서 자라 명문대를 졸업하고 대기업에 들어갔지만 경제적 자유는커녕 계속 직장만 다녀서는 풍족한 삶을 살기 어렵겠다는 결론을 내렸다. 경쟁은 더 치열해졌지만 경제적 자유를 누릴 수 있을 만큼 근로소득을 벌지 못했고 앞으로도 그럴 가능성이 희박했기 때문이다. 그래서 그는 곧바로 퇴사하고 분양대행사에 입사해 전단지 돌리는 것부터 시작했고 이후 VIP 투자 컨설팅까지 섭렵했다. 그 과정에서 순자산은 20억 원 규모로 커졌고 자본소득은 월 500만 원을 초과했다.

박익현 씨는 신입사원 시절만 해도 '대학생이 가고 싶은 기업 1위' 회사에 입사해 열심히 일하면 자연스럽게 경제적 자유를 보장받을 것이라 믿었다. 사원에서 대리, 과장, 부장을 거쳐 임원이 되면 노후는 물론 경제적인 걱정 없이 살아갈 줄 알았다.

그러던 어느 날 익현 씨가 평소 롤모델로 여겼던 분이 임원으로 승진했다. 그래서 회식 자리에서 용기를 내 연봉을 얼마나 받게 되는지 물었다. 새벽같이 출근해 밤늦게까지 일하고 주말, 명절도 없이 회사에 청춘을 바친 롤모델의 성공이 그가 나아갈 길이라고 믿었기 때문이다. 그러나 그 임원이 받게 되었다는 연봉 1억 3,000만 원은 익현 씨를 충격에 빠뜨렸다. 물론 적은 연봉은 아니었다. 하지만 25년 넘게 밤낮없이 일한 보상으로는 충분치 않다는 생각을 떨칠 수 없었다.

## 만년 대리 자산가 vs. 억대 연봉 상무, 진정한 자유인은?

당시 익현 씨의 회사에 50대까지 승진하지 못하고 있었던 만년 대리가 있었다. 그는 정해진 시간에 칼같이 출근하고 퇴근하며 비교적 여유로운 직장 생활을 하는 듯했다. 하지만 그가 매일 칼퇴하는 이유가 실은 부동산 대학원에서 투자를 공부하기 위해서라는 사실을 알게 됐다. 더 놀라운 것은 그가 강남, 서초, 송파구에 아파트를 한 채씩 보유하고 상가 두 곳을 운영하는 자산가라는 사실이었다. 그가 자산을 통해 벌어들이는 자본소득은 익현 씨가 롤모델로 여긴 임원의 연봉 2~3배를 훌쩍 넘기는 수준이었다.

회사 안에서 보면 실력으로 인정받고 승진을 거듭해 임원이 된 분이 훨씬 빛났지만, 회사 밖으로 나오면 만년 대리 자산가가 훨씬 자유로운 삶을 살고 있었다. 그가 승진에 연연하지 않았던 건 자본소득이 근로소득을 훨씬 초과하고 있어 언제 퇴사하더라도 원하는 삶을 살아갈 수 있었기 때문이었다.

익현 씨는 앞으로 직장과 승진에만 목매다가는 경제적으로 자유로워질 기회를 놓치겠다는 생각이 들었다. 그는 직장을 박차고 밖으로 나가기로 마음먹었다.

> "결국 그 만년 대리님께 회사는 명예였고 취미일 뿐이었죠. 너무 충격이었습니다. 회사에서는 그저 무시당하는 사람이었지만 밖에서는 부러움의 대상이었으니까요. 우리가 회사에서 인생을 끝내는 게 아니지 않나 생각했어요. 그때부터 제 인생이 바뀌었습니다."

## 밑바닥부터 부동산을 배우기로 했다

바깥세상으로 나온 익현 씨가 가장 먼저 한 일은 어렵게 모은 목돈으로 부동산 투자에 나선 것이었다. 아파트, 월세, 오피스텔 등 전국 각지를 다니면서 소액으로 투자할 수 있는 자산을 매입했다. 부동산은 종잣돈을 쏟아부어 투자를 마치면 더 이상 할 수 있는 게 없다. 일정 기간 보유하면서 시세차익을 얻거나 월세 수익을 받는 동안 그는 투자금을 더 만들고 부가가치를 창출하는 노하우를 배워야겠다고 결심했다.

평범한 직장인이라면 쉽지 않은 도전이다. 하지만 그만큼 절박했기에 무턱대고 분양대행업체를 찾아가 일을 배우겠다고 했다. 그렇게 분양 전단지 돌리는 일부터 시작했고 매물이 사고 팔리는 과정을 하나하나 배워나갔다. 부동산 투자는 자본을 가진 개인과 개인 간 거래인 경우가 많다. 대체로 부동산 중개인이나 대출을 해주는 금융기관, 법무사 정도만 관여하기 때문에 거래 이면에 진짜 시장이 돌아가는 시스템을 알기에는 역부족이다. 그는 부동산 시장에 대해 더 알기 위해 밑바닥부터 시작하는 과감한 선택을 했던 것이다.

익현 씨는 분양대행에서 시작해 시행 업무까지 배우면서 직장인이 쉽게 접할 수 없는 다소 전문적인 영역도 경험할 수 있었다. 시행은 단순 투자가 아니라 땅을 매입해 건축하고 분양 혹은 보유 및 관리하는, 높은 부가가치를 창출할 수 있는 사업적인 영역이다. 표면적인 지식이 아닌 진짜 시장이 돌아가는 원리를 이해하게 되면서 그는 결국 VIP 부동산 컨설팅까지 섭렵했고 자산가들이 건물에 투자하고 자산을 불리는 과정에 도움을 주는 단계로까지 성장했다. 그 과정에서 순자산은 20억 원 규모로 커졌고 일하지 않아도 들어오는 자본소득은 월 500만 원을 넘어섰다. 부자들 주변에서 그들의 생각을 온몸으로 받아들였더니 자산도 함께 상승했다.

## 부를 빠르게 증식시키는 수익형 자산

일하지 않아도 살아가는 데 필요한 현금흐름을 창출할 수 있다면 경제적 자유를 이뤘다고 할 수 있다. 많은 자산가가 꿈꾸는 경제적 자유란 월 수천만 원의 소득이 나오는 빌딩을 소유한 '건물주'가 되는 것이다. 건물주란 여러 개의 주택이 아니라 하나의 건물에 투자해 이를 운영하고 관리해서 월세를 받고 가치를 높여 시세차익까지 거둬들이는 대형 사업가다. 대규모의 파이프라인 하나를 잘 만들어 수익률을 높이고 부가가치를 높여가는 과정인 것이다.

놀랍게도 익현 씨가 컨설팅 과정에서 만난 자산가들은 흔히 상상하듯 부모로부터 자산을 물려받은 금수저들이 아니었다. 건물주의 꿈을 이룬 사람들도 우리가 생각하는 명문대 출신은 거의 없었다. 오히려 짜장면 배달부 출신, 농부, 사업가 등 다양한 직업을 갖고 있었으며 60대 이상 고령층도 있지만 30~40대에 사업이나 투자로 건물주가 된 사람들도 적잖았다. 제각기 다른 방식으로 부자가 된 이들이지만 한 가지 공통점은 있었다. 수익형 자산이 부를 빠르게 증식시킨다는 믿음을 갖고 이를 실행에 옮겼다는 점이다.

그들은 포트폴리오의 최소 30퍼센트 이상, 많게는 80퍼센트까지 수익형 자산으로 보유하고 있었다. 즉 수년간 보유하며 시세차익만 노리는 게 아니라 매달 현금흐름이 창출되는 자산에 투자한다. 자본소득을 재투자하면서 얻는 복리 효과로 자산이 빠르게 증가하고 더 좋은 수익형으로 갈아타는 기간을 줄일 수 있기 때문이다.

수십억짜리 강남 아파트를 두세 채 보유하고 있더라도 시세차익에만 매달리는 투자자는 시장 흐름에만 의존하는 '부린이'일 뿐이다. 반면 보유 아파트의 전세를 반전세 혹은 월세로 전환해 현금흐름을 추가로 창출하는 구조를 만들 수 있다면 수익형 자산 투자에 첫발을 내딛는 셈이다. 만일 보유하고 있는 자산이 매년 세금만 내게 하고 시세차익을 담보하지 못한다면 매달 현금흐름은 물론 장기적인 시세차익까지 가져올 수 있는 알짜 수익형 자산으로 갈아타는 것도 전략이다. 익현 씨는 이런 전략으로 계속 강남에는 살고 싶지만 소득이 없어 종합부동산세, 재산세 납부조차 버거운 한 은퇴 여성에게 월세 받으면서 강남에 살 수 있는 솔루션을 주기도 했다.

그녀에게 익현 씨는 먼저 전세라도 강남에 꼭 살고 싶은지 물었다. 그녀는 그러고 싶다고 대답했다. 추후 강남 아파트의 계속된 상승이 예견돼 있었지만 그녀는 현금흐름이 없어 버티기가 어려웠다. 그는 먼저 20억 원의 강남 아파트를 매도하라고 했다. 그 금액 중 10억 원은 전세 거주 자금으로 사용하고, 나머지 10억 원으로 서울 아파트 두 채를 매수해 월세를 받으라는 솔루션을 제시했다. 그러면 한 채당 90만 원씩 월세가 나오며 총 180만 원의 현금흐름이 생기는 것이다. 명의는 부부 각자 앞으로 해 절세하고 보유세는 월세에서 충당이 가능해지는 구조다. 이를 통해 실제 삶의 질이 높아지는 효과도 누릴 수 있음은 물론이다.

익현 씨의 이런 컨설팅도 누군가에게는 합리적이지 않을 수 있다. 그러나 전세라도 강남에 꼭 거주하고 싶었던 은퇴 여성에게는 딱

무소득 강남 거주 은퇴 여성을 위한 수익화 솔루션

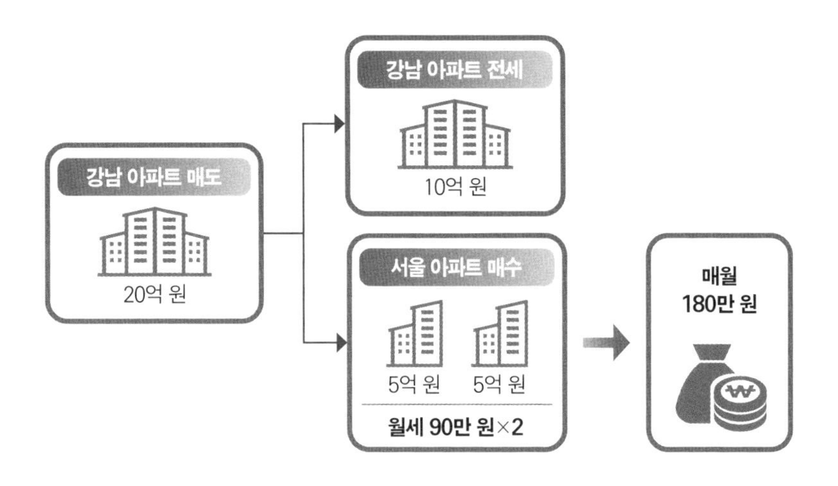


맞는 솔루션이었다.

## 건물주로 성장하는 7단계

익현 씨는 부동산 시장에 직접 뛰어들어 공부하면서 평범한 사람들이 경제적 자유를 이루고 건물주가 되기까지는 7단계 프로세스가 존재한다는 것을 발견했다. 투자 대상이나 방식은 저마다 다르지만 결국 건물주가 되는 과정은 상당 부분 닮아 있었다.

1. 간절한 목표를 세워라.

2. 머리와 몸을 단련하라.

3. 2,000만 원부터 모아라.

4. 소액투자로 한 바퀴 돌려봐라.

5. 스노볼 효과를 체험하라.

6. 꼬마빌딩 주인부터 시작하라.

7. 100억 이상 건물주가 되면 경제적 자유를 얻는다.

익현 씨가 관찰한 결과 부모에게 큰 자산을 물려받지도, 대단히 화려한 배경도 없었던 사람들이 건물주가 된 첫 번째 비결은 '아주 구체적이고 확고한 목표를 세울 줄 안다'는 점이었다. 15년여 만에 강남 건물주가 된 어느 짜장면 배달부는 아무것도 없었던 청년 시절부터 자신이 꿈꾸는 건물을 매일 올려다보며 기필코 그 건물의 주인이 되고 말겠다는 다짐을 했다고 한다. 인간은 꿈을 상상하고 시각화하고 되새기는 것만으로도 그에 맞춰 행동하고 현실화할 수 있는 존재다. 너무나도 뚜렷한 목표가 있었기에 그 배달부는 15년 동안 남들보다 열심히 일했고 더 저축했고 적극적으로 투자해서 꿈꾸던 건물을 손에 넣을 수 있었다.

단순히 부자가 되고 싶다는 생각은 목표가 아니라 이루어지기 어려운 희망 사항일 뿐이다. 언제까지, 어느 정도 규모의 부를 이루겠다는 구체적인 목표가 있고 이를 절박하게 되새기는 마음을 유지해야 목표를 달성할 수 있다. 그렇기에 앞으로 어떻게 하겠다는 목표만 들어봐도 그 사람이 이를 달성할지 상당수 예측할 수 있다고 익현

씨는 말한다.

2단계는 머리와 몸을 단련하는 공부와 임장이다. 기본적인 경제가 작동하는 원리와 부동산 시장에 대한 이해는 필수다. 투자에서 자기자본이 중요한 이유와 레버리지를 어떻게 활용하면 좋은지 등에 대한 지식도 필요하다. 대단한 전문적인 지식을 말하는 게 아니다. 현재 시장이 돌아가는 상황에 대한 뉴스를 이해할 수 있을 정도의 소양은 쌓아야 한다. 지식을 쌓은 후에는 투자하고자 하는 지역에 꾸준히 임장을 다니면서 실제로 부딪혀보는 노력이 뒤따라야 한다. 현장을 많이 다녀야 입지와 건물 보는 눈이 생기는 것은 너무나 당연한 사실이다.

3단계에서는 2,000만 원 안팎의 소액투자로 실전 경험을 쌓고 근로소득과 자본소득을 함께 창출하는 경험을 해봐야 한다. 근로소득 하나로 경제적 자유를 얻어 자산가가 된 사람들은 극소수다. 젊은 나이에 건물주의 꿈을 이루려면 근로소득 이외에 자본소득을 만들고 꾸준히 늘려나가는 과정은 필수다.

20대 때부터 아르바이트로 번 돈을 아끼고 저축해 목돈 2,000만 원을 만들어 수도권 오피스텔에 대출 끼고 투자해서 월세 수익을 창출한 청년이 있다. 그는 아르바이트로 버는 근로소득과 오피스텔 월세에서 금융비용을 제한 수입을 합해 저축을 극대화했고 목돈이 모일 때마다 소규모 빌라나 오피스텔에 투자해 현금흐름을 불려갔다. 처음에는 저축하는 속도가 더뎠지만 수익형 자산의 가짓수가 늘수록 가속도가 붙어 30대 초반에 근로소득보다 더 많은 자본소득을 벌어들이는 자산가가 됐다.

4단계는 매수부터 매도까지 전체 프로세스를 한 바퀴 경험해서 감을 익히는 단계다. 30대 초반에 자산가가 된 청년도 처음에는 부동산 중개인을 상대하고 세입자를 관리하는 게 쉽지 않았을 것이다. 하지만 일단 물건을 계약하고 세입자를 들이고 월세를 받다가 더 나은 물건으로 갈아타는 과정을 경험하자 두 번째, 세 번째 투자는 그리 어렵지 않게 이어나갈 수 있었다. 가격을 놓고 상대방과 협상하는 법도 배우고 세입자를 상대하는 노하우도 얻었다. 학교에서든 직장에서든, 어디서도 가르쳐주지 않는 살아 있는 투자를 스스로 체득한 것이다.

이후 5단계부터는 스노볼 효과를 누리며 자산의 수를 늘려나간다. 수익형 자산이 하나일 때는 자산이 불어나는 속도가 느리지만 가짓수가 늘어나면 부의 증식 속도가 눈에 띄게 빨라진다. 매달 정해진 월급을 받는 월급쟁이가 쉽게 이해하지 못하는 지점이기도 하다. 월 50만 원이던 자본소득이 100만 원, 300만 원, 500만 원으로 늘어나는 시간은 투자 물건이 늘어날수록 급속히 빨라진다.

대부분 직장인은 실거주용 '내 집' 한 채에서 투자를 끝낸다. 추가로 투자하더라도 전세를 끼고 시세차익만을 노리며 장기 보유하는 투자가 대부분이다. 그러나 시세차익형 투자는 시장 상승기에는 높은 수익을 가져다주지만 하락기가 도래하면 언제까지 차익 실현을 미뤄야 할지 알 수 없다는 게 큰 리스크다. 시세차익에만 골몰하는 직장인들의 투자가 대부분 5단계에서 스노볼 효과를 제대로 맛보지 못하고 끝나는 것도 이런 이유에서다.

6단계에서는 여러 곳에 분산된 수익형 자산을 앞으로 건물주가 되는 밑거름을 만들어줄 꼬마빌딩으로 갈아탄다. 꼬마빌딩은 통상 10억~50억 원가량으로 내부에 상가나 오피스, 주거용 등 다양하게 구성돼 있다. 월세 소득을 창출하면서 나중에 매도할 때 건물 가치 상승이나 수익률 개선에 따라 큰 폭의 시세차익도 기대할 수 있는 자산이다.

바로 이때부터 투자 후 가격이 오르기만을 기다리지 않고 부가가치를 창출해 건물 가치를 높이는 노하우가 큰 힘을 발휘한다. 건물을 취득해 가격이 오르기만을 기다리면 '투자'지만 건물의 값어치를 높여 더 비싼 가격에 팔면 '사업'이다. 부동산 투자자에서 사업가로 성장할 수 있어야 진정한 건물주의 길이 열린다.

꼬마빌딩에 투자해 안정적인 운영 노하우를 쌓으면 자산 규모를 불려 상가로 구성된 빌딩 건물주가 되는 7단계로 나아갈 수 있다.

우량 건물들은 보통 개인이 아닌 법인 소유로 운영되며 관리업체가 있고 하나의 사업체처럼 안정적인 수입을 창출하며 굴러간다.

강남의 100억 규모 건물들의 수익률은 3퍼센트 안팎으로 매월 3,000만 원가량의 자본소득을 건물주에 안겨준다. 먹고살기 위해 노동하지 않아도 되고, 계속 자산을 불리기 위해 갈아타지 않아도 되는 진정한 건물주의 꿈을 이루는 종착지인 셈이다. 최근에는 입지 좋은 역세권 빌딩의 가격 상승으로 공동 투자도 활성화되고 있다. 익현 씨도 공동 투자를 통해 부지를 매입해서 건물을 짓는 단계를 밟아나가고 있다.

## 왜 대한민국 사람들은 건물주가 꿈일까

우리나라에는 대략 720만 개의 건물이 있다고 한다. 수십억 자산을 보유한 이들의 마지막 꿈도 멋진 건물을 소유하는 것인 경우가 많다. 누군가는 대한민국 국민의 꿈이 남녀노소 할 것 없이 건물주인 데에 안타까움을 표하기도 한다. 하지만 건물주야말로 먹고살기 위해 소중한 인생의 대부분을 노동에 쏟아붓지 않고 자유롭게 원하는 삶을 살아갈 수 있기 때문에 모두가 원하는 게 아닐까. 누군가 만들어낸 시스템 안에서 정해진 대로 일하는 삶에서 벗어나 즐겁게 도전하며 살아가고 싶은 사람들의 희망이 오늘날 건물주라는 꿈으로 나타난 것인지도 모른다. 즉 건물주는 만나고 싶은 사람들을 만나고, 원하는 일에 마음껏 도전하고, 돈보다는 자신의 성장과 행복을 위해 투자할 시간적 자유를 얻고 싶다는 꿈을 상징하는 것이다.

자산이 30억 원 혹은 50억 원이 넘는다고 하더라도 모두가 경제적 자유를 누릴 수 있는 건 아니다. 그 자산을 구성하는 요소들이 오로지 시세차익에 기댄 것이라면 가격이 크게 올라 매도하기 전까지는 현금흐름을 창출하기는커녕 재산세, 종합부동산세 등 세금만 나가는 장부상 자산일 뿐이다. 운 좋게 시장흐름이 맞아떨어져 매매가격이 급등하면 좋겠지만 미래에 매도해야 할 시점에 부동산이 장기간 하락세를 유지하고 있다면 자산가치를 회복할 수 있는 뚜렷한 방책이 없다.

따라서 자산 규모가 커질수록 넓은 대지를 보유하고 장기적인 시세차익을 기대할 수 있으면서도 당장 월세 수입이 나오는 수익형 자산, 그중에서도 건물을 매입하는 것으로 투자 방향이 귀결된다. 결국 건물주라는 꿈은 노동에서 탈피해 행복한 삶을 살아가고 싶은 투자자들의 종착지가 될 수밖에 없다.

90년대 강남 키즈로 자란 익현 씨는 건물주가 되고 싶은 밀레니얼 세대에게 '탈사회화'를 주문한다. 사회화는 사회의 일원이 되고 그 사회의 규범에 맞게 행동하는 것을 의미한다. 그렇다면 탈사회화는 사회에 반하는 행동을 하라는 의미일까? 그렇지 않다. 익현 씨가 말하는 탈사회화는 누군가가 만들어둔 시스템 안에서 일하는 데 머물지 말라는 이야기다.

학창 시절 열심히 공부해 시험을 치르고 좋은 성적을 받아 명문대에 진학하는 이유는 결국 원하는 일을 하며 행복하게 잘살기 위해서다. 그러나 이때의 공부는 인내심을 기르는 훈련 과정일 뿐 진정 돈을 버는 교육은 아니다. 훌륭한 사회의 일원이 되는 공부에만 몰두하면 남 밑에서 일하다 젊은 날을 마감할 수밖에 없다. 경제 교육, 금융 교육이 제대로 이뤄지지 않는 현실에서 경제적 자유를 얻으려면 성인이 되고 난 후 돈 버는 공부, 남 밑에서가 아니라 나를 위해 일하기 위한 공부를 게을리해서는 안 된다. 그렇게 했을 때 비로소 '월급 노예'가 아니라 '돈의 주인', 나아가 '내 삶의 주인'이 될 수 있다.

> "공부와 연구를 병행하다 어느 순간 탈사회화를 시도하십시오. 그러는 순간 경제적인 자유가 보장됩니다. 탈사회화가 빠를수록 남들이 술 마시며 놀고 있을 때 자신은 오피스텔 주인, 빌라 주인, 나아가 건물주가 됩니다. 시간이 지나면 어마어마한 차이를 체감할 수 있을 거예요."

## Tech Tree
# 부의 테크트리

**분양대행, 시행을 거쳐 VIP 부동산 컨설팅을 하며 아파트, 오피스텔 수익형 투자를 이어왔다. 현재 공통 투자로 꼬마빌딩 부지를 매입해 신축하고 있다.**

---

익현 씨는 건물주가 되는 7단계 중 가장 중요한 것은 4단계(소액투자 매수매도 경험)라고 한다. 여기서 소액이란 2,000만 원을 의미한다. 이 돈으로도 얼마든지 아파트, 오피스텔, 원룸 등에 투자해 경험을 쌓을 수 있다. 한 번만 직접 경험하면 부동산 투자의 흐름을 이해하게 되면서 투자자의 길로 들어설 수 있다. 작은 시작이라도 직접 부딪혀봐야 결국에는 100억 건물주의 꿈에 다다를 수 있다.

# 8

# 파는 것이 인간이다, 노마딕으로 살며 셀링하기

**쇼피·쿠팡 온라인 셀러**

**월수입 1,200만 원**

**이희형**

**27세**

온라인 셀링으로 월매출 3,000만 원, 월 순수입 1,200만 원을 돌파하면서 이희형 씨는 대학도 졸업하지 않은 젊은 나이에 경제적 독립을 달성했다. 노트북 한 대만 있으면 언제 어디서든 자유롭게 일할 수 있어 사는 곳도 서울에서 제주로 옮겼다. 남들은 직장 생활하면서 정시에 출퇴근하고 월급을 모아 가끔 제주에 가지만 그는 시간에 구애받지 않고 일하며 즐기는 삶을 살고 있다.

이희형 씨는 대학 노래 동아리에서 활동하며 가수를 꿈꾸던 청년이었다. 노래를 부르고 작사, 작곡에 도전하는 일이 그 무엇보다 즐겁고 행복했다. 페이스북 '일반인들의 소름 돋는 라이브' 페이지에 업로드된 그의 영상은 많은 사람의 관심을 끌었다. 작은 소속사에서 가수 데뷔를 해보지 않겠느냐는 제의도 받았다. 그래서 좋아하는 노래를 만들고 부르면서 사는 싱어송라이터가 될 수 있지 않을까 하는 희망으로 얼마간 연습생 생활을 하며 가수의 꿈을 키우기도 했다. 하지만 가수로 생계를 유지하기가 어렵다는 걸 깨닫는 데는 오랜 시간이 걸리지 않았다.

> "하고 싶은 음악을 하려면 돈이 필요했고 나 스스로 감당하고 싶었어요. 유재석 씨가 이런 말을 한 적이 있습니다. '하고 싶은 걸 하려면 하기 싫은 것들을 해야 한다.' 저는 그 말이 되게 공감이 가더라고요. 그래서 음악을 하기 위해 하기 싫은 일들을 여러 가지 성공적으로 해내고 있습니다."

## 음악하면서 살려면 얼마가 필요할까

가수의 꿈을 버리지 못해 군 제대 후 직접 작사, 작곡한 〈너, 너〉라는 음원을 발매하기도 했지만 이것이 돌파구가 되지는 못했다. 꿈꾸는 일을 하면서 먹고살 만큼 돈을 버는 것은 현실에서는 잡히지 않는 신기루에 가까웠다.

희형 씨는 냉정하게 현실을 직시하고 생각을 고쳐먹기로 했다. 먹고살 만큼 돈을 벌 수 있다면 원하는 음악을 하면서 자유롭게 살아갈 수 있겠다고 생각했다. 먹고살 만큼의 돈이란 직장에서 받는 월급 정도로는 부족했다. 출퇴근에 얽매여 노래의 꿈을 잃어버리면서 나이 들고 싶진 않았다.

'어떤 일이 나를 자유롭게 할 수 있을까?' 그는 진지하게 질문하기 시작했다. 아무런 기술도, 인맥도, 자본도 없는 20대 대학생이 할 수 있는 일은 바로 온라인에 있었다. 그렇게 무자본으로 온라인 셀링에 뛰어들었고 1년 6개월 정도 노력한 끝에 월 순수익 1,200만 원이라는 목표를 이뤄냈다.

무자본으로 도전할 수 있는 온라인 셀링은 진입장벽이 낮아 보이지만 결코 성공하기 쉽지 않다. 2020년 선풍적인 인기를 끌었던 네이버 스마트스토어로 월 수천만 원을 버는 셀러들도 생겨났지만 결국은 자리를 잡지 못해 판매를 접은 사람들도 부지기수다. 오죽하면 스마트스토어 창업하는 법을 강의하는 사람들만 큰돈을 벌었다는 볼멘소리도 나온다. 이렇게 진입장벽이 낮고 경쟁이 치열한 시장에서 희형 씨가 살아남은 것은 한두 번의 실패에 좌절하지 않고 빠르게 문제를 개선해가며 플랫폼에 적응했기 때문이다.

그는 멋모르고 도전한 네이버 스마트스토어에서 판매를 위해 구입해둔 상품이 고스란히 재고로 남으며 실패를 맛봤다. 평소 관심 있었던 인테리어 소품을 온라인으로 팔아보기로 하고 남대문 시장을 돌면서 물건을 사고 온라인에 올렸지만, 예상과 달리 주문하는 고객이 거의 없었다. 다 팔릴 줄 알고 구매했던 물건들은 주인을 찾지 못한 채 집에 쌓여만 갔다.

이는 가장 단순하지만 중요한 진리인 '내가 팔고 싶은 상품이 아니라 고객이 사고 싶은 상품을 팔아야 한다'는 것을 간과한 탓이다. 무엇을 어떻게 팔아야 하는지에 대한 노하우 없이 시작한 첫 도전은 그렇게 실패로 끝났다. 하지만 그는 포기하지 않았고 플랫폼과 시장을 바꿔 도전을 이어갔다.

## 해외 쇼핑몰 쇼피에 도전하다

이번에는 해외 쇼핑몰 쇼피에서 국내 인테리어 상품을 싱가포르 고객에게 판매하는 데 도전했다. 스스로 감각 있다고 생각한 인테리어 상품을 변경하지 않고 시장을 국내에서 싱가포르로 바꾼 것이다. 영어를 사용하고 국내 상품에 대한 반응이 좋은 시장이라 승산이 있다고 봤다. 빠른 배송을 위해 쿠팡에서 물건을 떼와 쇼피 물류센터를 통해 싱가포르 고객에게 배송하는 시스템을 활용했다.

네이버 스마트스토어에서 실패했던 경험을 교훈 삼아 이번에는 시장에서 가장 많이 팔리는 상품을 선별하고, 사람들이 어떤 키워드로 해당 상품을 검색하는지 파악해 적용하기 시작했다. 무턱대고 감으로 괜찮은 상품을 골라 온라인에 올리던 데서 한 발 나아가 시장을 먼저 파악하고 그에 맞는 상품을 공급하기 시작한 것이다. 상품 라인업에도 신경 써서 하루에 최소한 한 개 이상의 상품을 공들여 올리는 작업을 꾸준히 이어갔다.

쇼피의 첫 화면

출처: 쇼피

상품을 올린 지 일주일 만에 드디어 주문이 들어오기 시작했다. 희형 씨는 하나둘 유입되는 고객들이 물건을 주문한 후 남기는 리뷰를 정성껏 관리했고, 이를 통해 재방문을 늘리는 식으로 선순환 구조를 만들기 시작했다. 그러자 드문드문 들어오던 주문이 꾸준해지면서 어느새 쇼피에서 월 100만 원 이상의 순익이 발생하는 작은 성공을 맛볼 수 있었다.

그는 여기서 멈추지 않고 한번 실패했던 국내 소비자를 다시 공략하기 위해 쿠팡에서도 물건을 팔기 시작했다. 역시 가장 잘하는 리빙, 인테리어 카테고리를 택해서 시장 수요와 키워드 분석을 통해 세부 상품을 선별했다. 경쟁이 치열한 국내 시장이다 보니 상품

온라인 셀링의 전 과정

이미지 차별화에 더 공을 들였다. 같은 가격이라도 더 감각적인 이미지를 제공하고 상세한 상품 설명을 덧붙이면 구매로 이어질 가능성이 크다는 점을 적극적으로 활용한 것이다.

규모가 어느 정도 커지면서부터는 가격 경쟁력에도 신경을 썼다. 거래하던 위탁판매업체에 일일이 연락해서 가격 협상을 하고, 더 저렴한 가격에 물건을 공급받아 제공하면서 매출과 순익이 꾸준히 성장했다. 상품 선별부터 판매, 배송, 고객 관리까지 모든 과정이 그의 손을 거쳐 진행됐다.

처음에는 매일 3~4시간만 자면서 모든 과정을 혼자 감당하다가 어느덧 월매출 3,000만 원에 30퍼센트가 넘는 순이익을 벌어들이는 시점을 맞이했다. 어느 정도 성장한 후부터는 그가 모든 과정을 처리하지 않아도 자동으로 돌아갈 수 있는 시스템을 만들어 일과를 자유롭게 보낼 수 있는 기반도 마련했다.

"네이버 스마트스토어를 실패하고 온라인 셀링을 접어야겠다고 생각했습니다. 그런데 갑자기 다른 생각이 들었죠. '이 실패를 통해 얻은 인사이트로 다른 도전을 해보자.' 그래서 3~4시간밖에 안 자고 하루에 하나씩 상품을 업로드했어요. 이전에 실패한 이유를 찾아 보완하며 꾸준히 올렸죠. 열심히 노력한 시간이 있었기에 이 정도 매출이 나온 것 같아요."

## 노트북 하나로 월 1,000만 원 벌기

집에서 노트북 한 대로 월 1,000만 원 수익을 창출할 수 있다고 하면 누구나 '나도 한번 도전해볼까?' 하고 생각한다. 많은 자본이 들지도 않거니와 굉장히 쉬워 보이기 때문이다. 하지만 희형 씨는 몇 번의 실패 끝에 스스로 문제를 파악하고 극복하는 법을 배웠기에 지금의 성공을 이뤄낼 수 있었다고 말한다. 하루 3~4시간씩 쪽잠을 자면서 왜 시장에서 반응이 없을까, 왜 팔리지 않을까를 끊임없이 고민했다.

온라인 셀링은 상품을 온라인에 리스팅하고 사진과 글 등으로 상세 페이지를 만들어 고객의 결제를 유도하는 섬세한 과정을 거친다. 그리고 주문이 들어오면 위탁업체에 연락해 상품을 고객에게 배송하고 물건을 받아본 고객의 후기나 반응을 모두 챙겨야 하나의 거래가 끝난다. 고객이 믿고 다시 찾도록 하기 위해서는 끊임없이 상품을 업데이트하고 불평이나 불만이 제기된 후기에 적극적으로 대응해야 한다. 이 모든 과정이 절대로 쉽지 않으며 이 중 하나라도 문제가 생기면 전체가 타격을 입을 수도 있다. 누구나 도전할 수 있지만 아무나 좋은 성과를 낼 수 없는 시장인 것이다.

희형 씨가 이렇게 도전하는 삶을 살게 된 데는 행복한 삶에 대한 밀레니얼 세대의 가치관이 바뀐 것도 한몫했다. 흔히 초중고 시절은 좋은 대학을 가기 위해 치열하게 공부하고 경쟁하는 시기라고 생각한다. 그리고 좋은 대학에 진학하면 모두가 선망하는 대기업에 입사하기 위해 스펙 쌓기에 내몰린다. 바늘구멍같이 좁은 취업의 관문을 통과하면 이제는 월급을 아끼고 모아 내 집을 마련하고 가정을 꾸려 자녀를 키워야 하는 과정이 기다린다. 그렇게 열심히 살다가 회사가 더 이상 나를 필요로 하지 않을 때 은퇴하고 그동안 모은 노후 자금으로 여생을 살아간다. 이것이 일종의 공식이자 일반화된 생애주기였다.

그러나 생각을 조금 바꾸면 전혀 다른 삶을 살 기회가 열려 있다. 대학에 진학한 후 반드시 좋은 기업에 취업하지 않아도 온라인에는 얼마든지 돈을 벌 기회가 열려 있다. 안정적인 직업은 꾸준한 월급과 고용 안정성을 보장하지만, 바꿔 말하면 퇴직하는 시점까지 아주 오랫동안 출퇴근하며 원하는 일에 도전할 기회를 박탈당하는 것을 의미한다. 근로소득은 젊은 날의 소중한 시간과 맞바꾸는 반대급부라는 점을 인식한다면 새로운 가능성을 위해 도전하지 않는 기회비용이 얼마나 큰지 절감할 수 있다.

희형 씨는 이 기회비용을 흘려보내지 않은 덕분에 20대의 젊은 나이에 원하는 시간, 원하는 곳에서 자유롭게 일할 기회를 얻었다. 남는 시간은 본인이 꿈꿨던 음악을 할 수 있는 여유도 찾았다. 이는 그가 편견과 고정관념에 얽매이지 않고 도전하고 실행했기에 얻을 수 있었던 성과다. 대기업 직장인이 되는 꿈보다 빠른 경제적 자유를 택한 희형 씨는 이제 온라인 셀링 노하우를 담은 전자책을 판매하고 온라인 콘텐츠 로고를 디자인하거나 보컬 레슨 등 다양한 파이프라인을 구축해 자유롭게 일하며 안정적인 소득을 벌어들이고 있다.

희형 씨와 같은 밀레니얼 세대에게 대학과 회사의 명성이라는 전통적인 가치는 이제 크게 인정받지 못하는 듯하다. 그보단 주체적인 삶을 살아갈 수 있는 경제적 · 시간적 자유가 중요하게 여겨지고 여기에 빠르게 도달할 수 있는 수단이 그들의 커다란 관심사가 되었다. 행복한 삶에 대한 기준이 바뀌고 있는 이 시기에 무엇이 내가 원하는 삶을 지지해줄지 생각해볼 필요가 있다.

**네이버 스마트스토어로 시작해 인테리어 제품을 팔았으나 실패 후 모두 재고로 쌓였다. 그러나 포기하지 않고 쇼피, 쿠팡에서 월매출 3,000만 원이 나오는 시스템을 만들었다.**

---

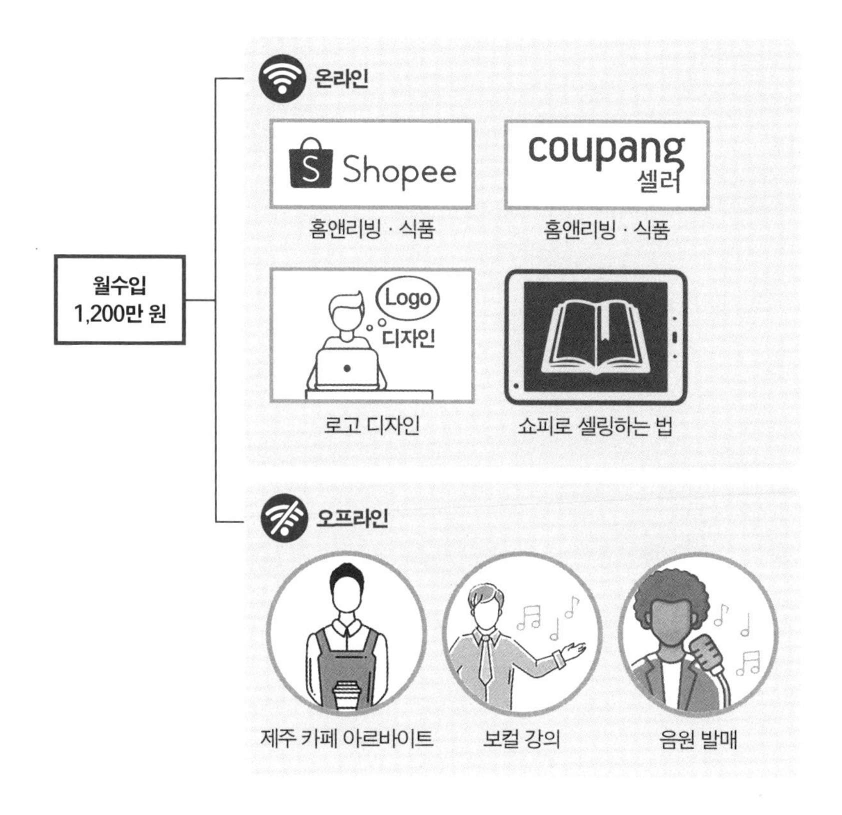


희형 씨는 단순히 온라인 셀링으로 부자가 되는 게 목표가 아니라 다양하고 재밌는 삶을 살고 싶어 한다. 그래서 남는 시간에 제주 카페 아르바이트, 보컬 강의 등 평소 하고 싶었던 일을 주로 한다. 이 일들로도 전문성이 쌓여 그의 주요 파이프라인 중 하나가 되고 있다.

# 9

# 평범한 영업맨에서 부동산 디벨로퍼가 되기까지

원룸 건물 디벨로퍼

자산 60억 원

송량헌(황금대지)

37세

직장인이 회사를 다니며 자투리 시간을 내서 할 수 있는 투자는 그리 많지 않다. 그렇다 보니 대부분 직장인은 근로소득을 아껴 모은 종잣돈으로 ETF나 지수추종 펀드에 가입하거나 내 집 한 채를 마련하는 선에서 만족하는 경우가 많다. 서울에서 외벌이 가장으로 살아가던 송량헌 씨는 경제적 자유를 위해 부동산, 그중에서도 직장인이 쉽게 시도하기 어려운 건물 신축에 도전해 단기간에 괄목할 성과를 냈다.

송량헌 씨가 건물 신축에 도전한 이유는 간단하다. 평범한 직장인이었기 때문에 몇억 원씩 투자할 만한 목돈이 없었고 최대한 빨리 자산을 불려 경제적 자유를 얻고 싶었기 때문이다.

가진 돈은 적어도 목표는 누구보다 뚜렷했던 그는 시장 흐름에 기대 시세차익을 얻는 아파트 투자가 아닌 다른 길을 택했다. 그가 선택한 방법은 대지를 매입해 건물을 신축하는 과정에서 부가가치를 창출하고 일정 기간 보유 후 매도해서 월세와 시세차익을 동시에 노리는 소규모 시행이다. 말 그대로 맨땅에 헤딩하는 도전이었기 때문에 대지 매입부터 건물 신축, 운영 과정 곳곳에서 장애물을 만났다. 하지만 여기에 굴하지 않고 적극적으로 해법을 찾아 자신만의 노하우를 축적했다. 그 결과 서울 시내에서 원룸 건물 세 채를 완공했고 자산을 60억 원 규모까지 불릴 수 있었다.

## 차라리 꼬마 건물을 지어버리자

평범한 직장인이었던 량헌 씨가 처음부터 건물 신축에 도전했던 것은 아니다. 초보 투자자 시절 종잣돈이 적었던 그는 계약금에 프리미엄을 얹어 되파는 분양권 투자로 서울 외곽의 작은 아파트를 사서 가족들이 살 집부터 마련했다.

그는 분양권 투자를 계속 이어나가려고 했지만 정권이 바뀌면서 전매제한 등 규제가 하나둘씩 나오기 시작했다. 투자에 제동이 걸리자 궁여지책으로 5,000만 원가량의 종잣돈을 마련해 투자가 가능한 영역을 찾아보기 시작했다. 그리고 이번에는 소액으로도 가능한 경매로 눈을 돌렸다.

아파트는 시장 전반적으로 시세가 꾸준히 우상향해야 시세차익으로 돈을 벌 수 있고 규제에 취약하다는 단점이 있다. 반면 경매는 시세보다 싸게 낙찰받을 수만 있다면 시장 상황에 크게 영향을 받지 않고 꾸준히 돈을 벌 수 있다는 장점이 있다. 량헌 씨는 이런 차이점을 고려해 낡은 빌라나 반지하를 시세보다 싸게 낙찰받아 수리한 후 전세나 월세를 주거나 되파는 형태로 계속해서 투자를 이어간다는 목표를 세웠다.

몇 차례 낙찰에 성공해 시드머니가 1억 원에 도달하자 그는 리모델링보다는 신축이 훨씬 더 높은 부가가치를 창출할 수 있겠다는 생각이 들었다. 사실 오래된 단독주택을 사서 허물고 새로 짓는 것은 투자라기보다는 많은 노력이 투입되는 사업이었다. 그러나 규제에서 비교적 자유롭고 스스로 노력해 부가가치를 높일 수 있다는 점이 매력적으로 다가왔다. 신축에 대한 전문적인 지식도, 경험도 없었지만 그는 직접 건물을 지어 충분히 운영할 수 있다는 자신감 하나로 뛰어들었다.

소규모 신축을 본격적으로 공부한 후에 직장을 휴직하고 실전에 돌입했다. 우선 자신이 오랫동안 거주해 잘 알고 있는 서울 은평구를 타깃으로 삼았다. 은평구는 종로나 광화문, 여의도 등지로 출퇴근하는 젊은 직장인들의 수요가 꾸준히 있는 곳이다. 땅값도 서울 중심지보다 저렴한 편이기 때문에 신축을 위한 부지 매입에 적합하다는 판단을 내렸다.

처음 매입한 땅은 은평구의 29평 부지로 기존의 오래된 단독주택을 멸실하고 1층에 상가, 2~4층에 원룸 7호실이 있는 건물을 지었다. 매입 당시 매매가는 4억 원으로, 단독주택의 경우 주택담보대출이 잘 나오지 않는 한계가 있었지만 포기하지 않고 멸실 후 토지를 기준으로 토지 대출을 받는 방법으로 대출 3억 원, 자기자본 1억 원으로 거래를 성사시킬 수 있었다.

멸실 상태에서 진행되는 토지 대출은 80퍼센트까지 가능해서, 대출이 거의 나오지 않는 기존 주택담보대출과 비교하면 자기자본이 적은 투자자에게는 기회나 다름없다. 이 역시 량헌 씨가 기존의 대출 제도를 꼼꼼히 분석하고 실제 대출을 받기 위해 여러 은행을 발로 뛰어 알아낸 노하우다.

**량헌 씨의 은평구 신축 원룸 건물**

원룸 건물 디벨로핑 구조도

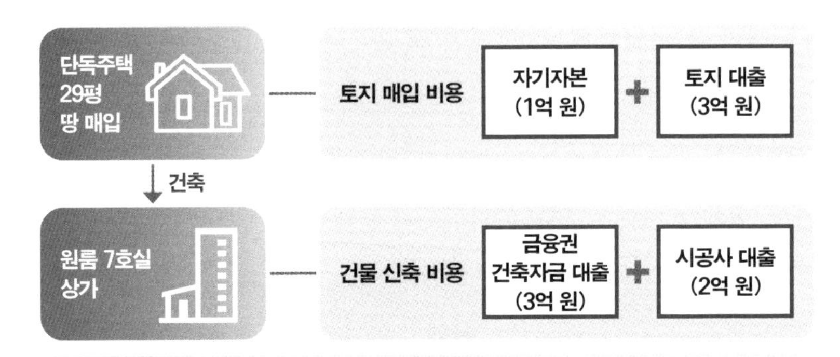


건물이 완공되면 세입자 보증금으로 대출금 일부를 갚고 대출 이자는 월세로 충당한다.

토지 매입 이후에도 막대한 건축비를 부담해야 하는 난관이 기다리고 있었는데, 랑헌 씨는 금융권 건축자금 대출(3억 원)과 시공사 대출(2억 원)로 5억 원가량의 건축비를 충당해서 문제를 해결했다. 건축 계약을 맺은 시공사 대표를 찾아가 일부 건축비를 나중에 정산하는 형태로 협의해서 사실상 대출을 받는 모양새를 갖춘 것이다.

그렇게 신축을 진행해 완공되면 세입자를 들여 금융권과 시공사에서 받은 대출을 상환했다. 그리고 전세와 월세 비율을 조정해 건물에서 나오는 월세로 남은 대출비용을 충당할 수 있도록 맞췄다. 이 과정에서 남은 세입자 보증금은 다른 건물을 매입해 추가로 신축을 이어갈 수 있는 투자금 역할을 하도록 했다.

첫 건물을 짓고 나서 수중에 남은 4억 원으로 그는 두 번째 투자를 진행했다. 인근에 조금 더 넓은 40평 땅을 매입해 신축을 이어갔다. 8억 7,000만 원에 매입한 두 번째 주택은 자기자본 3억 원 안팎의 투자로 첫 번째와 같이 토지 대출, 건축자금 대출, 시공사 대출을 활용해 완공했다. 여기서도 세입자들이 모두 입주한 후 11억 원가량의 자금을 손에 쥐게 되었다. 인근에 추가로 매입한 주택 역시 같은 방식으로 신축해서 현재 완공된 상태다. 이 주택으로 량헌 씨는 총 18억 원가량의 자금을 얻게 되었다.

그렇다면 원룸 건물을 신축하기에 좋은 입지는 어떤 곳일까? 그 기준은 다음과 같이 정리할 수 있다.

- 땅값이 비교적 저렴한 잘 아는 지역
- 교통이 편리한 역세권
- 주차장 면적을 고려한 땅

자세히 설명하면 이렇다. 땅을 매입할 때와 세입자를 들일 때 크게 두 가지 경우를 기준으로 놓고 중요한 사항을 검토해보는 게 좋다. 먼저 땅을 매입할 때를 기준으로 보면 투자자 자신이 잘 아는 지역을 우선으로 살펴보는 게 낫다. 원룸 건물 신축은 보통 단독주택 등 이미 집이 지어진 땅을 매입해 멸실하고 신축하는 방식으로 진행된다. 이때 해당 땅의 용도는 무엇인지, 거주자 분포는 어떻게 구성돼 있는지, 주거 환경은 어떤지, 평당 적정 시세는 어느 정도인지 등을 꼼꼼히 살펴야 한다. 아파트 단지와 달리 주택가는 이 같은 정보를 한두 번 임장으로는 다 파악하기가 쉽지 않다. 때문에 기존에 거주했거나 잘 아는 지역에 투자하는 게 실패 확률을 줄이는 방법이다.

한편 건물 신축 이후에 들일 세입자를 기준으로 살펴보는 것도 중요하다. 세입자로서는 교통 여건이 잘 갖춰진 역세권 입지를 택하는 게 최선이다. 서울의 경우 직장인들이 대부분 지하철이나 버스 등 대중교통을 이용해 출퇴근하기 때문에 역이나 정류장에서 도보로 10분 이내의 입지를 선호한다. 또 광화문이나 여의도, 강남 등 중심업무지구까지 대중교통을 갈아타지 않고 한 번에 이동할 수 있는지도 집을 구할 때 중요하게 보는 요소 중 하나다. 이를 거꾸로 고려해 입지를 선정하면 향후 건물을 운영할 때 공실 위험을 미연에 방지할 수 있다. 더불어 땅값도 꾸준히 상승하는 효과를 누릴 수 있다. 가령 지하철역에서 직선거리로 500미터 이내에 있는 필지만 살펴보는 등 스스로 기준을 정해놓고 매물을 선별하는 게 도움이 된다.

차량 이용을 선호하는 세입자를 고려한 주차대수 확보도 중요하다. 가구 수만큼 주차대수를 확보하지는 않아도 되지만 일정 대수 이상 주차 가능한 건물이 세입자들에게 인기가 높다. 따라서 일정 수준 이상 면적이 되거나 코너 땅 등으로 인근 주차가 용이한지를 봐야 한다. 주차대수 확보가 어려운 좁은 부지라면 인근에 공영주차장이나 거주자 우선 주차 여건이 잘 갖춰져 있는지를 살피는 것도 도움이 된다.

이러한 입지 조건에 부합하는 지역을 찾았다면 그때부터 건물 신축하기 좋은 부지 등을 찾아나서야 한다. 부동산 경매 사이트부터 동네 부동산까지 샅샅이 뒤져야 예산에 부합하는 곳을 찾을 수 있을 것이다.

## 세금, 피하지 않고 정면 돌파하기

다주택자에 대한 종합부동산세 부담이 커지면서 부동산 투자를 꺼리는 사람들이 많아졌다. 종부세뿐 아니라 취득세, 양도소득세 등 주택 취득과 보유, 매도 전반에 걸친 세부담 증가는 투자자에게는 분명 악재다. 하지만 량현 씨는 누구에게나 주어지는 똑같은 룰을 인정하고 이를 뛰어넘는 수익을 창출하는 방법을 찾아나가면 된다고 말한다.

세부담이 가중된 상황이 향후 10년 이상 유지된다고 가정했을 때, 그동안 세금이 두려워 아무런 투자도 하지 않는다면 오히려 자산을 불릴 수 있는 시간을 허비하는 셈이다. 반면 그사이 세금을 투자에 따른 비용으로 산정하고 그 이상을 남길 수 있는 투자를 하면 자산이 불어나고 이후 세제 정책도 바뀔 수 있어 훨씬 나은 결과를 창출할 수 있다.

아무런 투자도 하지 않고 가만히 있으면 물론 세금도 내지 않는다. 하지만 자산을 불릴 기회도 동시에 사라진다. 선택에 따른 기회비용이 어느 것이 더 큰지, 주어진 자산을 불릴 수 있는 시간은 어느 정도인지, 누구에게나 적용되는 똑같은 규제 속에서 남들과 다르게 할 수 있는 것은 무엇인지를 먼저 고민해야 진정한 투자자다. 그러다 보면 어느새 세금은 하나의 룰에 지나지 않는다는 것을 깨닫게 될 것이다.

"사람들은 순자산에 굉장히 집착을 합니다. 효율적으로 자산을 불릴 수 있는 방법은 대출 받는 것이죠. 자산이 크면 할 수 있는 투자가 많아집니다. 예를 들면 1억 원을 2억 원으로 만드는 것보다 10억 원을 20억 원으로 만드는 게 훨씬 수월합니다. 똑같이 두 배인데 그 차이는 어마어마합니다. 10억 원을 빌린 뒤, 20억 원을 만들고 10억 원을 다시 제자리로 돌려놓는 개념인 거죠."

## 리스크는 관리하는 것

량헌 씨의 사례는 레버리지를 적극적으로 활용한 투자로 자칫 위험해 보일 수 있는 방식이다. 하지만 자세히 들여다보면 리스크 관리를 위한 노하우를 곳곳에서 찾을 수 있다. 금융권 대출과 세입자 보증금을 지렛대로 활용해 자산을 불리는 방식은 잘못 접근하면 막대한 피해를 주고 실패할 수 있다. 그러나 이는 아파트 갭투자든, 원룸 건물 신축이든 마찬가지로 적용되는 이야기다.

디벨로핑 투자의 핵심 자본

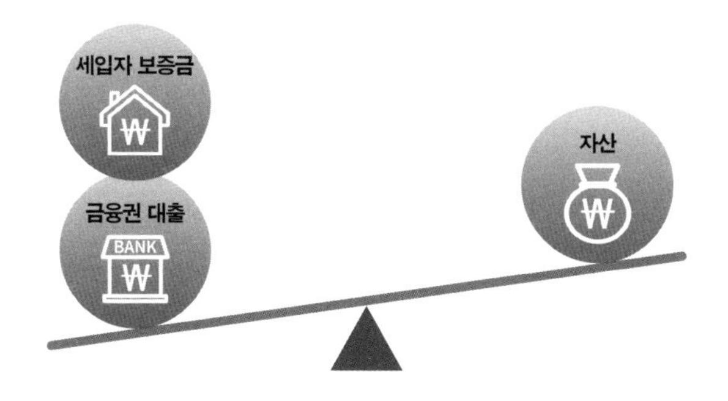


이 같은 투자 방식에서 발생할 수 있는 리스크는 금리 인상에 따른 금융비용 증가와 공실 우려다. 반대급부로 얻을 수 있는 장점은 땅이 부족한 서울 시내에 건물을 보유하면서 월세 수입을 얻는 것과 동시에 지대상승 효과까지 노릴 수 있다는 점이다.

"레버리지를 무서워하면 투자 못 하죠. 레버리지를 어떻게 활용하느냐에 따라 약이 될 수도, 독이 될 수도 있습니다. 위험을 충분히 파악하고 최악의 순간에도 방어할 수 있는 수준을 만들어놓고 활용해야죠. 그래야 최고의 결과를 얻게 돼요. 무엇보다 예측할 수 있는 최고 수준의 이자 그리고 투자 대상에서 창출되는 이익을 명확히 계산해서 투자 여부를 판단할 수 있어야 합니다. 그저 대출을 많이 받으면 위험하다거나, 금리가 오르면 망한다는 식의 생각은 투자에 아무런 도움이 되지 않아요."

리스크 관리는 투자 과정에서 투자자가 반드시 안고 가야 할 과제다. 금리 인상에 따른 금융비용 증가는 각 건물에 전세 이외에 월세 세입자 비중을 높여 들어오는 월세로 금융비용을 충당할 수 있는 수준에 맞추면 된다. 1인 가구가 주로 거주하는 원룸의 경우 월세가 시장 상황에 따라 크게 변동하지는 않기 때문에 비교적 안정적으로 관리할 수 있다.

또 전세 세입자가 나가고 공실이 장기간 발생할 가능성도 원룸의 경우는 다르다. 원룸은 대부분 월세로 운영되고 있어 전세가 귀하기 때문에 공실 리스크가 매우 높은 편은 아니다. 공실을 미연에 방지하고 싶다면 땅 매입 과정에서 역세권이나 1인 가구가 출퇴근하기 편리한 부지를 고르고 젊은 층이 선호하는 인테리어로 경쟁력을 높일 수도 있다.

직장인들이 쉽게 생각하지 못하는 부분이 투자와 동시에 소득을 늘려 일상적인 리스크를 방어하는 부분이다. 소규모 건물 신축에 대한 노하우가 쌓이면 다른 초보자들에게 컨설팅 서비스를 제공하거나 부지 매입부터 건물 신축, 세입자 관리 등 운영 노하우를 전달하는 지식창업 활동으로 추가 소득을 창출할 수 있다. 버는 돈이 늘어나면 일정 수준의 리스크는 충분히 방어할 수 있다는 자신감이 생긴다.

투자 과정에서 사람마다 안을 수 있는 레버리지나 리스크의 규모가 다르겠지만, 예측할 수 있고 관리가 가능한 리스크라면 도전해 볼 만한 가치가 있다. 물론 원하는 수준까지 자산을 불린 이후에는 현금흐름을 안정적으로 창출할 수 있도록 월세 비중을 높이고 부채 비율을 낮춰야 한다.

이처럼 두려움을 이기고 적극적인 투자로 자산을 불릴 수 있는 비결을 정리하면 다음과 같다. 장기적으로 이 세 가지만 염두에 둔다면 똑똑하게 리스크 관리를 할 수 있을 것이다.

- 대출이나 규제 등 장애물에 부딪히면 포기하지 말고 반드시 대안을 찾아라.
- 리스크에 대한 막연한 우려는 꼼꼼한 준비와 계획을 통해 해소할 수 있다.
- 어렵게 쌓은 노하우를 활용해 추가로 소득을 벌어들이는 노력을 게을리하지 마라.

부동산 투자, 특히 남들이 흔히 도전하지 않는 소규모 디벨로핑 같은 영역에 뛰어들 때는 고수가 아닌 이상 두려운 마음이 들기 마련이다. 이때 혼자 모든 것을 고민하고 결정해야 한다면 잘못된 선택을 하거나 불안감에 투자를 포기하기 쉽다. 그렇기에 비슷한 투자를 하는 친구나 먼저 그 길을 걸어본 경험이 있는 멘토가 필요하다.

사실 투자할 때는 혼자 하기보다는 함께 할 사람이 주변에 있는 게 훨씬 더 큰 시너지를 창출한다. 유용한 정보를 주고받고, 옳지 않은 방향으로 가는 것을 막아주고, 좋은 성과를 냈을 때 서로 배우고 도움을 주고받을 수도 있다. 요즘은 온라인 커뮤니티나 오프라인 모임 등을 통해 관심사가 비슷한 사람을 만나 투자 고민을 나누기가 쉬워졌다. 혼자 투자하겠다며 고군분투하지 말고 밖에서 함께 고민을 나누고 지지해줄 사람을 찾아 나서길 추천한다.

**소규모 건물 신축에 도전해서 성공적으로 레버리지를 관리해 은평구 소재 원룸 건물 세 채의 건물주가 됐다.**

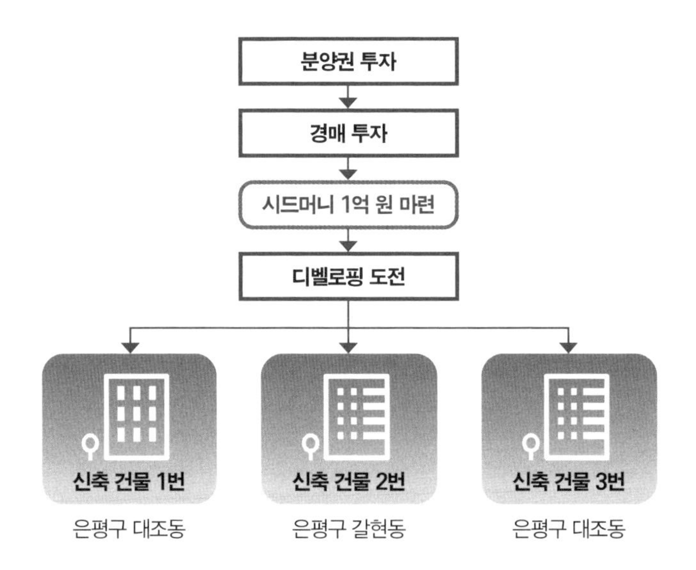


량헌 씨는 다양한 부동산 투자로 투자금 1억 원이 모이자 원룸 건물 디벨로핑에 도전했다. 건축 자금 마련과 시공 관련 지식을 섭렵한 뒤 서울 은평구 대조동에 첫 번째 건물을 신축했다. 같은 방법으로 은평구 갈현동과 대조동에 두 번째와 세 번째 건물을 연이어 완공했다. 레버리지와 건축에 대한 지식만 있으면 직장인도 적은 투자금으로 건물주가 될 수 있음을 몸소 증명했다.

# 10

# 매일 새벽 4시에 일어났을 뿐인데, 인생이 바뀌었다

**부동산 투자자 · 1인 기업가**

**자산 50억 원**

**월 자본소득 1,000만 원**

**김세희** (세빛희)

**40세**

20대부터 공무원으로 일해온 김세희 씨는 연금만 바라보고 반복적인 직장 생활을 이어가는 일상에 지쳐 40세에 경제적 자유를 이루고 퇴사하겠다는 꿈을 꿨다. 공무원 연금만 있으면 노후가 걱정 없을 것이라는 기대는 실제 주변을 둘러보면 허상에 불과했다. 연금에 의존해 투자나 노후 준비를 철저히 하지 않은 사람들은 은퇴 이후에도 여전히 쪼들리는 삶을 살았다. 물론 아주 가난하게 살지는 않았지만 그렇다고 원하는 삶을 마음껏 누릴 수 있는 경제적 자유가 보장되지도 않았다. 남들처럼 현실에 순응하면서 살지 않겠다는 다짐으로 시작한 그녀의 부동산 투자가 꿈을 현실로 만들기까지는 5년이라는 시간이 걸렸다. 매일 새벽에 일어나 공부하고 투자를 실행한 끝에 그녀는 자산 50억 원, 순자산 20억 원을 보유한 부동산 투자자로, 근로소득의 다섯 배에 이르는 월 1,000만 원의 소득을 창출하는 1인 기업가로 만족스러운 삶을 살아가고 있다.

맞벌이를 하며 두 자녀를 키우는 워킹맘의 삶은 녹록지 않다. 직장 일을 마치고 돌아오면 집안일을 하러 다시 출근하는 기분이라는 우스갯소리가 있을 정도다. 그만큼 직장 생활, 육아와 집안일을 병행하는 일상은 매일 끊임없이 쳇바퀴를 돌리는 일의 연속이다. 그렇다 보니 가족을 위해 투자에 나서고 싶어도 물리적인 시간을 내지 못한다며 토로하는 워킹맘들이 많다.

대구에 사는 공무원 김세희 씨도 하루하루 허덕이는 평범한 워킹맘이었다. 24세부터 공무원 생활을 시작한 그녀는 안정된 삶을 위해 택한 직업이 기대만큼 노후의 풍족한 삶을 담보해주지 못한다는 사실을 선배 공무원들의 현실을 보고 깨달았다. 퇴직 후 적잖은 연금을 받더라도 할 줄 아는 일이 없고 자산을 운용할 능력이 안 되면 현실에 쪼들리며 여생을 보내야 했다. 그녀가 원하던 은퇴 이후의 삶은 아니었다.

설상가상으로 세희 씨는 선천적으로 폐에 기형을 가진 둘째 아이를 치료하기 위해 서울에 있는 병원을 오가며 돌봐야 했다. 미래의 여유 있는 삶도 중요하지만 지금 당장 가정에 충실할 수 있는 시간적 여유가 그 무엇보다 절실했다. 매일 열심히 살지만 여유가 없는 삶에서 벗어나 경제적 · 시간적 자유를 얻고 싶은 갈망이 그녀를 투자자의 길로 이끌었다.

## 두 번의 투자 실패로 깨달은 것

대구 시내에 오래된 아파트 한 채가 가진 자산의 전부였던 그녀가 50억 자산을 보유하게 된 비결은 '실행력'에 있다. 부동산 투자를 통해 순자산 10억 원을 달성하고 싶다는 목표를 세웠지만 당시 그녀에겐 투자를 할 수 있는 종잣돈이 없었다. 살고 있는 집도 맞벌이 수입의 50퍼센트가량을 저축해 어렵게 모은 목돈으로 대출을 받아 구입한 상태였다.

세희 씨는 투자금을 마련하기 위해 첫 집을 팔고 대출을 갚고 종잣돈 3억 원을 손에 쥐었다. 네 식구의 주거지는 보증금 2,000만 원에 월세 100만 원짜리로 이사했다. 월세 100만 원도 부담스러운 금액이었지만 자녀의 학원비를 아껴서 마련하기로 했다. 초등학교 저학년 자녀가 월셋집에 살면서 다니던 학원도 그만두는 것을 받아들일 수 있을지 우려되었지만 경제적 자유를 이루기 위해 바로 실행으로 옮겼다. 가족 외식도, 백화점 쇼핑도, 불필요한 지출은 모두 줄이고 저축과 투자에 전력을 집중했다.

그렇게 마련한 3억 원으로 부동산 투자를 시작한 세희 씨는 매일 출근 전 새벽 4시에 일어나 유튜브를 보면서 공부와 투자를 병행했다. 투자 고수들의 이야기를 기반으로 저평가 아파트를 찾는 법, 지역을 선정하는 법을 익힌 그녀는 주말이면 가족들과 임장을 다니면서 배운 내용을 눈으로 확인하고 투자를 실행했다.

처음부터 투자에 성공한 것은 아니었다. 입지나 수요를 제대로 보지 않고 감으로 투자해서 1년 넘게 시장에 내놔도 팔리지 않았던 실패 사례도 두 번이나 있었다. 시행착오를 거쳐 그녀는 엄마가 보기에 자녀들과 살기 좋은 주거 환경을 갖춘 아파트로 투자 대상을 제한했다. 아파트 단지가 아이들이 이동하기 안전하게 설계돼 있는지, 주변에 가까운 초등학교가 있는지, 교육 여건은 괜찮은지, 가족이 이용할 수 있는 편의시설은 잘 갖춰져 있는지 등을 눈여겨보며 투자를 진행했다.

대구에 거주했지만 투자 대상지는 서울, 수원, 세종, 청주, 천안 등지를 가리지 않고 물색했다. 투자 물건은 대구 수성구에 있는 매매가 6억 원 아파트 분양권으로 2019년 실투자금 3억 원을 들여 매입했다. 이 물건은 2년 만에 200퍼센트의 수익률을 기록해 12억 원에 시세를 형성하고 있다. 2019년과 2020년에 천안과 김해 지역의 미분양 아파트 분양권도 계약금 10퍼센트만 투자해 300퍼센트 이상 수익률을 냈다. 이후 경기권 신축 아파트도 전세를 끼고 매입해 투자금 대비 200퍼센트 넘는 수익을 거뒀다.

"보통 사람들은 서울, 수도권에 있는 아파트만 보다 보니 부동산은 너무 비싸고 돈이 없어서 못 한다고 생각하죠. 하지만 조금만 눈을 돌려서 찾아보면 투자할 수 있는 곳들이 참 많습니다. 부동산 사이클은 지역마다 천차만별이어서 늘 다르게 움직이거든요. 몇 가지 지표만 읽을 줄 알면 어느 곳이 다음에 상승할지가 보입니다. 또한 아파트 말고도 수익을 낼 수 있는 투자

자산들이 많고요. 잘 알아보면 생각보다 많은 돈이 필요하지 않아 깜짝 놀랄 거예요."

## 나는 큰돈 없이도 부동산 투자한다

정부의 부동산 규제 강화로 아파트 투자 장벽이 높아지자 세희 씨는 지식산업센터로 눈을 돌렸다. 비주택으로 대출 규제에서 자유롭고 주택 수에 포함되지 않아 세부담도 덜 수 있는 대안을 찾은 셈이다. 또 보유 기간 입주 기업으로부터 안정적인 월세 수익은 물론 매도 시 시세차익도 기대할 수 있어 규제 강화기에 적합한 투자처라 할 수 있다.

세희 씨는 대구에 거주하면서도 꾸준히 지식산업센터를 공부하면서 서울 송파구와 강서구 두 군데에 투자를 실행해 현재 운영하고 있다. 온라인 검색과 부동산 중개업소 전화 임장을 적극 활용하고 필요하면 직접 임장도 다니면서 투자를 실행한 결과다. 송파구 지식산업센터의 경우 오피스 직원의 입장에서 출퇴근이 편리한 역세권에 위치하고 있으면서 주변 환경이 좋은 곳들을 선별해 투자했다. 대출이 80퍼센트까지 나오기 때문에 실투자금 1억 원을 투입했고 보증금 3,000만 원에 월세 220만 원의 수익을 올리고 있다. 오피스 수요가 탄탄하게 받쳐주는 서울권 지식산업센터에 투자한 덕분에 지대 상승 효과로 시세차익도 놓치지 않았다. 규제에 좌절해 투자를 중단했더라면 얻을 수 없었을 성과다.

부동산 규제 강화로 사람들은 이제 더 이상 투자가 불가능하다고 낙담하곤 한다. 하지만 진정한 투자자들은 시장 주기와 규제 여부에 맞춰 리스크 관리를 해가면서 그때그때 가능한 유망 투자처로 갈아타며 꾸준히 수익을 창출하고 있다. 현재 투자자들에게 인기 있는 투자처는 비조정 지역 저평가 아파트, 부동산 시장 하락기에도 꾸준한 월세 수익을 낼 수 있는 수익형 부동산, 적은 자본으로 비교적 하락 리스크 없이 투자가 가능한 지방 재건축 등이 있다. 공시지가 1억 원 미만 아파트도 최근 투자자들의 관심이 높은 투자처 중 하나다.

세희 씨는 특히 세부담 때문에 투자를 망설이는 사람들에게 세금을 감안하더라도 더 큰 수익률을 낼 수 있는 저평가 우량 자산을 찾아 투자를 실행하면 된다고 조언한다. 시세 상승기에만 투자할 수 있다는 편견도 버려야 한다. 자산을 크게 불린 투자자들은 시세 하락기에 저렴한 가격에 매입한 물건이 상승기를 만나 수익이 극대화된 경우가 많다. 오를 때 추격매수하고 내릴 때 외면하는 것은 군중심리에 편승하는 행태로 오히려 지양해야 할 자세다.

아파트와 지식산업센터 투자로 세희 씨의 종잣돈 3억 원은 순자산 20억 원으로 불어났고 보유 부동산의 현재가치는 무려 50억 원에 육박한다. 불어난 자산은 장부상 가치뿐 아니라 그녀에게 월 1,000만 원에 가까운 수입도 벌어다주고 있다. 부동산에서 나오는 월세뿐 아니라 자신의 노하우를 타인과 공유하는 강연 수입이 그녀의 새로운 파이프라인으로 자리잡은 덕분이다. 투자 기록을 꾸준히 SNS에 남긴 덕분에 그녀는 책 출간도 하게 되고 작가로 활동할 기회도 얻게 됐다. 이 모두가 안정된 공무원 생활에 만족하고 새로운 도전을 포기했다면 얻지 못했을 성과다.

## 1인 지식창업가가 된 엄마

사람은 태생적으로 불확실한 것을 회피하려는 성향이 있다. 예측 가능하고 안정적인 것을 좋아하고, 변화하거나 불안한 상태를 불편해한다. 꿈꾸는 삶이 있지만 도전하더라도 목표를 이루지 못할 수 있다는 불확실성이 많은 이의 발목을 잡는다.

실제 도전하기 전에 고민하고 생각하는 시간이 길어지면서 불확실성에 대한 불안에 사로잡히면, 새로운 도전을 이내 포기하고 익숙한 환경을 고수하는 편을 선택하게 된다. 잘 될지 모른다는 불안, 실패할 수 있다는 리스크는 현재를 바꾸려는 사람이라면 누구나 생각할 수 있고 쉽게 발목 잡히는 요소들이다. 내 삶을 바꾸는 시도를 하려면 반드시 극복해야 하는 장애물이기도 하다.

특히 가정주부, 엄마들에게 장애물은 더욱더 높게 느껴진다. 세희 씨 본인도 그랬기에 그 문턱이 얼마나 높은지 잘 알고 있다. 그래서 그녀는 엄마들에게 다음 세 가지 메시지를 전하고 싶다고 했다.

- 자신을 한계 짓지 말고 자유롭게 살 수 있다는 신념을 가져라.
- 매일 새벽 4시, 투자를 위한 공부를 하고 이를 실행에 옮겨라.
- 시간이 없어서, 돈이 없어서, 아이들 때문에 투자가 어렵다는 생각은 버려라.

이 세 가지만 마음에 품고 있다면 누구나 우물 안 개구리에서 벗어나 새로운 세상을 만날 수 있다.

또한 김세희 씨는 방황하고 있는 이들에게 이 책을 꼭 추천해주고 싶다고 한다. 바로 세스 고딘의 《이카루스 이야기》다. 이 책은 '모든 사람은 아티스트로 태어난다'라고 말하고 있다. 세희 씨도 회사에 다니는 것 말고 무언가를 하고 싶었지만, 스스로 콘텐츠가 없는 사람이라고 생각했다.

그러다 이 책에 나온 '모든 사람은 아티스트로 태어난다'라는 이야기가 마음에 들어왔다. 아직 찾지 못했지만 자기 안에 내재되어 있는 콘텐츠가 있다는 것, 꾸준하게 나를 갈고 닦는 시간이 있으면 그 콘텐츠를 끌어낼 수 있다는 믿음이 생겼다. 이 콘텐츠가 결국 나를 대체할 수 없는 사람으로 만들고 그런 사람이 되면 나를 좋아하는 사람들은 생긴다. 이들이 내게 원하는 것이 곧 내가 수익을 창출할 수 있는 길이 된다. 이 사실을 깨닫자 세희 씨의 인생은 거짓말처럼 바뀌기 시작했다.

새로운 시도는 생각지 못한 기회를 낳고 그 기회는 큰 성과를 낼 수 있는 단초가 된다. 공무원같이 안정된 직장을 그만두고 밖에 나가서 그만한 가치를 창출하기는 어렵다는 생각, 여유 자금이 없으면 투자는 시작할 수 없다는 생각, 자녀가 있으면 월셋집에 사는 것은 어렵다는 생각, 정부 규제로 부동산 투자는 더 이상 불가능하다는 생각, 이 모든 생각이 실은 내가 나 스스로를 한계 지은 것에 불과하다는 사실을 깨달아야 한다.

좋은 질문을 해야 좋은 답을 얻을 수 있다는 말이 있다. '왜 안 될까?'라는 질문에 스스로 답을 찾는 시간을 가져야 한다. 안 되는 이유가 실은 이런저런 핑계는 아니었는지, 고정관념은 아니었는지 곱씹어보고 진정한 답을 찾아 실행할 줄 알아야 삶의 변화를 만들어낼 수 있다.

# 부의 테크트리

**분양권 투자로 부동산에 입문해 큰 성과를 거뒀다. 이후 경기도 신축 아파트, 지방 아파트, 지식산업센터 등 투자의 영역을 넓혀가고 있다.**

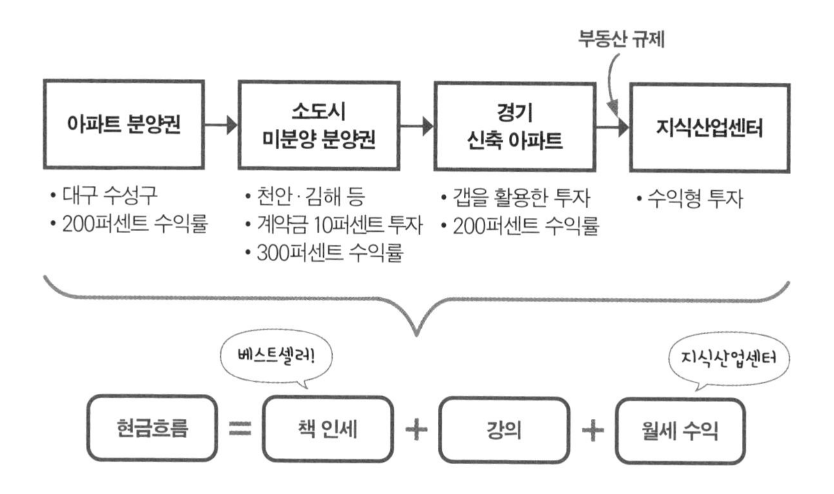


대구 출신 세희 씨는 지방에 거주하는 자신의 특색을 장점으로 만들었다. 막대한 투자금이 드는 수도권이 아닌 지방에서 기회를 발견한 것이다. 지역마다 다른 사이클로 상승 흐름이 움직이는 것을 깨닫고 저평가된 아파트를 골라 투자를 진행했다. 언론의 뉴스나 분위기에 휘둘리지 않고 데이터 위주로 부동산 시장의 흐름을 읽은 것이다. 각종 규제로 이전처럼 활발한 분양권 투자가 불가능한 지금도 세희 씨는 기회가 있다고 말한다. 저평가된 지역을 선별해 오르기 전에 미리 투자한다면 적은 투자금으로도 높은 수익을 거둘 수 있다.

# 11

# 밀레니얼 금융맨이 코인 판에 뛰어든 이유

**비트코인·이더리움 투자자**

**자산 30억 원**

**한정수(세상학개론)**

**30세**

비트코인 글로벌 시가총액(2021년 10월 기준)이 1조 달러를 돌파했다. 한화로 무려 1,235조 원에 육박하는 규모다. 같은 기간 국내 시가총액 1위 기업인 삼성전자 420조 원의 세 배에 달하는 수준이다. 이는 시가총액 1,961조 원인 글로벌 기업 아마존과 비교해도 크게 뒤지지 않는 수준으로 오늘날 코인 시장의 몸집이 얼마나 커졌는지 새삼 놀라게 되는 대목이다. 한정수 씨는 이런 코인 시장에 남들이 주목하기 전에 일찌감치 투자해 자산을 크게 불린 젊고 유망한 투자자다.

코인 투자로 젊은 나이에 놀라운 자산을 벌어들였다고 하면 순전히 운이 좋았다고 치부하는 경향이 있다. 그러나 한정수 씨가 투자

정수 씨의 포트폴리오

(2021년 하반기 기준)

대상을 고르고 자산을 분배하고 투자해온 과정을 들여다보면 관록 있는 투자자들도 고개를 끄덕일 만한 부분이 많다는 걸 발견하게 된다.

그는 전체 자산에서 비트코인과 이더리움에 70퍼센트 비중으로 투자했고 미국 성장주와 국내 배당주, 현금을 분산해 보유하고 있다. 그는 '디지털 금'이라고 불리는 비트코인이 가진 자산으로서의 가능성과 플랫폼 역할을 하는 이더리움을 2017년부터 매수하고 장기 보유해 자산을 크게 불렸다. 그리고 2020년 3월 코로나 폭락장에 국내외 주식투자 비중도 크게 늘려 시장 회복기에 높은 수익을 냈다. 해외 주식은 테슬라, 팔란티어, 블랙베리 등에 투자했고 그중 테슬라 투자는 그에게 20배가 넘는 높은 수익률을 안겨주기도 했다. 최근에는 엔비디아, 모더나, 비욘드미트 등에 관심을 두고 꾸준히 투자하고 있다.

"분산투자를 한다는 건 안 좋은 종목에도 베팅한다는 거예요. 오히려 성공 확률이 높고, 폭발력이 있는 것에 집중하는 게 좋습니다. 그래서 당시 테슬라에 많은 금액을 집중투자했어요."

정수 씨는 코인이든 주식이든 남들보다 한발 앞선 투자로 높은 수익을 내는 전략을 구사한다. 테슬라에 투자한 것은 소수의 팬덤이 기업에 관심을 보이며 열성적으로 지지하는 모습을 포착하고 애플과 같은 시장 지배력을 가질 수 있겠다고 판단했기 때문이다. 테슬라라는 브랜드에 열광하고 테슬라가 어떤 상품을 출시해도 구매할 의향이 있는 팬덤의 위력은 실제로 이 기업의 비전을 믿는 투자자들이 늘어나면서 주가 상승으로 이어졌다.

매력적인 투자 대상의 진가를 남들이 알아보기 전에 미리 진입해 사 모으는 정수 씨의 전략은 생각이 맞았을 때 폭발적인 수익률로 귀결된다. 주가가 시장의 기대를 반영해 충분히 오르면 그는 자신이 본 것과 시장의 시각이 비슷해졌다고 판단하고 해당 종목을 매도한다. 초창기 진입했던 시점과 비교할 때 성장 여력이 줄어들었다고 판단해 더 나은 투자 대상을 물색하는 것이다.

"저는 코인이나 주식을 매도하려고 사는 게 아니라 모으려고 삽니다. 그래서 주식이 떨어지면 오히려 좋아하죠."

30세 젊은 나이에 이런 투자 감각을 기를 수 있었던 건 어려서부터 경제와 투자에 관심을 두고 일찍 실전 경험을 한 덕분이다. 정수 씨는 학생 시절 용돈을 쓰고 남은 돈으로 일찌감치 주식투자를 시작했고 2017년 초 패밀리 레스토랑에서 아르바이트하며 처음 번 돈도 투자에 활용했다. 또한 돈을 저축하고 자산을 기록하는 습관도 갖고 있었다. 그는 사회생활을 시작하고 첫 월급을 받기도 훨씬 전인 2016년부터 매월 자신의 총수입과 총지출을 기록해 매달 순자산이 늘어나고 있는지를 점검했다.

금융권에 입사해 월급을 받으면서부터는 매달 들어오는 현금흐름을 활용해 어떤 투자를 하고 어떻게 자산을 분배할지 늘 연구했다. 경제적 자유를 이루기 위해 자신에게 맞는 투자 수단과 방식을 진지하게 공부하고 끊임없이 기회를 찾았다. 그때 그의 눈에 띈 것이 버블이 터져 공포에 휩싸인 비트코인 시장이었다. 그가 코인 투자로 큰 자산을 일군 것은 이처럼 일찍 투자를 경험하고 새로운 시장을 찾고 그 실체를 파악하려고 애썼던 과정이 있었기 때문이다. 남들이 절망하며 앞다퉈 시장을 떠날 때 기회를 발견하고 코인을 사 모은 것은 결코 우연이나 행운으로 설명할 수 없는 행위다.

## 비트코인 반감기를 포착하다

지금은 코인 시장이 그야말로 '핫'해졌지만 불과 몇 년 전인 2017~2018년만 하더라도 분위기는 완전히 달랐다. 당시 코인 시장은 실체가 없는 투기판으로서 과도하게 높은 변동성과 관리 감독자가 없는 무법 지대라는 부정적 인식이 팽배했다. 정수 씨는 2018년 월급을 아껴 모은 종잣돈 5,000만 원을 코인에 투자해 이듬해 1억 원까지 자산을 불렸다. 당시 코인 시장은 패닉이었지만 그는 블록체인 기술의 미래 가치와 시장의 가능성에 주목했고 꾸준한 장기투자를 이어갔다.

코인 시장의 가능성을 수익률로 체험한 그는 비트코인과 이더리움이 떨어질 때마다 꾸준히 추가매수해 장기 보유하기로 하고 이를 실행으로 옮겼다. 특히 비트코인 반감기 사이클에 따라 가격이 움직인다는 점에 착안해 다음 반감기인 2020년 5월을 기다리며 코인에 집중투자했고, 이 전략이 적중해 자산이 크게 불어났다. 당시 300만 원에 취득한 비트코인은 2021년 8,000만 원을 돌파해 사상

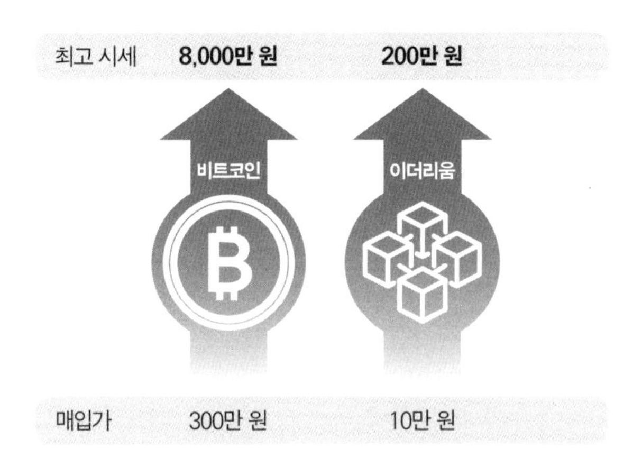

최고가까지 급상승했다. 최근에는 조정세지만 지금까지 그에게 엄청난 수익률을 안겨주었다. 10만 원대에 매집한 이더리움도 비트코인과 유사한 흐름으로 상승하면서 효자 노릇을 톡톡히 했다.

저축과 투자의 병행으로 정수 씨의 자산은 2021년 초 22억 원을 돌파했고 코인 시장의 급등락이 반복되던 2021년을 거치면서 30억 원을 돌파하는 수준까지 불어났다. 그는 가격이 오르면 일정 부분 현금화한 후 내릴 때 다시 매수하는 전략으로 변동성 높은 시장에서 비교적 안정적으로 자산을 지키며 불려가고 있다.

코인 시장은 투자자들의 심리와 대외 변수에 따라 급등락하기 때문에 개인투자자가 흔들리지 않고 장기투자를 이어가기란 쉽지 않다. 정수 씨는 이 시장에서 장기투자자로 살아남기 위해 관심사가 비슷한 입사 동기와 지인 셋이서 함께 공부하고 투자 정보를 공유하면서 의지를 다져나갔다. 혼자였다면 흔들릴 수 있었지만 셋이 함께하면서 시너지를 낸 덕분에 세 사람 모두 총 100억 원에 가까운 자산을 일구었다. 그리고 모두가 30대 초반에 직장을 그만두고 원하는 일에 도전할 수 있게 되었다.

## 5년 후, 10년 후를 보고 투자한다

정수 씨는 여전히 비트코인, 이더리움의 가능성을 믿고 10년 이후를 내다보는 장기투자를 이어가고 있다. 코로나 확산이나 금리 인상 우려 등으로 시장이 급락하면 보유하고 있던 현금으로 저가매수에 나선다. 반대로 코인 가격이 급등하면 향후 있을지 모를 하락장에 대비해 현금 보유 비중을 늘린다. 오를 때 추격매수하고 내리면 버티지 못하고 손절하는 수많은 투자자와 반대로 움직이면서 '잃지 않는 투자'를 하는 것이다.

하락장에서 손절하는 것은 장기투자가 아닌 단타를 하는 투자자들이 하는 행위다. 그는 코인이 하락하면 추가로 매수할지, 현 보유량을 그냥 유지할지만 판단한다. 가격이 내린다고 자신이 투자한 종목에 믿음이 약해지는 것은 그의 투자 원칙에 어긋난 일이라고 생각한다.

투자 종목의 가격이 오를 때 사람들은 흔히 장기투자를 위해 사 모은다고 말한다. 그러나 막상 가격이 하락하면 겁에 질려 손절하고 투자를 포기하거나 무작정 물타기를 해서 더 큰 시름에 빠진다. 그러나 정수 씨는 투자 대상에 대한 확신을 가격에서 찾아서는 안 된다고 생각한다. 가격이 종목의 가치를 늘 제대로 반영하는 것은 아니다. 자신의 투자를 믿고 확신하기 위해서는 암호화폐 백서를 읽고 해외 코인 커뮤니티를 찾아 공부하는 등 가격 변동에 뇌동매매雷同賣買(투자자의 독자적이고 확실한 시세 예측에 따른 매매가 아닌 남을 따라 하는 매매)하지 않도록 노력해야 한다.

정수 씨가 미래를 내다보는 성공적인 투자를 이어올 수 있었던 건 남들이 접근하기 어려운 정보를 가지고 있었기 때문이 아니다. 그는 다양한 학습을 통해 투자 아이디어를 얻고 자신의 투자 멘털을 관리하는 법을 배운다. 매일의 날씨는 예측할 수 없지만 계절이 변화하는 것은 예측할 수 있듯이, 자신이 접할 수 있는 정보를 통해 코앞의 미래가 아니라 조금 먼 미래를 내다볼 수 있는 혜안만 갖춰도 성공적인 투자의 기반을 닦을 수 있다.

전기차나 자율주행 시장은 3년, 5년 후 지금보다 더 성장할 가능성이 큰가? VR, AR 기술은 앞으로 더 발전할 것인가? 비트코인이나 이더리움에 투자하는 사람들은 앞으로 더 늘어날 것인가? 이런 질문에 답을 찾는 것은 당장 올해 가격이 어떻게 움직일지를 예측하는 것보다 훨씬 쉽다. 그렇다면 3년, 5년을 내다보는 투자를 해야 한다는 게 그의 생각이다.

정수 씨가 서른에 갓 입사한 회사를 퇴사한다고 했을 때 주변에서 우려하는 이들이 많았다. 적잖은 월급을 주는 탄탄한 회사에 입사했는데 아깝게 그만둔다고 하는 사람도 있었다. 하지만 정수 씨는 자신의 소중한 시간을 회사에서 보내며 정해진 근로소득을 받기보다는, 시장에서 리스크를 지고 종잣돈을 투자해 더 큰 수익을 벌어들일 기회를 잡고 싶었다. 자신이 하고 싶은 일에 도전해서 성과를 내고 매일 조금씩 성장하는 사람이 되고 싶었다. 자본주의 시장의 룰을 알고 투자의 매력을 깨달은 그가 더 큰 도전을 감행하는 것은 어찌 보면 자연스러운 수순이다.

혹시 누군가는 그의 행보를 보며 정수 씨가 노동에 대한 가치를 별로 중요하지 않게 생각한다고 여길 수 있다. 그러나 그는 자신은 일찍 회사를 그만두는 것을 택했지만 노동소득은 아래와 같은 측면에서 정말 소중하고 가치 있는 것이라고 생각한다.

> "자본소득 대비 노동의 가치에 대해 한탄하는 사람들이 있는데, 노동은 가치 없는 게 아니죠. 자본 10억 원이 없는 사람들은 회사에서 일하며 월급을 받습니다. 근로소득인 200~300만 원에 해당하는 돈은 10억 원을 투자했을 때 벌 수 있는 수익과 같습니다. 그러니까 모든 사람의 노동은 약 10억 원 정도의 가치가 있는 것입니다. 근로소득은 자본주의로 입장하는 최적의 입장권인 셈입니다."

정수 씨의 목표는 한 달 전의 자신에게 멘토가 될 수 있도록 하자는 것이다. 그는 90년대생에서도 재벌이 나올 수 있다는 큰 꿈을 갖고 자신의 아이디어로 스타트업에도 도전하고 있다. 목표를 높이 잡아야 실패해도 남들 머리 위에 떨어진다는 마음으로 도전한다고 한다. 그래야 현실적인 목표를 설정했을 때보다 더 절박하게 다양한 수단과 방법을 생각하고 이로써 사고가 확장된다고 믿기 때문이다.

## 편견을 버리면 부자가 된다

정수 씨가 코인 시장에서 눈에 띄는 수익을 낼 수 있었던 비결은 시장의 근간이 되는 코인의 히스토리와 이를 둘러싼 주요 이슈, 투자자들의 심리를 공부하고 나름의 투자 원칙을 만들어 지킨 덕분이다. 무엇보다 남들이 가격이 폭락하는 공포감에 시장에서 탈출할 때 오히려 시장에 진입해서 낮은 가격에 투자를 시작한, 즉 멀리 보고 빠르게 실행에 옮긴 효과가 컸다. 이는 정수 씨가 새로운 트렌드에 항상 주의를 기울이고 그 트렌드에 숨은 성장 가능성을 실제로 학습을 통해 판단하려고 했기 때문이다.

코인 시장을 단순히 변동성 높은 위험한 시장, 투기성 시장이라는 색안경을 끼고 바라봤다면 얻지 못했을 성과다. 당시에는 미디어들도 코인 시장에 관한 부정적인 기사들만 쏟아냈다. 그런데 여기에 부화뇌동하지 않고 논란이 되는 이슈가 정말 그런지 해외 관련 자료들을 직접 찾아보고 답을 얻는 과정을 거쳤다는 게 그가 여느 투자자들과 달랐던 지점이다. 누군가 만들어 제시한 답이 아니라 자신만의 답을 찾으려 노력한 결과가 수익으로 귀결된 것이다.

> "코로나는 우리 모두가 만났고, 이런 상황에서도 운은 항상 오고 있습니다. 운을 잡으려는 의지와 운을 잡기 위한 준비가 중요합니다. 기회인지 아닌지 판단할 수 있으면 큰돈을 벌 수 있습니다. 뒤돌아보면 제가 잡은 기회는 한두 개밖에 없었습니다."

새로운 기회는 처음엔 '실체가 없다', '허황된 이야기다' 같은 부정적인 평가를 받기 일쑤다. 전기차 시장에 대한 기대감을 등에 업고 최근 수년간 무섭게 상승한 테슬라도 초창기에는 혹독한 평가를 받았다. 새로운 것에서 가능성을 발견하려면 열린 마음으로 기존의 잣대를 버리고 새로운 지식과 정보를 받아들이고 체험해보는 적극성을 가져야 한다.

지금 우리 앞에는 메타버스, 블록체인, 스마트 콘트랙트, NFT 등 새로운 영역이 열리고 있다. 그 안에 숨은 가능성을 먼저 발견하고 투자에 나선다면 정수 씨가 만난 것과 같은 기회를 얼마든지 만날 수 있다. 스스로 학습하고 확신을 갖고 용기 있게 투자에 나선 자만이 성과를 누릴 수 있다.

Tech Tree

## 부의 테크트리

**2018년 비트코인 하락장 때 5,000만 원으로 비트코인, 이더리움을 매수하고 1억 원을 만들었다. 늘어난 시드머니로 테슬라, 블랙베리 등 우량주에 투자해 수익을 올렸으며 다시 비트코인과 이더리움에 재투자해 부를 확장했다. 현재는 리스크 관리를 위해 배당주 등에도 관심을 가지고 있다.**

---

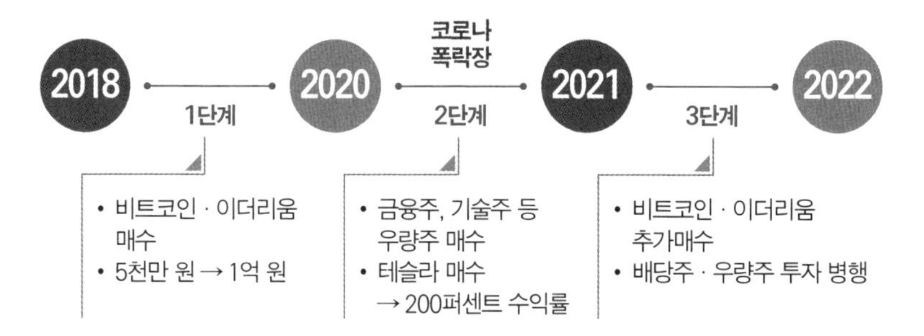


정수 씨의 자산 증식 과정은 총 3단계로 나뉜다. 1단계는 초창기 비트코인 · 이더리움을 매수해 초기 자본금을 1억 원으로 늘린 것이다. 2단계는 2020년 코로나 폭락장 때 종잣돈과 대출을 활용해서 당시 저평가됐던 해외주식 테슬라, 국내 금융주 · 기술주에 집중투자했다. 테슬라에서만 200퍼센트 수익률을 달성했다. 3단계는 수십 배로 불어난 투자금을 재분배하는 것이다. 정수 씨는 비트코인 · 이더리움을 추가 매집하고, 여유자금으로 배당주 등에 분산투자도 같이 하고 있다.

# RICH CODE 3

# 헤지

## HEDGE

리스크는 줄이고 수익은 크게 부를 축적한다

# Hedge

경제적 자유를 이루려면 적극적인 투자는 필수다. 하지만 충분한 시간이 주어진다면 잃지 않는 투자만 꾸준히 추구해도 목표에 도달할 수 있다. 시간의 힘은 시드머니 규모나 투자 실력 못지않게 위력을 발휘하기 때문이다. "20대이고 아무것도 가진 것 없는 청년인데 될까요?" 이는 시간의 위력을 모르는 자의 질문이다. 시간을 충분히 확보할 수 있다면 단기간에 큰돈을 벌 수 있는 위험한 투자처를 기웃거릴 게 아니라 꾸준히 시장수익률을 초과 달성하는 '알파'를 얻을 수 있는 투자 시스템을 갖추고 장기투자해서 복리 효과를 누리는 것이 가장 좋은 방법이다. 손에 쥘 정도의 작은 눈 뭉치가 거대한 눈덩이로 불어나는 스노볼 효과를 몸소 체험한 자산가들은 적은 시드머니도 절대 함부로 무시하지 않는다.

시장은 예측할 수 없는 살아 있는 생물이다. 너무나 많은 변수가 존재하기 때문에 당장 몇 개월 후의 시장 흐름을 확언하는 전문가가 있다면 신뢰하기 어려운 사람이라고 보면 된다. 경제기자를 10년 넘게 해오면서 주식, 환율, 부동산 시장을 나름의 근거로 관측하는 전문가를 무수히 만났지만 관측이 제대로 맞아떨어졌던 적은 극히 드물었다. 시장은 그 누구도 예측하기 어렵기 때문에 시장을 이기는 투자를 하려면 시간의 힘에 기대야 한다. 당장 올해, 내년은 성과가 시원찮을 수 있지만 좋은 투자 시스템만 갖췄다면 투자하는 기간이 길어질수록 이길 확률은 높아진다.

# 12

독일에서 온 퀀트투자자

순자산 50억 원

강환국

39세

# 진짜 분산투자는 시장을 이긴다

코트라 독일 주재원으로 한국에서 5년, 프랑크푸르트에서 7년 근무하고 경제적 자유를 이룬 강환국 씨는 2021년 오랜 해외 생활을 청산하고 한국에 입국했다. 입국하기도 전에 굵직한 온·오프라인 재테크 교육 플랫폼에서 강의 요청이 잇따랐고 수강 예약이 하루 만에 매진되는 등 뜨거운 반응을 얻었다. 박사과정을 밟던 부모님을 따라 열 살에 독일로 건너가 대학을 졸업하고 코트라에 입사한 그는 평범한 직장 생활을 했지만 '남다른 투자'로 인생을 바꿨다.

강환국 씨는 고등학생 시절 로버트 기요사키의 《부자 아빠 가난한 아빠》를 읽고 세상을 보는 눈이 달라졌다. 놀라운 일이지만 사실 이때부터 그는 자신이 가진 자원을 적극적으로 활용해 경제적 자유를 이루는 기반을 닦았다. 해외에서 공부한 덕분에 유창했던 외국어 실력을 투자 정보를 취득하는 데 썼고, 투자하며 자산을 불려가는 과정을 영상으로 기록해서 유튜브에 공유하며 그만의 브랜드를 만들어나갔다.

그는 직장 생활 1년 차부터 '2022년 순자산 15억 원 달성 후 조기 은퇴'라는 목표를 세우고 그에 도달할 수단을 모색했다. 꾸준히 계획을 실천으로 옮기며 성장해간 결과, 2021년 순자산 29억 원으로 목표를 조기 달성하고 경제적 자유를 이뤘다. 또한 자산 목표뿐 아니라 자산을 불리는 과정에서 그가 거친 수많은 경험은 그의 탄탄한 수익 파이프라인이 되어 퇴사 직후부터 직장 월급보다 훨씬 많은 부를 가져다주었다.

> "《부자 아빠 가난한 아빠》를 읽기 전까지만 해도 전 아무 생각 없이 사는 어린아이였습니다. 하지만 이 책을 보고 나서 공부를 하고, 좋은 대학을 가고, 안정적인 직장에 들어가라는 가르침이 다 틀렸다는 걸 알았죠. 그보다는 경제적 자유가 훨씬 더 중요했던 거였어요. 내가 정의하는 행복은 만나고 싶은 사람만 만나고 하고 싶은 일만 하는 건데 직장에서는 불가능했어요. 그래서 직장을 나와야겠다고 생각했죠."

## 영어 논문으로 투자 노하우를 흡수하다

환국 씨는 독일 함부르크대학교에서 경영학을 전공하면서 어떻게 하면 주식시장에서 돈을 벌 수 있을지 공부하기 시작했다. 주식투자 관련 책이라면 시중에 나와 있는 웬만한 책들은 모두 섭렵했고 심지어 단편적인 정보와 경험을 담은 책만으로는 만족하지 못해 논문을 원서로 찾아 읽기 시작했다.

그런데 바로 이 세계적인 대가들이 주식시장에서 이기는 전략을 분석하고 연구한 원서를 검색해 읽기 시작한 게 그를 남다른 투자 세계로 이끌었다. 사실 '퀀트투자'는 개인투자자들은 쉽게 접하기 어려운 영역이다. 국내 전문가들도 직접 논문을 찾아 읽거나 논문에서 다룬 전략을 실제 투자에 접목하는 경우는 드문데, 환국 씨 같은 개인투자자가 그런 과정을 타인의 도움 없이 해냈다는 건 실로 놀라운 도전이었다.

그는 투자를 마치 취미처럼 즐기면서 했다. 공부한 내용을 실행하며 경험을 통해 성장하는 것이 재미있었고 실제 자산을 불려가는 과정에서 보람을 느끼기 시작했다. 환국 씨는 '핫한 종목'을 발굴해 투자하는 게 한두 번은 효과가 있을지 몰라도 계속 장기간 투자하면 잃을 가능성이 크다는 데 주목했다. 반면 계량투자인 퀀트투자는 개인의 직감과 경험이 아닌 데이터와 숫자에 의존하기 때문에 투자를 5년, 10년, 15년 이상 장기적으로 할수록 수익률이 시장 평균을 초과해 올라가고 꾸준한 복리 효과를 얻을 수 있다.

러시안룰렛과 유사한 퀀트투자

36개 룰렛 = 주식시장

20개에 분산 베팅 = 퀀트투자

많이 돌릴수록, 다양하게 분산할수록
이길 확률이 높아진다!

예를 들어 주식시장의 종목들을 카지노에서 인기 있는 게임인 러시안룰렛에 비유해보자. 특정 숫자에 베팅해 이 숫자가 당첨되면 승자가 되는데 한두 개 숫자에 베팅해서는 매 게임에서 이길 확률을 높이기가 쉽지 않다. 개별 종목에 집중투자했을 때 해당 종목이 크게 상승하면 좋지만 그렇지 않을 수도 있다. 반면 퀀트투자는 전체 룰렛 중 20개 숫자에 광범위하게 분산 베팅해 당첨 확률을 높이는 방식이다. 여러 개 숫자에 베팅해두면 게임 횟수가 거듭될수록 이길 확률도 높아진다.

세계적인 석학들의 주식투자 논문을 읽고 이를 현실에 적용한 그의 도전이 처음부터 빛을 발한 것은 아니었다. 그는 취업 전 과외로 수십만 원의 수입이 있을 때부터 공부한 방식대로 소소하게 투자를 시작한 '초보자'에 불과했다. 이를테면 가치투자의 대가 워런 버핏의 투자 기법을 다룬 논문을 읽고 단순하게 PER(주가를 1주당 순이익으로 나눈 비율·수익성 지표)이 낮은 국내 코스피·코스닥 상장주 20개 종목을 선별해 시드머니를 고르게 분산투자한다. 그런 다음 1년간 기다렸다가 다시 PER이 낮은 20개 종목으로 리밸런싱(종목 교체 및 비중 재조정)하는 식이다.

> "정보를 습득해서 인기 주식에 투자하는 방법으로 한두 번은 돈을 벌 수 있겠지만 10번, 30번, 50번 반복하면 잃을 확률이 커지죠. 한국에서 매번 유망한 종목을 발굴할 수 있는 정도의 정보력을 가진 사람이 있을 리도 없고요."

## 퀀트투자로 얻은 버핏급 수익률

환국 씨는 이렇게만 해도 연복리 15퍼센트 이상의 수익을 올릴 수 있다는 사실을 경험하고는 확신을 갖고 규모를 불려갔다. 그리고 입사 후 근로소득이 본격적으로 발생하면서 불필요한 지출을 최대한 줄이고 투자에 대부분을 투입했다. 지식과 실전 투자 경험이 시너지를 내며 놀라운 속도로 자산이 불어나는 마법을 경험한 시기였다.

시드머니 1억 원을 모은 이후부터는 퀀트투자를 통한 복리 효과가 축적되면서 근로소득 상승 속도보다 자산 증가율이 압도적으로 올랐다. 당연히 그가 구사하는 전략도 다양해지고 수익률도 더 탄탄해졌다. 시드머니가 불어나면서 투자 종목은 20개에서 60개 정도로 늘었다. 전략도 'PER 혹은 PBR(시가총액을 순자산으로 나눈 지표)이

낮고 ROE가 높은 기업들을 매수한다' 정도에서 밸류에이션, 우량주, 모멘텀 등 여러 가지 지표를 통해 종목들을 산출하는 '울트라 전략'으로 발전했다.

[ 밸류에이션 ]
PER, PBR, PFCR(시가총액을 잉여현금흐름으로 나눈 지표), PSR(시가총액을 매출액으로 나눈 지표) 등 각 지표의 종목 순위를 매겨 순위가 높은 종목이 저평가된 것

[ 퀄리티 ]
자산성장률, GP/A, 주가변동성, 안정성(영업이익을 차입금으로 나눈 지표) 등 각 지표의 순위를 매겨 우량한 종목을 선별한 것

[ 모멘텀 ]
순이익과 영업이익 개선세를 전월, 전년 대비로 분석해 상위 종목을 추려낸 것

환국 씨는 이렇게 여러 지표를 활용해 가장 좋은 종목을 추려 분산투자하고 있다. 지표별 종목을 추리는 것은 퀀트킹 같은 유료 서비스를 활용하면 일일이 계산하지 않아도 쉽게 할 수 있다.

또한 리스크 관리 노하우도 생겼다. 2008년 글로벌 금융위기 당시 시장이 폭락하면서 전체 포트폴리오가 25퍼센트 손실을 입었다

가 이후 2010년까지 증시가 반등하면서 수익이 다시 회복된 적이 있었다. 이때 그는 리스크 관리의 필요성을 다시 한번 머릿속에 새겼다. 보유 종목을 그대로 두면 기간의 차이가 있을 뿐 본래 가격을 회복하기는 하겠지만, 개인투자자가 20퍼센트 이상 손실이 나면 평정심을 유지하기 힘들다.

이후 그는 개별 종목 20퍼센트, 전체 포트폴리오 10퍼센트 손실이 발생하면 손절하고 재진입을 통해 수익 회복을 노리는 전략으로 선회했다. 10~20퍼센트 이상 큰 손실을 입어도 평정심을 유지하고 객관적인 판단을 하기 위한 선택이다. 2020년 3월 코로나19 확산으로 인한 폭락장에서도 그는 전체 포트폴리오 손실이 10퍼센트를 기록했을 때 전량 매도를 실행해 추가 하락을 방어했다. 손실을 최소화한 후에는 어떤 종목이 폭락 후 반등기에 회복률이 높은지를 분석해 상위 종목들을 다시 사들였다.

이런 전략으로 그는 하락장에서 덜 잃고 상승장의 회복세를 고스란히 수익화할 수 있었다. 해박한 지식과 수많은 경험을 통해 쌓인 그의 노하우는 이제 주식투자에 적극적인 개인투자자는 물론 전문가들도 인정하는 수준이다.

환국 씨가 퀀트투자로 경제적 자유를 이룰 수 있었던 것은 전략도 전략이지만 시드머니가 스노볼 역할을 톡톡히 하면서 복리 효과가 극대화된 덕분이다. 그는 회사에 입사하기 전부터 체스 대회를 나가서 탄 상금 등 여윳돈이 생길 때마다 저축해서 2,500만 원을 모았다.

입사 후 코트라에서 적잖은 월급을 받을 때도 지출을 대학 때 수

환국 씨의 초기 시드머니 흐름

준에서 더 늘리지 않았다. 월급은 고스란히 그의 통장에 쌓였고 독일 주재원으로 떠날 때 그가 마련한 종잣돈은 이미 5,000만 원 수준이었다. 직장인이 월 30~40만 원으로 생활하는 것은 불필요한 지출을 극도로 제한하지 않으면 어려운 일이다. 하지만 그는 종잣돈이 1억 원 규모가 될 때까지는 아끼고 절약하는 것 외에는 방도가 없다고 강조한다.

1억 원이 되면 열심히 공부해 수익을 10퍼센트만 내도 1,000만 원의 자본소득을 벌어들일 수 있다. 이 돈을 또다시 재투자하는 방식으로 장시간 복리 효과를 노리면 경제적 자유에 도달하는 시간을 극적으로 줄일 수 있다는 게 그의 생각이다. 저축과 절약이 곧 자유로운 시간을 살 수 있는 첫걸음인 셈이다.

## 돈 버는 방법은 많이 알수록 좋다

"우리 부모님 세대는 부동산만 투자고 주식을 하면 패가망신한다고 생각하죠. 당연히 코인 같은 건 건드리면 안 된다고 합니다. 그런데 사실 잘 들여다보면 그 안에 기회가 있어요. 기회를 잡기 위해서는 오픈 마인드로 접근해야 합니다. 기회는 어느 날 갑자기 찾아오거든요."

한국의 3040 세대는 금융교육을 제대로 받지 못하고 자랐다. 투자가 필수인 시대를 살고 있지만 어떻게 투자해야 진정한 경제적 자유를 이룰 수 있을지 제대로 아는 사람은 많지 않다. 부동산에 투자하면 투기이고 주식투자는 위험하며, 가상자산에 투자하면 패가망신한다는 고정관념이 아직도 만연하다. 오로지 노동소득만이 신성하며 자본소득은 불로소득이라는 인식, 직장인이 투자에 몰두하면 본업에는 소홀할 것이라는 편견, 이 모두가 경제적 자유를 가로막는 장애물이다.

환국 씨는 이런 현실에서 탈피해 돈을 벌 수 있는 수단을 열린 마음으로 최대한 많이 공부하고 경험할수록 좋다고 강조한다. 무턱대고 편견부터 갖지 말고 어떤 구조로 돌아가는 시장인지, 어떤 기회와 위험이 있는지를 들여다보고 자신에게 맞는 방법으로 적용해봐야 한다는 것이다.

실제 그가 경제적 자유에 도달한 수단은 주식투자만이 아니었다. 투자를 본격적으로 시작하면서 그는 암호화폐와 스타트업 시장도 꾸준히 지켜보며 기회를 노렸다. 암호화폐는 개별 종목에 투자하진 않았지만 유럽과 한국 시장의 암호화폐 가격 차이가 크게 벌어져 이른바 '김치 프리미엄'이 존재하던 시기에 차익거래로 큰돈을 벌어들일 수 있었다.

차익거래는 개별 종목의 등락을 신경 쓰지 않아도 되고 가격 차이만큼 즉각적인 수익을 벌어들일 수 있지만 시장을 이해하고 기회를 포착하지 않으면 아무나 할 수 없는 거래 기법이다. 손쉽게 돈을 벌 방법이라고 알려지긴 했어도 실제 이 개념을 이해하고 투자에 활용하는 사례는 개인투자자 사이에선 찾아보기 힘들다.

스타트업 투자도 마찬가지다. 흔히 막대한 자산을 가지고 기업에 투자하는 자본가들만 할 수 있는 일이라고들 생각한다. 하지만 환국 씨는 자신의 퀀트투자 강의에 온 수강생 두 명이 시작한 스타트업 투자 제안을 흔쾌히 받아들여 자산 일부를 투자했다. 그가 아이디어를 보탠 주식 트레이딩 기법을 암호화폐 거래에도 활용해서 트레이딩 시스템을 개발 및 서비스 하는 업라이즈라는 스타트업이다.

업라이즈는 환국 씨가 지분을 투자한 후 폭발적으로 성장했다. 아직 엑시트를 하지는 않았지만 투자 당시 그의 자산에서 아주 일부에 불과했던 것이 이제는 상당 부분을 차지하는 '알짜 자산'이 되었다. 열린 마음으로 새로운 시장의 가능성을 믿고 투자하지 않았더라면 결코 얻을 수 없었던 열매다.

퇴사 후 한국에 들어온 환국 씨는 본격적으로 자신의 지식과 경험, 노하우를 초보 퀀트투자자들에게 전수하는 강의를 여러 플랫폼에서 론칭했다. 그에게 투자 인사이트를 얻고 싶어 하는 사람들은 평범한 주식투자자부터 투자 고수들까지 다양하다. 그가 퀀트투자 경험을 담아 출간한 책은 추종자들 사이에서 바이블로 통하며 꾸준히 팔리고 있다. 또한 그의 솔직한 투자 과정을 담은 유튜브 영상은 어느새 13만 명이 넘는 구독자를 자랑하고 있다. 유튜브 역시 그의 브랜딩을 돕는 마케팅 창구로서 제 역할을 톡톡히 하고 있다.

사람들은 기꺼이 비용을 지불하면서 그가 온라인에 남긴 기록들을 소비하고자 한다. 그가 공부하고 투자하면서 경제적 자유를 이룬 과정을 지켜보고 노하우를 듣고 싶기 때문이다. 이렇게 온라인에서 발휘된 영향력이 그에게 또 다른 수익을 벌어주는 파이프라인 노릇을 하기 시작했다.

이제 그에게 투자 콘텐츠는 실제 투자보다 더 큰 성장성을 지닌 '사업'이라 할 수 있다. 이 사업은 누군가가 쉽게 따라 하거나 대체할 수 있는 것이 아니며, 경기 호황이나 불황을 타지 않고 잃어버릴 염려 없이 시간이 갈수록 더 빛을 발하는 자산이다.

이를 증명하기라도 하듯 그의 자산은 예상 수치보다 훨씬 빠르게 증가했다. 2009년 입사 당시 자산 15억 원을 만들어 퇴사하는 게 목표였는데, 2021년 실제 퇴사할 때 29억 원의 자산을 달성했다. 그러나 퇴사 후 반년도 안 된 2022년 현재 자산이 50억 원을 초과했다. 복리의 마법과 온라인에서 구축한 영향력으로 자산이 무서운 속도로 불어난 것이다. 100억 원대 자산가가 되는 것은 그에게 그리 먼 미래가 아니다.

**퀀트투자 방식으로 60개 이상 주식을 분산투자해 수익을 낸다. 개별 종목 20퍼센트, 전체 포트폴리오 10퍼센트 손실이 발생하면 손절하고 재진입한다는 원칙이 있다.**

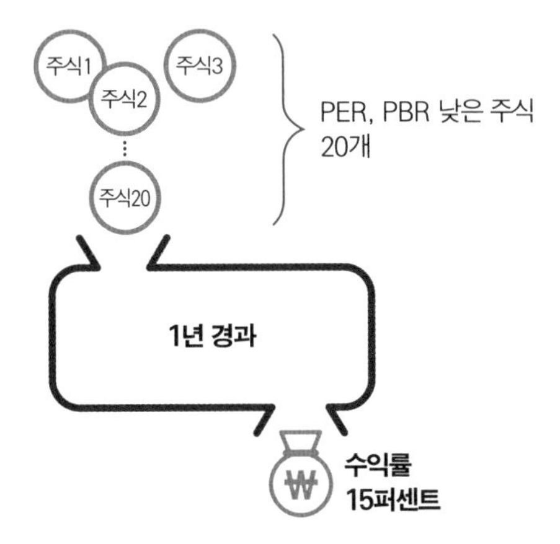


시드머니 1억 원 이하 전략. PER, PBR이 낮은 주식 20개를 선별해 분산투자하고 1년 후 리밸런싱한다. 연 15퍼센트의 수익이 예상된다.

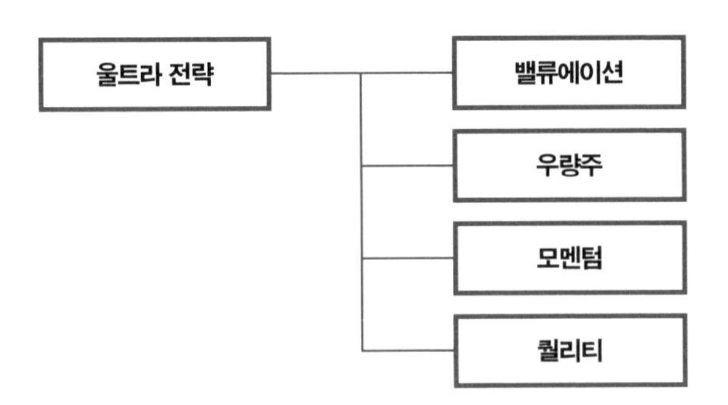


시드머니 1억 원 이상 전략. 벨류에이션, 우량주, 모멘텀, 퀄리티 등 다양한 전략에 맞는 주식 60개를 선별해 분산투자한다. 퀀트투자 사이트 퀀트킹을 사용하면 해당 전략에 맞는 주식들을 손쉽게 고를 수 있다. 1년 후 리밸런싱하고 다시 반복한다.

# 13

ETF·우량주 등 기계식 투자자

순자산 18억 원

최우영(재테크는스크루지)

38세

# 밀레니얼 스크루지가 한 푼도 잃지 않고 돈 버는 법

부동산 투자로 순자산 18억 원을 달성하고 목표 자산 30억 원을 향해 주식투자를 이어가고 있는 최우영 씨는 2009년 IT기업에 입사한 후 한 달에 30만~40만 원만 지출하면서 소득 대부분을 저축해 종잣돈을 만들었다. 2014년 결혼 후 종잣돈을 꾸준히 모은 그는 서울과 경기 고양시에 아파트를 한 채씩 전세를 끼고 매수했다. 부동산 규제가 시작되면서 주식투자로 전향해 4억 원 정도를 운용하며 금융자산 15억 원 달성 후 조기 은퇴를 목표로 투자를 이어가고 있다.

오늘날 밀레니얼 세대는 딜레마에 봉착해 있다. 가정과 학교에서 제대로 된 재테크 교육을 한 번도 받은 적이 없는데 투자가 필수인 시대를 살아가야 하는 곤란한 상황에 처한 것이다. IT기업에 다니던 평범한 직장인 최우영 씨도 그랬다. 그는 어렵게 번 돈으로 절대 잃지 않으면서 꾸준히 수익을 올릴 수 있는 자산에 투자하고 싶은데 방법을 몰랐다. 고민 끝에 평범한 회사원인 자신이 할 수 있는 두 가지 행동 원칙을 정했다. 그리고 이 원칙들은 나중에 우영 씨가 다른 직장인들보다 조금 더 빠르게 자산을 불릴 수 있게 된 핵심 요인이 되었다.

1. 스크루지처럼 아끼자.
   한 달에 30만~40만 원으로 생활한다.
2. 스크루지처럼 투자하자.
   안전 지향형 투자(부동산+기계식 주식투자)를 한다.

## 스크루지처럼 절약하고 스크루지처럼 투자하라

먼저 우영 씨는 출퇴근길 자투리 시간을 이용해 주식 공부를 시작했다. 주식 기초 책부터 유튜브 영상, 경제 뉴스를 번갈아 챙겨보며 주식을 공부했다. 여기까지는 흔한 이야기다. 그 다음 그는 종잣돈을 마련하기 위해 극단적인 절약을 실천에 옮겼다. 독립을 미루고 부모님 댁에 거주하며 장거리 출퇴근을 감수했고, 남들 다 보는 넷플릭스나 커피 테이크아웃 등에 드는 돈을 아껴 월 30만~40만 원으로 생활했다. 막상 도전해보니 돈 들이지 않는 문화생활이나 데이트도 불가능하진 않았다. 그는 정말로 스크루지처럼 돈을 극단적으로 아꼈지만 일상을 다양한 방법으로 향유하는 법까지 포기하진 않았다.

그리고 마침내 종잣돈 5,000만 원이 모였다. 정말 힘들게 일하고 굳은 의지로 절약해서 모은 돈이었다. 이제 본격적으로 투자할 때가 왔다고 그는 생각했다.

> "워런 버핏, 피터 린치 등 주식투자의 대가들은 급변하는 시장에서 어떻게 살아남았을까 생각하며 공부했어요. 사람마다 성격이 다르듯, 투자 스타일도 다를 수밖에 없다는 결론에 이르렀습니다."

아무리 투자 공부를 계속했어도 실행을 통해 경험을 쌓는 것만큼 중요한 건 없다. 우영 씨는 2020년 코로나 폭락장 당시 코스피 지수가 1,500포인트 아래로 급락했을 때 5,000만 원의 목돈을 과감히 투자했다. 가용할 수 있는 모든 투자금을 동원한 것이었기 때문에 개별 종목보다는 비교적 안전한 ETF 위주로 90퍼센트 이상 투자했다.

'동학개미운동'이라는 신조어가 생겨났을 정도로 많은 개인투자자가 유례없는 주식 매집에 나선 시기지만, 평범한 월급쟁이가 5,000만 원이란 거금을 주식계좌에 넣고 매수 버튼을 누르는 과정은 결코 쉬운 일은 아니다. 과거 글로벌 금융위기처럼 큰 위기가 닥

2018~2022년 코스피 지수

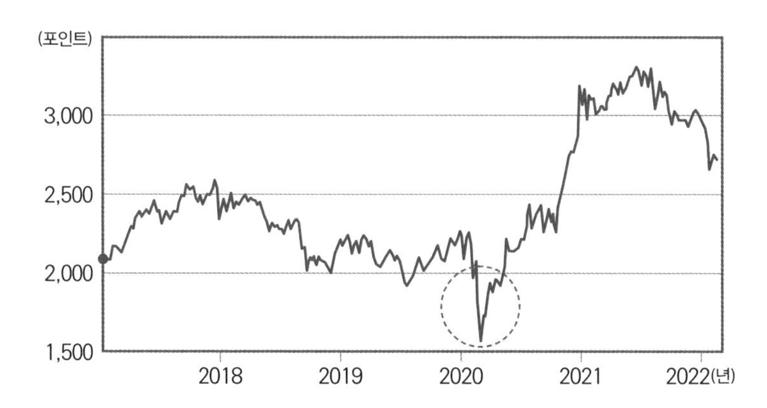


쳤을 때 증시가 폭락했다 회복하는 과정을 들여다보고 시장 흐름에 확신을 갖지 않고서는 어려운 투자 행위다. 이후 코스피 지수가 3,000포인트를 넘어 가파른 회복세를 보인 것을 고려하면 과거 역사에서 배운 지식으로 굉장히 성공적인 투자를 한 셈이다.

실제 이 과정에서 우영 씨의 운용 자산도 1억 원 이상으로 불어났다. 그렇지만 그는 ETF 투자만 고집하지 않는다. 정말 좋은 기업이라고 생각하면 기업 분석과 재무제표 분석을 통해 개별 종목에도 장기투자한다.

## 쫄보 투자자의 두 가지 원칙

젊은 투자자라면 '하이 리스크, 하이 리턴high risk, high return' 해야 한다며 공격적인 투자를 권유하는 이들도 있다. 우영 씨는 이런 생각에 반기를 든다. 나이에 따른 투자 방식이 따로 있는 게 아니라 사람마다 투자 성향과 리스크 감수 정도가 다르다는 게 그의 생각이다. 리스크가 높은 투자를 했을 때 걱정이 되어 잠도 오지 않고 잘못된 선택을 한 것 같은 불안감을 떨칠 수 없다면 아무리 20대라 하더라도 내 길이 아닌 것이다. 우영 씨도 자신에게 맞는 보수적이고 안정적인 투자 방식을 택했고 나름의 원칙을 정해 투자했다.

그가 스스로 정한 투자 원칙은 다음과 같다.

투자 원칙 1. 꾸준히 우상향하는 종목에 투자한다.

투자 원칙 2. 채권과 주식은 7대 3의 비율부터 시작한다.

자세히 설명하면 이렇다. 첫째로 우영 씨는 굴곡이 있어도 꾸준히 우상향할 종목을 고르라고 조언한다. 그러면 당장 가격이 하락해도 크게 신경 쓰지 않을 것이기 때문이다. 그리고 기업과 나라 모두가 잘되는 방향으로 투자해야 한다. 하락에 베팅하는 인버스 투자는 금물이다.

또한 채권과 주식 비율을 7대 3 정도부터 안전하게 투자를 시작한다. 위험을 분산시키는 포트폴리오를 짜려면 글로벌하게 전 세계 시장을 상대로 투자해야 한다. 국내 시장에만 몰두하지 말고 미국, 유럽 등 선진국과 아시아 시장을 두루 살펴보고 신중하게 선택하는 게 중요하다. 우영 씨는 장기적으로 우상향하는 흐름을 보인 지

수 추종 투자를 선호한다. 채권과 주식 비중을 7대 3에서 5대 5 정도로 가져가다가 투자에 자신감이 생기면 주식 비중을 높여가는 게 좋다. 처음부터 자만하지 않는 자세가 중요하다.

## 차가운 심장으로 투자하기 위해

우영 씨의 투자가 다른 개인투자자들과 다른 점은 자신의 위험 회피 성향을 투자에 충분히 반영했다는 것이다. 그는 국내외 다양한 시장에 분산투자하고 엑셀 표를 활용한 기계식 매수매도 시스템을 직접 만들어 심리를 배제한 투자를 원칙으로 지켜오고 있다.

예를 들면 투자 자산의 90퍼센트 이상을 배당과 차익을 함께 얻을 수 있는 ETF에 투자하고 일부 자산만 개별 종목에 할애하는 식이다. 실제 KODEX200 추종 ETF의 연평균 수익률을 백테스트한 결과, 2003년부터 2020년까지 18년간 단 4년을 제외하고 매년 수익률이 플러스 성장을 기록했고 연평균 수익률도 10.4퍼센트에 이르렀다.

투자 대상도 미국 비중이 20퍼센트 이상으로 가장 높고 현금, 국내 주식, 국내 채권, 미국 채권, 신흥국 주식, 선진국 주식, 중국 주식, 리츠 순으로 골고루 분산돼 있다. 채권과 금에도 투자하며 10년간 매도하지 않고 일부 조정만 하는 전략을 구사한다. 직장 생활을 하면서 투자를 병행하기 때문에 장기투자를 전제로 꾸준히 우상향할 자산을 선별하고, 일시적인 하락에 크게 신경 쓰지 않는다.

그가 스스로 구축한 매매 시스템도 흥미롭다. 아무리 꼼꼼한 분석을 거쳐 매수한 좋은 종목이라도 주가가 5퍼센트, 10퍼센트, 15퍼센트, 20퍼센트 하락할 때 언제 얼마나 추가매수를 해야 할지 일일이 판단해 대응하기란 여간 어려운 일이 아니다. 하락할 때는 투자자가 심리적으로 위축되기 때문에 자신만의 원칙이 있다고 하더라도 이를 실제로 지키지 못한다.

우영 씨는 이런 한계를 고려해 엑셀의 조건부 서식 기능을 활용했다. 즉 사전에 정한 추가매수 기준에 따라 하락 비율마다 알람이 켜지도록 시스템을 설계해서 기계적으로 정한 만큼의 물량을 매수하는 것이다. 주가가 조금씩 하락할 때마다 임의로 매수하면 향후 큰 하락이 왔을 때 추가로 매수할 시드머니가 남아 있지 않을 수 있어 이를 방지하기 위함이다. 주가 하락기에 심리적으로 흔들려 부화뇌동하는 것을 막기 위한 효과적인 방책이기도 하다.

포트폴리오 조정도 엑셀을 적극적으로 활용했다. 그는 엑셀에 자산마다 비중을 정해놓고 특정 자산이 이를 초과하면 리밸런싱을 한다. 많이 오른 자산을 매도해 적게 오른 자산을 매입하는 식으로 비중을 맞춰주면 장기적으로 수익을 극대화하는 데 도움이 된다.

우영 씨가 스스로 만든 이런 시스템은 감정에 휘둘리는 인간 본연의 한계를 보완해준다. 늘 요동치는 주식시장 안에서 평정심을 유지하기 쉽지 않지만 이런 장치들이 투자 원칙을 지키는 힘이 되는 것이다.

## 돈 그릇을 키워야 수익도 늘어난다

우영 씨는 처음부터 1억 원이 넘는 큰돈으로 투자하지 않아도 된다고 말한다. 처음부터 큰 금액이라면 이를 운용할 만한 그릇이 되지 않아서 실패하기 쉽다. 단 10만 원, 100만 원이라도 직접 운용해보며 자신의 돈 그릇을 조금씩 키워가는 전략이 현실적이다. 그렇다면 경제적 자유를 꿈꾸는 우영 씨의 퇴사 이후 자금 운용 목표는 무엇일까?

비전 1. 부동산과 금융자산의 비중을 5대 5로 만들기
: 현재 비중은 7대 3이다. 주식투자 그릇을 키워 현금성 자산 비중을 높이는 게 목표다.

비전 2. 목표자산 30억 원 달성하기
: 투자 수익을 끊임없이 재투자하며 스노볼 효과를 노리면 10년 내 목표 달성도 가능하다.

비전 3. 안정적 수익 파이프라인 구축하기
: 유튜브, 블로그, 책 출간 등 자신의 투자 노하우를 활용한 수익 창출 활동을 늘려 추가적인 수입원을 만들어나가는 데 공을 들인다.

경제적 자유를 이루는 길은 자신에게 맞는 투자 내공을 쌓아 자산을 불리고 수익 파이프라인을 탄탄하게 구축하는 과정이다. 투

자 전문가에게 자산 운용을 맡기거나 포트폴리오 구성을 의존하지 않아도 직접 공부하고 시행착오를 겪으면서 충분히 목표를 이뤄갈 수 있다. 특히 우영 씨에게 글로벌 시장에 분산투자한 경험은 리스크 관리 차원에서 매우 귀중한 경험이었다. 퇴사 후 국내에 머무르는 게 아니라 해외에서 살아갈 수도 있기에 더 넓은 시장에서 투자 대상을 선별하고 안정적으로 투자할 역량을 기를 수 있다는 강점도 있다.

자신에게 맞는 투자 방식과 퇴사 후 삶을 구체적으로 고민하고, 이를 하나씩 행동으로 옮기는 과정이 무엇보다 중요하다. 스스로 방향을 정하고 선택한 것이기에 실패해도 교훈으로 삼고 나아갈 수 있다.

**수도권 두 채 아파트 투자로 경제적 기반을 마련해놓고 주식투자를 본격적으로 시작했다. 배당주, ETF, 금 등 상대적으로 손실 우려가 적은 자산을 포트폴리오로 구성했다.**

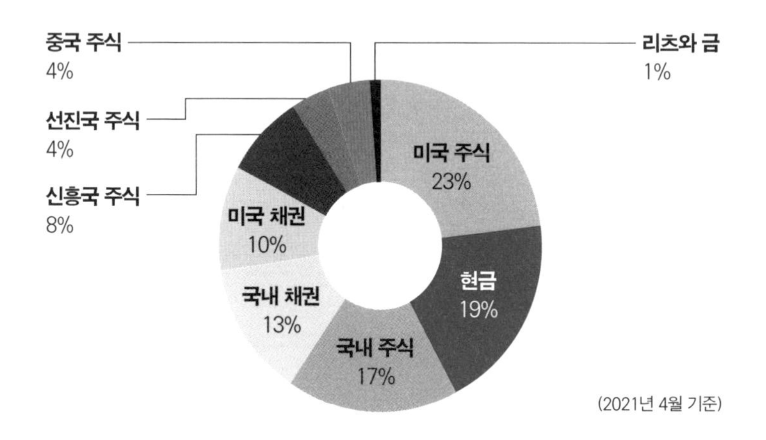


우영 씨는 극도의 안전 지향적 성향으로 ETF, 채권 등을 활용하여 다양한 국가에 분산투자하고 있다. 2021년 4월 기준으로 1억 3,000만 원이 투자된 우영 씨의 포트폴리오를 살펴보면 국내 채권과 미국 채권이 총 23퍼센트, 미국 주식 23퍼센트, 국내 주식이 17퍼센트다. 우영 씨의 원칙인 채권 7, 주식 3에 비해 주식 비중이 높다. 이는 코로나 이후 상승장 때 주식 비중을 늘려 수익을 극대화하기 위한 리밸런싱이다. 우영 씨는 확신이 들면 주식 비중을 늘리지만 그렇지 않은 시기에는 채권 비중을 늘리는 투자법으로 포트폴리오를 운영하고 있다. 2022년 현재 그의 운용자금은 4억 원가량으로 불어났다.

# 14

연금만으로 파이어족

월 현금흐름 250만 원

김다현

41세

# 투자 못하는 사람을 위한 경제독립 프로젝트

김다현 씨는 포털서비스 다음에서 연봉 1,800만 원을 받는 계약직으로 직장 생활을 시작해서 삼성전자, 카카오 등을 거치며 억대 연봉을 받는 IT 기획자로 성장했다. 재테크에는 문외한이었지만 연봉 인상률이 한 해 20퍼센트에 이른 적도 있었을 정도로 커리어 개발에 열성을 다했다. 그러나 다현 씨는 회사원에서 관리직으로 승진할수록 사람을 다루는 업무가 적성에 맞지 않음을 느꼈다. 이에 경제적 자립을 통해 조기 은퇴를 꿈꾸는 파이어(FIRE, Financial Independence Retire Early)족族이 되기로 결심하고 이를 실행에 옮겨 5년 만에 목표를 이뤘다.

김다현 씨는 억대 연봉자였지만 일과 단순 저축 외엔 재테크에 크게 관심을 두지 않는 평범한 직장인이었다. 같은 회사에서 일하는 IT 개발자였던 남편과 비교적 늦은 나이에 결혼해 친구처럼 지내왔다. 그리고 자녀를 낳으면 아이가 초등학교에 입학할 때 50대가 될 텐데 평생을 일해야 하는 것 아닌가 싶은 생각에 딩크족이 되기로 했다. 그렇게 남편과 맞벌이를 하며 부족한 것 없이 지냈지만, 회사에서 직급이 높아지고 동료들을 이끌어야 한다는 책임감을 느끼기 시작하면서 일이 적성에 맞지 않고 버겁다는 생각을 많이 하게 됐다.

그녀는 적성에 맞지 않는 직장 생활을 중단하고 남편과 함께 퇴사를 감행했다. 재테크에 서툴렀던 부부가 퇴사를 할 수 있었던 것은 '현실적인 재무설계'로 일하지 않아도 원하는 수준의 생활을 유지할 수 있는 경제적 기반을 확보했기 때문이다. 이들은 공격적인 주식투자나 부동산 투자 없이도 어느 정도 경제적 기반을 갖추고 시간 부자가 될 수 있었다. 그 모두가 그들이 현재 가지고 있는 '연금'이라는 자원을 최대한 활용해 생애주기에 맞는 은퇴자금을 꼼꼼히 마련한 덕분이다.

## 연금 탑으로 만든 파이어 플랜

직장인이 직장 생활 이외에 저축과 재테크를 병행해 경제적 자유를 달성할 만큼의 자산을 만드는 것은 결코 쉬운 일이 아니다. 다현 씨는 자산 목표를 높게 잡아 퇴사 시기를 뒤로 미루는 대신, 본인의 소비지출 습관을 교정해서 현재 달성 가능한 자산에 맞춰 라이프스타일을 재정립하는 현실적인 대안을 택했다. 최소한의 경제적 기반은 갖추되 생활 방식을 미니멀리즘에 맞추면서 그녀의 조기 은퇴는 목표했던 5년 만에 현실이 됐다. 조기 은퇴에 대한 목표를 세운 이후 남편과 대화를 꾸준히 하면서 다음과 같은 계획을 구체적으로 세우고 실행으로 옮긴 덕분이다.

**자산과 지출 파악하기**

다현 씨가 5년 내 조기 은퇴 계획을 세우고 가장 먼저 했던 것은 현재 부부의 자산과 지출 규모를 파악하는 것이었다. 지금의 내가 살아가는 방식을 알지 못하면 원하는 미래를 만들어가기 어렵기 때문이다. 그녀는 자산을 파악하는 과정에서 직장 초년생 때부터 지인의 권유로 가입해 불입해온 연금 상품이 있었다는 사실을 알게 되었다. 월급이 들어오면 자동이체로 빠져나가 크게 관심을 두지 않았던 연금이 눈에 들어온 것이다.

또한 매월, 매년 나가는 지출을 파악해야 저축액을 늘리고 향후 조기 은퇴 이후의 삶을 대비할 수 있다. 2~3개월 치 가계부를 써보면 고정지출과 변동지출을 한눈에 파악할 수 있고 줄일 수 있는 것과 줄일 수 없는 것을 구분할 수 있다.

변동지출 가운데 굳이 큰돈을 쓸 필요 없이 아낄 수 있는 항목은 아끼고 쓰지 말아야 할 것은 자제하면서 저축액을 늘리면 은퇴자금을 더 빠르게 모을 수 있다. 이 방법은 단순하지만 소비로 점철된 일상을 바꾸는 효과가 탁월했다.

### 은퇴에 필요한 자금 계산하기

저축을 늘리는 동시에 조기 은퇴 후 얼마가 필요할지, 얼마를 쓰고 살지 구체적인 재무계획을 수립해야 한다. 다현 씨는 가계부 분석을 통해 부부가 많이 지출할 때는 월 500만 원 가까이 썼지만 변동 지출을 줄이면 월 200만 원 정도로 충분히 만족스러운 생활을 유지할 수 있다는 결론에 도달했다. 라이프스타일을 미니멀리즘을 추구하는 형태로 바꾸고 계획적인 소비를 하는 방식으로 지출을 줄이면 은퇴 시기를 조금이나마 앞당길 수 있었다. 그렇지만 부부가 원했던 여행을 하는 데 필요한 비용은 1억 원가량으로 비교적 넉넉하게 잡았다. 소유보다는 경험에 투자하는 삶에 비중을 더 둔 것이다.

### 생애주기에 맞춘 재무계획 수립하기

다현 씨가 현실적인 방법으로 자산 목표를 달성하고 조기 은퇴를 할 수 있었던 데는 '연금 탑'이 핵심적인 역할을 했다. 부부는 사회초년생 때 가입해두었던 개인연금과 직장에서 불입하는 퇴직연금, 나라에서 주는 국민연금, 소유 주택을 활용한 주택연금을 생애주기에 맞게 잘 배분해 매달 생활비 250만 원가량을 안정적으로 확보할 수 있는 구조를 만들었다.

우선 직장 생활을 하는 동안에는 40세에 은퇴한 후 만 55세까지 15년 동안 월 250만 원을 지출하며 생활하고 여행을 다닐 비용 총

다현 씨의 조기 은퇴 예상 그래프

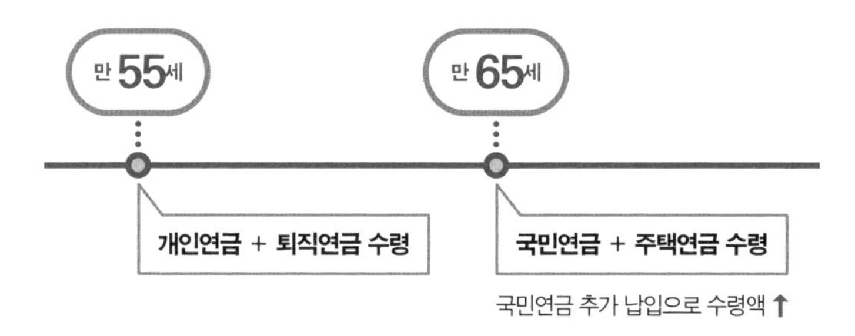


5억 원을 마련하는 데 집중했다. 근로소득으로 벌어들이는 돈을 최대한 아껴 저축하고 경기 용인에 매입한 아파트를 향후 매도하는 과정을 거쳐 필요한 자금을 충당하는 계획이다.

만 55세부터 만 65세까지는 개인연금과 퇴직연금을 받아 생활비를 마련할 예정이다. 개인연금은 직장 초년생 때부터 불입했던 상품을 활용하고 퇴직금은 일시불로 정산받지 않고 연금으로 전환해 나눠 받도록 했다. 부부가 20대 때부터 꽤 오랜 기간 직장 생활을 해왔기 때문에 연금으로 받을 시 일시금으로 받을 때보다 연금소득세를 30퍼센트 감면받을 수 있다는 점도 큰 혜택이다.

만 65세부터는 국민연금과 주택연금으로 충분히 생활할 수 있다. 국민연금은 수령액을 늘리기 위해 직장 생활하면서 추가 불입을 했고 주택연금(공시가 9억 원 이하 주택을 담보로 일정 금액을 사망할 때까지 받을 수 있는 제도. 대출자가 사망하면 금융기관이 해당 주택을 팔아 그동안의 대출금과 이자를 상환받는 방식으로 운영된다)은 용인 아파트를 매도 후 지방에 있는 실거주용 적정가격 주택을 매입해 살다가 나중에 이를 연금으로 활용한다는 그림이다.

다현 씨는 직장인이 흔히 가입하거나 운용할 수 있는 친숙한 연금 상품들을 활용해 조기 은퇴 이후의 경제적 기반을 마련했다. 평소 과도한 업무량이나 재테크 관심 부족 등으로 투자와 거리가 먼 직장인들도 고려해볼 만한 현실적인 대안이다. 반드시 적극적인 투자로 목표 자산을 달성해야만 경제적 자유를 얻고 원하는 삶을 살아갈 수 있다는 편견을 깬 사례다.

> "투자를 해서 돈을 번 게 아니라 월급의 70퍼센트를 저축해서 은퇴자금으로 모았습니다. 저축을 많이 하려면 연봉을 올려야 했어요. 우리의 재테크는 '열심히 일해서 연봉 올려 받자'였습니다. 그래서 열심히 일했죠."

## 소유보다 경험을 우선시하는 삶

밀레니얼 세대는 그 어떤 세대보다 투자에 적극적이고 경제에 관심이 많다. 현재를 즐기는 욜로족도 있지만 근로소득을 최대한 아껴 종잣돈을 만들고 투자에 뛰어들어 자산을 빠르게 불리려는 직장인들도 많다.

반면 꼭 투자가 아니라 라이프스타일을 바꿔 경제적인 한계에 얽매이지 않고 자유로운 삶을 추구하는 이들도 적잖다. 소유보단 경험을 우선시하고 지출 습관을 바꾸면 큰 규모의 자산이 없더라도 충분히 원하는 삶을 살아갈 수 있음을 보여주는 사례다.

다현 씨도 회사 다닐 때 스트레스를 받는 날이면 비싼 소고기를 파는 식당에 가거나 고가의 미용실에 가서 헤어스타일을 바꾸는 식으로 기분전환을 하곤 했다. 하지만 지출을 줄이고 삶의 방식을 바꾸니 굳이 비싼 레스토랑, 고가의 미용실을 가야 만족을 느끼는 게 아님을 깨달았다. 퇴사 이후에는 더더욱 남의 시선을 의식해 치장할 필요가 없었다. 직장 생활을 할 때보다 스트레스를 덜 받았고, 꼭 필요하진 않아도 잠깐의 즐거움을 위해 들였던 고가의 물건이 없어도 충분히 만족스러운 삶을 살 수 있었다.

이처럼 타인이 정해준 '부자', '경제적 자유'의 잣대에 자신을 억지로 끼워 넣지 않고, 가진 자원을 객관적으로 들여다보고 그 안에서 만족을 얻을 방법을 찾으려는 노력이 필요하다.

다현 씨는 조기 은퇴와 경제적 자유만이 힘든 회사 생활을 이길 정답은 아니라고 말한다. 회사에서 얻을 수 있는 가치는 생각보다 많다. 사람이 살아가는 데는 일을 통해 성취 욕구를 충족시키는 것, 소속감을 느끼는 것이 중요한 부분을 차지한다. 괴로운 직장을 벗어나 경제적 자유를 얻으면 행복하기는 하지만 성취욕과 소속감의 빈자리를 스스로 채울 수 있는 능력이 없으면 조기 은퇴 이후의 삶은 외롭고 공허할 수 있다. 따라서 지출과 일상 등 삶의 방식을 바꾸는 일이야말로 살아가는 데 가장 중요한 과정일지 모른다.

"회사는 든든한 '빽'이에요. 회사 다니지 않아도 당당하려면 자존감이 있어야 하죠. '나에 대해 많이 생각해보는 것'이 어떻게 보면 돈보다도 더 중요해요. 자존감이 높으면 나를 치장하지 않아도 당당하거든요."

## 대기업 직장인이라, 딩크족이라 가능하다?

풍족한 집안에서 태어난 금수저라서, 명문대를 졸업한 대기업 직장인이어서, 맞벌이로 수입은 두 배지만 자녀가 없는 딩크족이라서 경제적 자유를 누릴 수 있는 게 아니다. 내 삶의 지향점과 지출 습관을 바꾸면 새로운 삶에 도전하는 게 얼마든지 가능하다.

특히 연금 부문은 개인연금과 IRP로 사회초년생 시절부터 근로소득의 일정 부분을 할애해 꾸준히 적립식으로 투자하면 복리 효과를 통해 자산을 안정적으로 불릴 수 있다. 퇴직연금도 마찬가지로 DC형이라면 그냥 방치하지 말고 채권형보다는 주식형에 높은 비중을 할애해 장기투자하면 시간이 갈수록 만족스러운 수익률을 노려볼 수 있다.

직장 일이 바빠서, 시드머니가 부족해서 투자하지 못한다는 것은 어쩌면 핑계에 불과하다. 이런 대안들을 적극적으로 활용해 스스로 원하는 생애주기에 맞게 경제적 독립을 설계하면 원하는 시기에, 원하는 삶에 충분히 도전할 수 있는 기반을 확보할 수 있다. 다현 씨는 자신처럼 재테크에 재능이 없는 평범한 사람들에게 열심히 일하는 게 좋은 전략일 수 있다며 이렇게 조언한다.

"열심히 하는 사람들을 보면 본인의 기준에서 열심히만 하는 사람들이 많습니다. 절대 틀린 생각이죠. 결과물을 보는 사람들이 생각하는 '열심히'를 해야 해요. 내 기준이 아니라 회사가 원하는 '열심히'가 무엇인지 생각해보는 것이 회사 생활을 잘할 수 있는 팁이 아닐까요."

다현 씨는 연봉 1,800만 원 계약직으로 시작해 스스로 역량을 키워 억대 연봉자가 되기까지 여러 번 회사를 옮겼고 열심히 일했다. 그녀는 열심히 일하는 것의 진짜 의미를 알고 있었다. 본인의 기준이 아닌 결과물을 보는 사람 또는 시장으로부터 열심히 했다는 평가를 받을 수 있도록 올바른 방향으로 일하고 성과를 내는 것이 열심히 일하는 것이다. 그러면 재테크에 서투르더라도 연봉을 높여 경제적 기반을 이루는 시점을 조금 더 앞당길 수 있다.

**사회생활 초반부터 개인연금, 퇴직연금 등을 성실히 불입하며 소득의 50퍼센트 이상을 저축한다. 생활하는 데 실질적으로 얼마가 드는지 금액을 확인한 뒤 은퇴 계획을 세운다. 여윳돈으로 ETF, 배당주 투자 등은 필수다.**

---

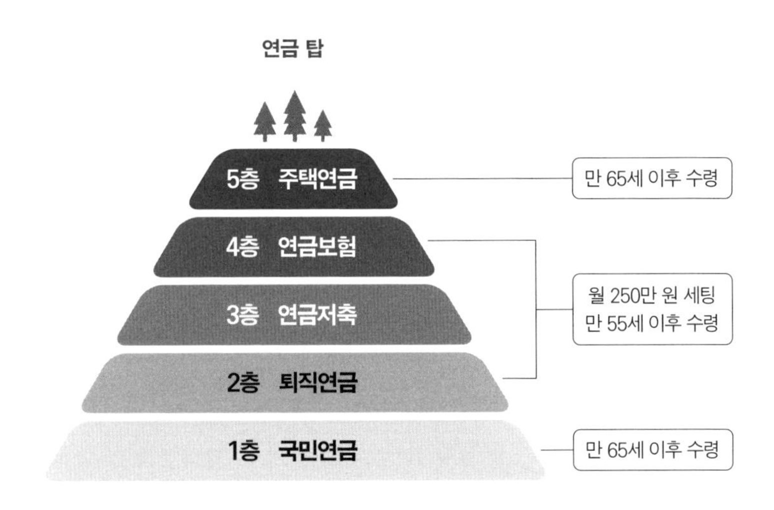


다현 씨는 탑의 모든 연금 플랜을 자신의 생애주기별로 적재적소에 배치했다. 이제 단순히 국민연금만으로 노후를 보장받는 시대는 끝났기 때문에 여러 장치들이 필요했던 것이다. 다현 씨처럼 사회생활 초기부터 한 개 이상의 연금저축은 불입하는 게 좋으며, 이직을 하더라도 퇴직연금 등은 노후를 위해 남겨둬야 한다. 성실히 저축액을 높이면서 직장 생활을 해나가다 보면 40대에 파이어족이 되는 것도 꿈이 아니다.

# 15

# 리스크는 줄이고 수익은 극대화하는 지역 분산투자

**전국구 부동산 분산투자자**

**순자산 40억 원**

**월 자본소득 700만 원**

**신광진**(불터린치)

**38세**

신광진 씨에게 경제적 자유는 반드시 이뤄야 할 절실한 목표였다. 내 집에서 살아보는 게 어릴 적부터 소원이었고 사회초년생 때부터 적극적으로 투자 기회를 찾아 헤맸다. 그러나 지인의 말만 믿고 대출을 받아 투자했던 주식이 결국 상장폐지됐고 이후 의류 사업 투자에 도전했지만 역시나 실패로 이어져 그에게 약 1억 원의 빚을 안겼다. 결혼을 앞두고 전셋집 한 채 마련할 목돈이 없음을 절감한 그는 돈에 대한 원칙을 세워 실천하기 시작했다. 그리고 전국 부동산 분산투자로 마침내 순자산 40억 원과 월 700만 원의 현금흐름을 이뤄냈다.

사회초년생 시절 신광진 씨는 주식투자와 의류 사업 투자 실패로

1억 원에 가까운 빚을 졌지만 처음부터 투자에 몰두했던 건 아니었다. 매달 버는 월급으로 대출 이자만 갚으면서 호텔 뷔페도 가고 여행도 즐기며 소비하는 습관이 한동안 이어졌다. 그러다 대학 친구인 입사 동기와 우연히 돈 이야기를 터놓고 하게 되면서 그의 모든 것이 달라졌다.

곧 결혼도 해야 하는데 모은 돈이 없다고 광진 씨가 토로하자 그 동기는 자신도 많이 못 모았다면서 겨우 1억 원을 모았다고 말했다. 이자만 갚고 줄어들 줄 모르는 빚이 1억 원에 가까웠던 광진 씨에게 1억 원을 모았다는 동기의 말은 충격 그 자체였다. 동료들이 월급을 아끼고 모아 1억 원을 마련하는 동안 자신은 매달 1억 원에 대한 이자도 겨우 갚아나가고 있음을 절감한 순간이었다.

이렇게 가다가는 그 격차가 점점 더 벌어질 것만 같은 불안감이 엄습해왔다. 복잡한 마음으로 귀가한 광진 씨는 그날로 동네 서점에 가서 투자 관련 책 수십 권을 다급히 뒤적였다. 그렇게 그의 투자 공부가 시작되었다. 돈을 벌기 위한 수많은 방법이 있었지만 자신에게 맞는 것은 부동산이라고 생각했다. 출퇴근하면서 관련 책을 한 권도 빠짐없이 독파했다. 그러다가 이 모든 것을 기록하고 싶어 블로그를 시작했다.

투자 이야기를 기록하는 블로그 닉네임은 '붇터린치'로 지었다. 주식투자의 대가로 불리는 피터 린치와 부동산을 합성한 이름으로, 부동산 투자만큼은 주식처럼 실패하지 않고 대가가 될 때까지 열심히 하겠다는 포부를 담아 지은 것이다.

빚부터 청산하고 종잣돈을 모아 투자에 나서야 하는 광진 씨에게 가장 절실한 건 '투자에 매진해야 할 이유'였다. 그는 노트에 부자가 되고 싶은 이유와 목표 자산을 구체적으로 적고 반복해서 되뇌었다.

'2025년까지 순자산 10억 원을 만들자!'

그는 경제적 자유를 얻고 부자가 되면 직장 생활을 계속하는 대신 그동안 하고 싶었던 일에 도전해볼 생각이었다. 또 자녀들에게 좋은 교육과 생활환경을 만들어주고 싶었다. 직장에서 교육 업무를 한 경험을 살려 다른 사람들에게 투자에 대해 알려주는 일도 하고 싶었다. 그가 기록했던 이 모든 일은 훨씬 더 빨리 현실이 됐다. 심지어 더 크게 목표를 이뤘을뿐더러 지금 그가 하고 있는 일들이기도 하다. 꿈을 기록하고 간절히 바라면 현실이 된다는 마법을 몸소 보여준 셈이다.

아무것도 모르고 실패만 하던 초보 투자자가 성공한 자산가가 되기까지 전환점이 됐던 건 독서였다. 그는 경매부터 시작해서 경제, 돈, 인플레이션에 관해 시중에 나와 있는 책을 손에 잡히는 대로 읽고 공부했다. 그러면서 저금리가 장기화되고 전 세계적으로 통화량이 급격히 풀리는 시점에 인플레이션을 방어하려면 부동산 등 실물자산에 투자해야 한다는 확신이 들었다.

투자를 위한 종잣돈 마련 계획도 세웠다. 우선은 돈이 모일 때까지 저축하고 5,000만 원 이하 소액으로 할 수 있는 투자를 적극적으로 찾아 도전하기로 했다. 또 실투자금이 부족한 만큼 저평가, 미분양 지역을 잘 골라 투자하겠다는 계획을 세웠다. 낮은 프리미엄이 붙은 분양권을 매수하는 것도 고려하기로 했다. 자신의 현실을 제대로 파악하고 투자 원칙을 세운 이후부터는 금융권 대출을 무리하게 받지 않는 선에서 투자 가능한 아파트를 물색하기 시작했다. 전주에 거주하고 있었지만 인근 지역으로 투자처를 국한하지 않은 것은 한정된 자금으로 적극적인 투자에 나서기 위한 그만의 전략이었다.

광진 씨는 낯선 지역에 직접 임장을 다니면서 지역별로 다른 수급 상황을 파악하고 아파트 투자를 실행으로 옮겼다. 경기권에 전세를 끼고 실투자금 2,000만 원 안팎에 아파트를 마련했고 3,000만 원의 자금으로 미분양된 분양권 투자에도 적극적으로 나섰다. 분양권을 매입한 후에는 전세 세입자를 들여 투자금을 회수하고 다른

**분양권 투자의 선순환**

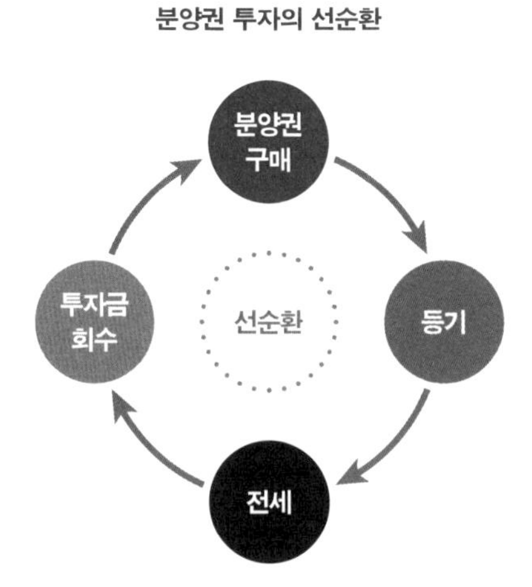

투자 대상을 물색하는 방식으로 투자를 이어나갔다.

그렇게 투자 경험이 쌓이면서 그는 서울, 용인, 수원, 세종 등 수도권뿐만 아니라 충청권을 비롯해 전주, 광주, 부산, 대구 등에 아파트를 보유한 전국구 투자자 반열에 올랐다. 정부의 부동산 규제가 강화되기 전까지 그가 투자한 아파트는 총 20여 채에 이르며 현재는 수익형 상가까지 포함해 총 15채 이상을 보유 중이다.

## 불터린치의 세 가지 투자 원칙

광진 씨는 부동산 투자로 경제적 자유를 이루기까지 딱 세 가지 원칙을 고수했다.

첫째, 아무리 저금리 시대라 하더라도 시중은행 대출은 제1금융권만 이용하고 제2금융권은 멀리했다. 이는 '영끌'보다는 적정 수준의 대출로 향후 금리 인상 리스크를 대비하기 위해서다.

둘째, 타인의 자본을 이용하지 않고 자신이 모은 종잣돈만 투자금으로 썼다. 이 역시 첫 번째 원칙과 같은 맥락이다. 가족이나 친지의 돈까지 빌려 투자하게 되면 마음이 조급해지고 이성적인 판단을 하기가 어렵기 때문이다.

마지막으로, 근로소득을 통해 벌어들이는 월급을 저축해서 종잣돈을 만들었다. 광진 씨는 이 과정을 투자를 위한 필수 과정으로 보고 먼저 자신의 소비 습관을 바꾸고 절약하는 등 투자자 마인드를 갖추도록 노력했다.

광진 씨가 비교적 빨리 경제적 자유를 이룰 수 있었던 것은 부동산 상승기에 적극적으로 투자에 나선 측면도 있지만, 무엇보다 전국을 투자 대상으로 삼아 투자금 대비 수익률 높은 자산에 투자한 덕분이었다. 지난 5년간 주택 가격이 빠르게 오르면서 2017년부터 2020년까지 서울 아파트 중윗값은 52퍼센트 급등했다. 전국적으로 살펴보면 가장 많이 상승한 지역은 분당과 세종이고 가장 상승 폭이 작았던 지역은 충북, 경남이었다.

전주에 거주하는 광진 씨는 자신이 사는 지역이나 서울에만 투자하는 여타 부동산 투자자들과 달리 전국적으로 시차를 두고 움직이는 시장 흐름을 살펴보면서 투자에 나섰다. 시중 자금이 서울 강남에서 수도권으로, 수도권에서 지방으로 이동하는 흐름을 살펴보면서 길목을 지키는 투자를 한 셈이다.

광진 씨는 아파트를 하나의 투자 상품으로 봤을 때 상승기라고 해서 전국이 하나의 흐름으로 움직이는 게 아니라 지역별로 수급이 천차만별이라는 점을 깨달았다. 서울 강남 집값이 뛰면서 정부 규제가 집중되는 사이, 다른 지역들도 순차적으로 갭 메우기를 하며 상승 흐름을 보인다. 따라서 시점마다 아직 덜 오른 지역의 매물을 선점하면 규제를 피하면서도 가격이 본격적인 상승세에 접어들었을 때 그 수혜를 누릴 수 있다.

서울 수도권 투자만 고집하면 필요한 투자금이 커지는 반면 전국을 무대로 하면 소액으로도 높은 수익률을 거둘 매물을 찾을 수 있다. 진정한 투자자는 넓은 시야로 돈 되는 물건에 투자할 수 있어야 한다는 게 광진 씨의 철학이다. 그가 투자한 지역은 서울 수도권뿐 아니라 세종, 전주, 광주, 대구, 부산 등 전국의 크고 작은 도시에 골고루 분포돼 있다. 부동산 규제가 본격화된 이후에도 그는 규제의 손길이 닿지 않은 지역에 있는 알짜 물건을 찾아 투자를 계속하고 있다.

광진 씨가 거주 지역이나 수도권에 한정되지 않고 전국을 대상으로 투자하는 이유를 정리하면 다음과 같다.

- 지역별 수급이 천차만별이다.
- 포트폴리오 분산 효과가 크다.
- 규제에 대응하는 방법을 찾을 수 있다.
- 갭 메우기, 낙수 효과를 이용할 수 있다.
- 돈 되는 곳이라면 가리지 말아야 '찐 투자자'다.
- 새로운 인사이트가 생기고 투자 시야가 넓어진다.
- 소액투자가 가능한 타이밍과 지역이 때마다 다르다.

광진 씨는 자신은 규제 전에 많은 투자를 진행해서 운이 좋았을 뿐이라고 말하며 아직 전전긍긍하며 기회를 찾고 있는 사람들에게 이런 조언을 건넨다.

"지금 안 사면 영영 투자 기회가 없을 것처럼 서두르지 마세요.

기다리고 준비한 자에게는 반드시 기회가 옵니다. 안 올 것 같지만 다음 장은 반드시 옵니다. 그동안 부동산 투자 공부를 열심히 해놔야 기회를 잡을 수 있습니다. 아니면 다음 장에서도 기회를 놓칩니다."

## 직장인에서 투자자 마인드로 전환하라

직장인들은 매달 통장에 입금되는 안정적인 월급 때문에 당장 코앞에 닥친 업무 외에는 취미생활을 하거나 여행을 하는 정도가 대부분이다. 그래서 투자에 관심을 두고 따로 공부할 여유가 없다고들 한다. 특히 직장이 대기업이거나 정년이 보장된 안정적인 곳일수록 굳이 리스크를 감수하면서 투자에 적극적으로 나설 필요성을 못 느끼는 경우가 많다.

하지만 광진 씨처럼 직장인에서 투자자로 마인드셋을 바꾸면 일과 이후 시간을 시장을 공부하고 현장을 방문하고 투자를 실행하는 데 쏟아붓게 된다. 그는 서울 집값이 계속 상승해서 정부가 규제에 나서자 유동성이 지방으로 이동할 것임을 예측하고 선제적인 투자에 나섰고, 이것이 단기에 자산을 불리는 결정적인 계기가 되었다. 투자자 마인드를 장착한 그는 인플레이션으로 시장이 본격 상승하는 시점에 공격적인 투자에 나서면서 '2025년 순자산 10억 원'이라는 목표치를 훨씬 뛰어넘는 '순자산 40억 원'을 조기에 달성하고 경제적 자유를 얻었다.

최근 다주택자 세부담이 커지면서 그의 투자 방식이 리스크 관리가 가능한지 걱정하는 목소리도 높다. 하지만 광진 씨는 과거 수십 년간 영국, 미국, 국내 주택가격지수 장기 추이를 볼 때 주택 가격은 단기간 시장 상황과 정부 규제에 따라 등락이 있을 수 있지만 장기적으로는 우상향해왔다는 확신이 있다.

시간이 흐르면서 화폐가치는 하락할 수밖에 없고 부동산 자산가치는 조정에도 불구하고 상승세를 유지할 수밖에 없다는 게 그의 생각이다. 향후 몇 년간 금리 인상이나 규제로 부동산 가격이 조정을 받을 수 있다는 점은 충분히 고려하고라도, 자산가치는 지속해서 상승할 것으로 보고 리스크 관리를 충분히 하면서 우량 자산을 보유하겠다는 전략이다.

적극적인 리스크 관리의 일환으로 그가 추진하고 있는 한 가지는 바로 현금흐름 늘리기다. 그는 경제적 자유와 함께 시간 여유를 얻은 이후에도 '시스템 소득'을 창출하기 위한 도전을 멈추지 않았다. 코로나19 확산으로 비대면 시장이 크게 확장되자 그는 평소 관심을 가지고 들여다보던 무인 매장에 투자해 일하지 않고도 소득을 벌어들이는 시스템을 구축했다. 현재는 무인 아이스크림 매장과 프리미엄 무인 독서실을 각각 한 곳씩 운영하며 여기서 월 순수익 500만 원 이상을 벌어들이고 있다.

앞으로 경매로 상가를 시세보다 저렴한 가격에 취득해 무인 매장을 확대하거나 월세를 주는 형태로 월 2,000만 원가량의 수익을 벌어들이며 자유로운 시간을 투자와 자기계발을 위해 활용하는 게 목표다. 투자 영역도 규제 변화에 따라 아파트에서 상가 경매로 확장해 새로운 도전을 이어가고 있다.

## 진짜 투자자의 질문

경제적 자유를 얻기 위한 수단과 방법은 다양하지만 자신의 상황에 맞는 것을 선택해 실행에 옮기는 건 결코 쉬운 일이 아니다. 대부분 사람은 정부의 규제나 제도적 한계를 탓하거나 본인이 사는 지역의 한계를 불평하며 투자를 하고 싶어도 기회가 없다고 토로한다. 그러나 종잣돈은 5,000만 원 안팎인데 수십억 원에 육박하는 서울 아파트만 바라봐서는 경제적 자유를 꿈꾸기 어렵다. 부동산 투자를 결심했다면 현재 가진 돈의 범위 내에서 투자할 수 있는 지역과 물건을 현실적으로 파악하고 여기에 관심을 가져야 한다.

만일 잘 모르는 지역이라면 공부하고 직접 방문해 잘 아는 지역으로 만드는 적극성이 투자의 기본이다. 그리고 그렇게 돈 되는 기회를 가리지 않아야 진정한 투자자다. 투자자는 늘 다음과 같은 질문을 해야 한다.

- 나는 이 투자에 학습이 되어 있는가?
- 이 하락 현상은 일시적인가, 대세인가?

- 나는 확실한 투자 마인드가 있는가?

시장의 등락과 부침에 크게 동요하지 않고 상황에 맞는 투자처와 방법을 찾아 꾸준히 진화해야 하는 것은 물론이다. 초보 부동산 투자자들은 아파트 투자에만 골몰해 정부 규제로 아무것도 할 수 없게 됐다고 불평하지만 부동산 투자에 아파트만 있는 것은 아니다. 근시안적인 생각으로만 시장을 바라보면 규제에 따른 변화를 감지해 미리 움직일 수도, 투자의 흐름이 바뀌면서 새로운 지식과 경험이 필요하다는 사실도 알 수 없다.

시장이 좋든 나쁘든 투자자들은 그 시장에 남아 끊임없이 공부하고 현장을 찾고 기회를 모색한다. 직장 생활하는 동안에도 잠자는 시간을 줄여 공부하고 기회를 포착하면 실행에 옮기며 자산을 불려가는 것이다. 스스로 한계를 두면 그 한계 안에 머물러 성장할 수 없다. 직장인에서 투자자로 뇌 구조 자체를 바꿔야 한다. 이를 위해서는 다음 네 가지를 기억하고 실천하는 게 중요하다.

- 경제적 자유를 얻어 부자가 되고 싶은 이유와 구체적인 목표를 기록하라.
- 책과 자료를 찾아보고 현장을 다니면서 돈 되는 기회를 찾아라.
- 자금 부족, 지역 한계, 규제 리스크는 모두 극복 가능한 위기다. 미리 겁먹지 말아라.
- 움직이지 않으면 기회는 저절로 다가오지 않는다.

투자자와 직장인의 뇌 구조 차이

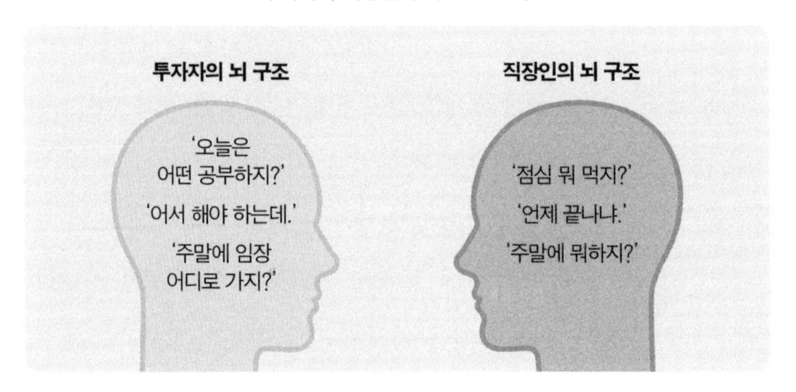


경제적 자유를 원하는 직장인들이 꿈을 쉽게 이루지 못하는 이유는 생각에 그칠 뿐 마인드를 확고하게 정립하지 못하기 때문이다. 출근하면 일을 하고 퇴근 후에는 TV를 보며 쉬고 주말에는 여가 생활을 즐기는 평범한 삶을 반복해서는 결코 경제적 자유를 이룰 수 없다.

직장인에서 투자자로 거듭나려면 자산을 늘리려는 명확한 이유와 목표가 있어야 한다. 그래서 일하지 않는 시간에는 책을 읽고 발로 뛰면서 어렵게 모은 종잣돈이 스스로 일할 기회를 찾아주어야 한다.

시간이 없어서, 종잣돈이 부족해서, 지방에 살아서, 대출이 안 나와서 투자하기 어렵다는 말은 핑계에 불과하다. 움직이면서 방법을 찾지 않으면 시장 상승기든, 하락기든 저절로 찾아오는 천금 같은 기회란 없다. 운은 준비한 자에게만 찾아온다.

"늘 남들보다 뒤처진 마이너스 인생을 살았습니다. 그러다 2016년 12월, 인생의 목표를 처음 기록하고 삶이 바뀌었죠. '나는 왜 부자가 되고 싶을까? 부자가 되면 뭐가 좋을까? 어떻게 하면 꿈을 이룰 수 있을까?' 생각하고 또 생각했습니다. 그리고 5년이 되지 않아 그 꿈이 현실이 됐죠. 더 큰 꿈, 더 멋있는 꿈을 꿀 수 있게 된 지금이 너무 행복합니다."

**부동산 규제 전에 선진입해 분양권, 갭투자 등을 통해 전국에 20여 채의 아파트를 매입했다. 현재 개인 혹은 주택임대사업자 명의로 다수 보유 중이고, 현금흐름을 만들기 위해 무인 아이스크림 매장 등을 운영하고 있다.**

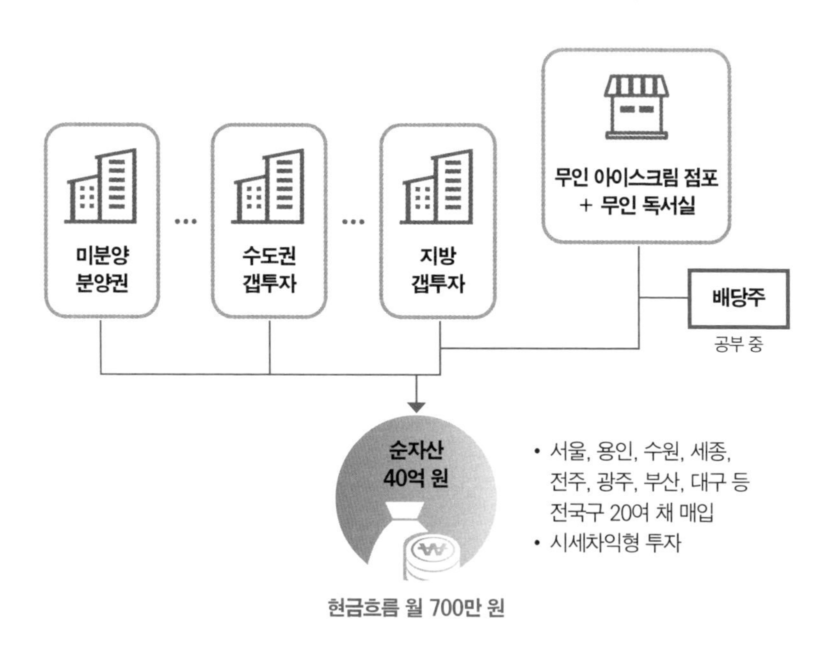


광진 씨는 서울·수도권 위주가 아닌 전국을 대상으로 소액투자를 진행했다. 그래서 다양한 지역의 아파트를 20여 채 소유할 수 있었다. 현재는 취득세, 양도세 등 규제로 이런 대규모 투자가 어렵지만 서울·수도권을 벗어나면 소액으로 알짜 아파트에 투자할 기회는 얼마든지 있다.

# 16

포르투갈로 이민 간 파이어족

순자산 15억 원

돈파파

41세

# 지도 밖으로 눈을 돌리면 자유가 가까워진다

서울대를 졸업하고 에너지업계 대기업에 취업한 돈파파 씨는 회사가 자신의 은퇴를 결정하기 전에 본인이 선택하고 싶었다. 준비되지 않은 채 갑작스럽게 은퇴를 맞아 세상 밖으로 나오기 전에 스스로 준비를 마치고 회사와 아름다운 이별을 하고 싶었다. 그러기 위해서는 경제적 자유가 절실했다. 그는 본격적으로 투자를 실행해 불과 3년 만에 순자산 15억 원을 달성하고 아내와 자녀 세 식구가 경제적으로 어려움 없이 생활할 수 있는 포르투갈로 이민을 떠났다.

상당수 직장인이 자신의 정년퇴직 시점을 40대 후반에서 50대 초반으로 꼽는다. 한 온라인 취업 플랫폼에서 직장인 534명을 대상으로 조사했더니 대기업 직장인의 체감 정년퇴직 시기가 평균 49.5세라는 조사도 있다. 하지만 현실은 그리 녹록지 않다. IT업계나 금융권 등은 40대 중반이면 언제 은퇴해도 이상하지 않다는 공감대가 형성되어 있을 정도다.

에너지업계 대기업에 다니던 돈파파 씨도 크게 다르지 않았다. 그렇지만 그는 월급쟁이에 안주하지 않고 경제적 자유를 조기에 달성하기 위해 노력했다. 제일 먼저 그는 인생의 목적을 정하는 게 최우선 과제라고 생각했다.

회사의 비전과 목표 설정에는 매년, 매 분기 골몰하지만 정작 자신과 가정이 추구하는 삶을 들여다볼 여유를 갖지 못하는 직장인들이 부지기수다. 그는 사회적 성공에 매진하거나 큰 부를 이룬 자산가가 되기보다는 가족과 시간을 최대한 많이 보내는 게 행복한 삶이라는 결론에 도달했다.

그렇게 인생의 목적을 정하자 신속하게 다음 단계로 나아갈 수 있었다. 그는 종잣돈을 최대한 빨리 마련하고 투자 계획을 세운 다음 속도감 있게 실행하는 전략을 수립했고, 이를 그대로 실천에 옮겼다. 그가 3년 만에 경제적 자유를 이룰 수 있었던 것은 명확한 목적과 목표 아래 흔들리지 않고 에너지를 집중한 덕분이다.

그는 회사에서 세우던 사업계획을 자신에게 끌어와 '인생계획'을 세웠고, 결국 목표를 이뤄 포르투갈에서 여유로운 생활을 하게 되었다. 돈파파 씨가 경제적 자유를 이룬 과정을 시즌별로 살펴보면 다음과 같다.

돈파파 씨는 부동산 시장 상승기에 흐름을 놓치지 않고 모아둔 종잣돈으로 투자에 뛰어들었다. 직장인은 일에 집중하며 근로소득을 늘리는 데 최선을 다해야 한다는 생각에서 일찌감치 탈피했다. 회사를 다니면서 열심히 모은 종잣돈 3억 원으로 서울에 빌라를 사서 동생과 함께 살던 그는 결혼하면서 실거주용으로 대출을 끼고 하남 아파트 한 채를 추가로 매입했다.

이후 빌라 전세금과 대출을 활용해 2018년부터 서울 아파트 두 채를 추가 매입해서 자산을 불렸다. 전세를 낀 갭투자를 통해 실투자금을 낮추고 화폐가치 하락을 방어하는 전략이었다.

정부 규제가 본격화하면서 부동산 투자에서 주식투자로 자연스럽게 갈아탄 것도 눈여겨볼 부분이다. 2018년 8월 집값 급등을 잡기 위한 대출 규제 시그널이 계속 나오자 그는 투자 방향을 재설정하고 보유 중이던 부동산을 한 채만 남기고 나머지 주택을 3개월 만에 모두 처분했다.

집값이 추가로 상승세를 지속할 순 있지만 매도하지 않고 계속해서 보유하면 보유세, 양도소득세 부담이 커질 것을 우려한 조치였다. 불어난 자산을 안전한 곳으로 옮겨 리스크를 방어하고 현금흐름 창출을 시작하지 않으면 기약 없는 자산 불리기를 계속할 수밖에 없다는 생각이었다.

## 시즌 2. 파격적으로 자산을 배분하다

돈파파 씨는 6개월 정도를 들여 전체 자산 중 80퍼센트 가까이 차지하던 국내 부동산을 국내 부동산 25퍼센트, 미국 주식 15퍼센트, 포르투갈 부동산 60퍼센트로 분산투자하는 포트폴리오를 구축했다. 위기에 대비해 부채 비율을 줄이고 달러화, 유로화 자산 등 현금 보유 비중도 확대했다.

돈파파 씨가 서울 부동산을 팔고 미국 배당주에 자산을 배분한 이유는 세 가지로 정리해볼 수 있다.

- 미국 주식은 기축통화 자산이다.
- 미국 기업은 생산성이 높아 안정적인 수익 창출이 가능하다.
- 미국 주식시장은 장기투자하기 좋은 환경이다.

물론 계속 서울 부동산을 가지고 갔어도 이후 자산이 많이 늘었겠지만 안전한 배당 투자를 통해 현금흐름을 늘리는 데 초점을 맞춘 것이다.

자산 포트폴리오 비중을 조정하고 투자 방향을 전환하는 과정에서 그는 국내 부동산, 국내 주식뿐 아니라 시야를 넓혀 다양한 자산에 투자했다. 특히 유럽 내에서도 투자금 대비 수익률이 높고 투자 자산으로 인기가 높은 포르투갈 부동산에 관심을 두고 7억 원을 들여 매입했다.

시즌 2의 자산 흐름도

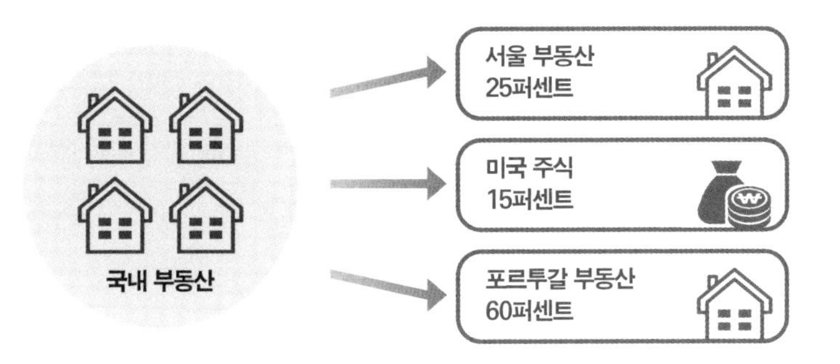


일반적으로 미국이나 유럽 주식에 투자하는 개인은 많지만 해외 부동산에 직접 투자하는 것은 정보나 접근성 측면에서 쉽지 않기에 시도하는 이가 적다. 하지만 그는 향후 가족이 함께 유럽에서 가장 살기 좋은 도시 1위로 꼽히는 포르투에서 살 계획을 세웠다. 그래서 에어비앤비나 렌트로 수익을 벌어들이고 장기적으로 시세차익까지 기대할 수 있는 주거용 주택에 투자해서 은퇴 이후 현금흐름까지 창출하는 기반을 마련했다.

## 시즌 3. 지리적 차익으로 여유로운 삶을 설계하다

저축과 투자로 벌어들인 소득을 국내에 거주하며 소비해야 한다는 생각의 틀도 깼다. 그는 자연환경과 주거, 교육, 의료 환경이 비교적 잘 갖춰져 있으면서도 물가가 서울보다 저렴해 가진 자산보다 더 큰 삶의 질을 누릴 수 있는 포르투갈 이민을 택했다. 포르투갈의 아름다운 도시 포르투에선 3인 가족 기준 한 달 생활비가 자녀의 국제학교 학비까지 포함해 270~300만 원 정도밖에 들지 않는다. 현재 그의 가족은 현지에서 매입한 주택 세 채 중 한 채를 실거주용으로 쓰고 나머지는 관광객 대상 에어비엔비 운영을 통해 든든한 현금 수입원으로 활용하고 있다.

또한 그는 미국 배당주에서 나오는 수익과 책 인세, 온라인 강연료, 포르투갈 부동산 투자 컨설팅 등으로도 수입을 벌어들이고 있어 현지에서의 생활도 안정적으로 꾸려가고 있다. 똑같은 자산을 보유하고 있더라도 사는 지역이 어딘지에 따라 한층 풍족한 생활을 하면서 부담을 덜고 살아갈 수 있다. 그가 원화, 달러화, 유로화 등 다양한 자산을 보유하고 비교적 물가가 저렴한 곳에서 많은 것을 누리며 살아갈 수 있었던 것은 생각의 틀을 깨고 자유로운 삶에 도전했기에 가능했던 성과다.

포르투갈은 유럽 내에서도 관광 수요가 높고 그중에서도 포르투는 살기 좋은 도시로 꼽히기 때문에 단기 임대 형식의 임대용 부동산이 인기가 많다. 임대 수입과 시세차익을 동시에 얻을 수 있는 투자가 가능한 셈이다. 따라서 정부의 국내 부동산 시장 규제기에는 기존에 투자하던 아파트만 보지 말고 해외로 눈을 돌리는 것도 비교적 자유롭고 투자 가치가 높은 대안을 찾는 방법이다.

경제적 자유를 추구하는 진정한 투자자라면 지리적 차익도 활용할 줄 알아야 한다. 전 세계 각국의 물가와 환율 차이를 이용해 투자하고 생활하면 한정된 자산으로 얼마든지 차별화된 성과를 얻을 수 있다. 똑같은 자산이지만 어떻게 하면 더 높은 가치를 인정받을 수 있을까, 어떤 시장에서 경쟁력을 더 가질 수 있을까, 내가 원하는 삶의 질을 높이는 데 기여할 수 있을까를 끊임없이 고민하고 발굴해야 한다.

## 월급쟁이도 돈의 주인이 될 수 있다

매달 고용주가 정해준 근로소득을 받는 월급쟁이가 자본주의에서 돈이 불어나는 부의 속도를 체감하기란 쉬운 일이 아니다. 하지만 40대 중반 이후면 직장인은 언제든 회사로부터 퇴사 통보를 받을 수 있고, 이후부터는 그동안 축적한 자산을 활용해 여생을 살아가야 한다.

글로벌 금융위기 이후 세계 각국의 중앙은행이 경기를 부양하기 위해 시중에 풀었던 막대한 유동성이 부동산과 주식 등에 몰리면서 자산가치가 놀라운 정도로 급등했다. 집이든, 주식이든 보유하지 않고 있었던 직장인은 이른바 '벼락거지'가 되었다는 박탈감에 시달리게 되었다. 근로소득이 늘어나는 속도는 자산가치가 상승하는 속도를 결코 따라잡을 수 없다. 하루라도 빨리 종잣돈을 모아 투자를 시작하고 자본소득을 창출하지 않으면 조기 은퇴가 자유로 가는 길이 아니라 고통으로 가는 길이 될지 모른다.

규제와 정책에 따라 투자의 길이 막혔다고 한탄할 필요도 없다. 투자 대상은 국내 부동산, 주식에 한정돼 있지 않고 해외 각국에 무궁무진한 기회가 있다. 내가 가진 자산이 국내에서는 서울 역세권 아파트 한 채 온전히 소유하지 못할 수준이라도 어느 지역에서는 여러 채의 주택을 매입하고 월세까지 받을 수 있는 목돈이 될 수 있다. 고정관념을 버리면 훨씬 더 많은 투자 기회가 열려 있음을 알게 된다. 불확실성이 높아지는 시기에는 포트폴리오를 다각화해 위험을 낮추고 현금 비중을 높여 혹시 모를 기회에도 대비할 수 있음은 물론이다.

# 부의 테크트리

**서울 부동산 투자로 초기 자본금을 만들었으며 한국의 부동산 규제 직후 투자 다각화 차원에서 미국 주식과 포르투갈 부동산에 자산을 재분배했다. 이는 포르투갈에서 제2의 인생을 살 수 있는 단단한 현금흐름을 만들어주었다.**

---

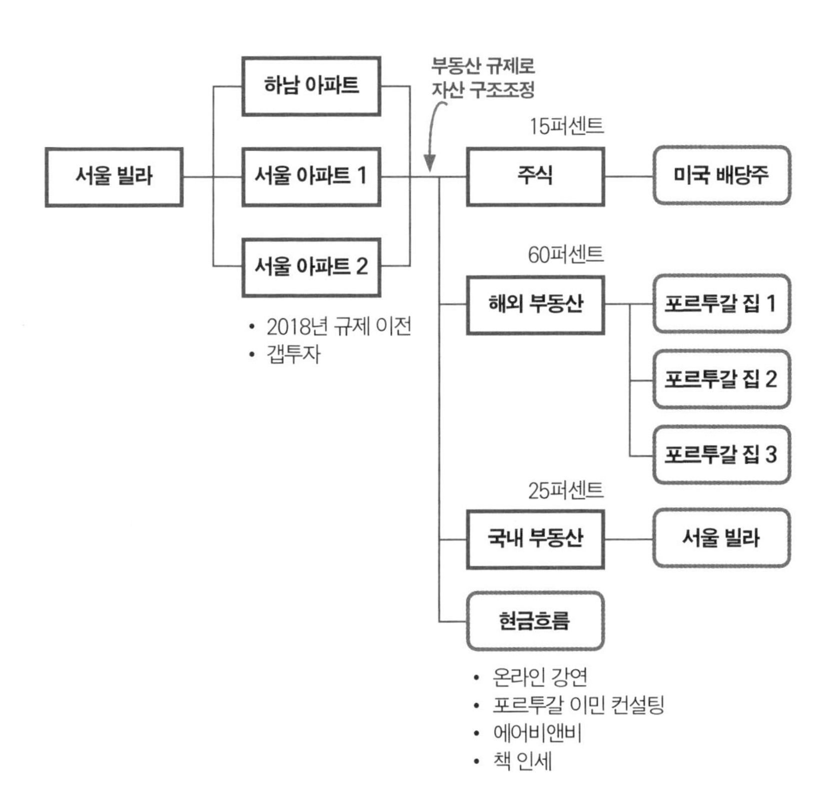


돈파파 씨는 파격적인 자산 구조조정을 통해 가족과 자신이 원하는 삶을 이뤄냈다. 단순히 서울 아파트만 보유하고 있었다면 물론 시세 상승은 있었겠지만 포르투갈에서의 풍족한 삶까지 함께 얻진 못했을 것이다. 현재 에어비앤비로 활용하는 포르투갈 집에서 나오는 수입과 배당주만으로도 풍족한 생활이 가능하다.

# RICH CODE 4

# 차별화

## DIFFERENCE

남들과는 다르게, 특별하게 부를 축적한다

## Difference

한국인은 남의 시선에 신경 쓰느라 너무 많은 에너지를 소모한다. 타인을 지나치게 신경 쓸 때의 가장 큰 단점은 내 인생의 결정적인 선택의 순간이 왔을 때 오롯이 내가 원하는 대로 결정할 수 없다는 점이다. 경제적 자유는 단순히 숫자로 환산할 수 있는 자산이 불어나는 것 또는 목표 달성이라는 의미만 있는 것은 아니다. 경제적 자유의 진정한 목적은 누구의 간섭도 받지 않고 나의 삶을 자유롭고 행복하게 사는 것이다. 이 과정에서 타인과 나의 욕구를 명확히 분리하지 못하면 자산가가 되더라도 결코 행복해질 수 없다.

타인과 나의 욕구를 분리하고 내가 진정으로 원하는 것을 이루려면 나에게 맞는 경제적 자유의 노선을 정해야 한다. 누군가는 강남 아파트 한 채 정도는 가지고 있어야 한다고 하고, 누군가는 순자산 50억 원은 필요하다고 한다. 해외에서 살아가는 삶을 외국인 소수자의 삶으로 치부하거나, 은퇴 후에도 절약하면서 살아가면 그게 무슨 경제적 자유냐고 폄하하는 사람들도 많다. 하지만 이 모든 것은 그저 타인의 의견일 뿐 내 삶에서 중요하게 고려해야 할 요소가 아님을 알아야 한다. 내가 남들과 다르다는 건 내가 고유의 색을 가진 사람이라는 뜻이다. 내겐 남과 다른 나만의 방식으로 부를 축적하고 누릴 수 있는 잠재력이 있다고 믿고 나아가도록 하자.

# 17

커뮤니케이션 코치 · 컨설턴트

월수입 3,000만 원 이상

박성운

36세

# 인플루언싱, 나라는 특별 자산에 투자하라

한 평짜리 고시원에서 먹고 자며 근근이 하루를 때우던 박성운 씨는 현재 광화문에 멋진 개인 사무실을 열고 월 3,000만 원 이상의 수익을 내고 있다. 1인 기업가로 시작했지만 현재는 세 명의 직원을 고용하여 함께 일한다. 그의 이름을 채널명으로 내건 유튜브는 구독자 12만 명을 보유하고 있다. 그는 유튜브를 기반으로 '인플루언싱 아카데미'를 설립하였는데, 성운 씨의 전문 분야인 커뮤니케이션 스킬을 가르치는 동시에 교육 사업가를 양성하는 비즈니스 프로그램도 운영하고 있다. 뿐만 아니라 스포츠 의류브랜드 NGNS어패럴NGNS APPAREL과 복합문화공간인 라이브러리806Library806도 론칭하여 다양한 파이프라인을 만들었다. 성운 씨의 사업들은 시너지를 내며 계속해서 성장 중이다.

"나는 무조건 콘텐츠로 벌어먹고 산다!"

20대 박성운 씨에게는 목표가 있었다. 바로 자신의 콘텐츠로 경제적 자유를 얻겠다는 꿈이었다. 대학 졸업 무렵 그가 처음 도전한 직업은 창업가가 아니라 외교관이었다. 하지만 외교부에서 외교관으로 사는 삶이 과연 행복할까 고민하던 끝에 공부를 그만두고 다른 일을 찾기로 했다. 29세에 공부를 중단하고 그가 택한 것은 3개월간 도서관에 처박혀 닥치는 대로 책을 읽는 것이었다.

경제경영 서적부터 자기계발, 위인전까지 '앞으로 어떤 삶을 살아야 하는가'의 답을 찾을 수 있는 책이라면 가리지 않고 읽었다. 그렇게 한 계절을 보내자 혼자서도 무엇이든 할 수 있다는 자신감이 생겼다. 자신이 만든 콘텐츠로 먹고살고 싶었던 꿈을 구체화할 수 있는 역량, 도전을 시작할 힘이 생긴 것이다.

그렇다 하더라도 당장 특별한 비즈니스에 도전할 기회가 생긴 것은 아니었다. 오히려 어려워진 가정 형편 탓에 생계를 해결하기 위해 닥치는 대로 시급이 높은 아르바이트를 해야 했고 하루 한두 시간만 자고 일할 때도 많았다. 그럼에도 성운 씨는 자신이 잘하고 행복하게 할 수 있는 일을 찾아 도전하기를 포기하지 않았다. 낮에는 테일러숍에서 매장을 관리하고 저녁에는 학원에서 영어를 가르치는 일을 병행하며 월 200만 원을 벌기도 했다.

대기업에 취업하거나 외교관이 된 친구들에 비하면 벌이가 대단한 것은 아니었지만 그는 꿈꿔왔던 것들에 하나하나 도전하면서 그 과정을 기록으로 남기며 꾸준히 성장했다. '도전하고 기록하기', 이

두 가지는 그를 특별하게 만들어준 그만의 성공 원칙이었다.

## 기록해두지 않으면 기억은 증발한다

특별한 기술도, 자본도 없던 한 청년이 30대 중반에 여느 전문직을 능가하는 수익을 벌어들이게 된 비결은 온라인 미디어와 콘텐츠에 있었다. 하루하루 몸으로 부딪쳐가며 열심히 일하는 청년들과 그가 달랐던 건 '나만의 콘텐츠'를 기록하고 축적했다는 점이다.

성운 씨는 아르바이트 하나를 하더라도 경험하고 느낀 것들을 글과 사진, 영상으로 남겼다. 그는 이를 '다큐멘테이션documentation(개인의 일상을 사진, 영상 촬영, 일기 등으로 기록해 다큐멘터리처럼 콘텐츠화한 것)'이라고 부른다. 언젠가 자신의 콘텐츠로 먹고살겠다는 꿈이 있었기에 그는 아무도 관심 두지 않는 보잘것없는 시절까지 꼼꼼히 기록하고 쌓아나갔다.

아무것도 아닌 삶에서 뭔가 배울 게 있는 롤모델로 성장하기까지 그만의 방식으로 정리한 기록은 훗날 그가 자유롭게 일하고 큰돈을 벌어들일 탄탄한 기반이 되었다. 누군가는 단순히 성공하고 난 후 과거 고생한 이야기를 회상해서 써도 충분하다고 말할지 모른다. 하지만 성운 씨는 '기록해두지 않으면 기억은 증발한다'라는 말의 중요성을 간파하고 있었다. 삶의 모든 부분을 기록하고 관리하는 일이 결국 자신을 차별화하는 수단이 되리라는 걸 알고 있었던 것이다. 그렇게 일상의 기록들이 쌓이고 시간이 흐르자 이 기록들은 그의 핵심 자산이 되었다.

> "시장의 흐름에 따라 부동산도 저평가되고 기업도 저평가될 수 있습니다. 하지만 직접 만든 콘텐츠로 비즈니스를 하면 '나'라는 자산은 저평가되지 않습니다. 나 자체가 꾸준한 수익을 창출하는 하나의 건물이자 자산이 되는 거죠."

성운 씨는 부동산, 주식 등 다른 자산에 투자하는 것보다 자기 자신에게 투자하는 삶이 가장 큰 수익으로 돌아온다고 믿는다. 그가 인생에서 가장 중요하게 생각하는 것은 다음과 같다.

1. 나 자신을 저평가하지 않는다.
2. 목표보다 중요한 가치를 찾는다.

무엇보다 나의 가치를 제대로 인식하고 내가 가진 지식과 재능, 역량을 객관적으로 볼 수 있어야 한다. 과대평가도 좋은 건 아니지만 우리는 대체로 자신의 가능성과 역량을 과소평가하고 한계를 짓는 습관이 있다.

두 번째로 목표보다 중요한 가치를 찾아야 한다. 많은 사람이 목표를 세우고 실행하기 위해 노력한다. 하지만 목표는 시간이 흐르면 언제든지 상황에 따라 바뀌거나 달라질 수 있다. 목표 자체보다 중요한 것은 목적과 가치다. 세상에 어떤 가치를 더하는 사람이 될 것인지, 자신이 추구하는 가치를 제대로 알아야 한다. 그래야 그 수단으로서 목표를 구체화할 수 있고 종국에는 꿈을 이룰 수 있다. 수단은 결코 목적이 될 수 없음을 이해해야 한다.

## 인플루언싱이 전부다

성운 씨는 '인플루언싱'을 주제로 한 책 출간, 온라인 강의, 오프라인 워크숍 및 코칭 서비스 등 다양한 수익 창출 파이프라인을 보유하고 있다. 인플루언싱이란 커뮤니케이션 스킬과 퍼스널 브랜딩 능력을 바탕으로 타인에게 영향력을 미치는 것을 말한다. 특히 온라인 미디어의 영향력이 그 어느 때보다 높아진 요즘, 인플루언싱 역량을 가졌느냐가 곧 그 사람이 얼마나 많은 돈을 벌어들이느냐를 결정한다고 해도 과언이 아니다.

과거 부자들에겐 얼마나 많은 자본을 가졌느냐가 중요했지만 이젠 남에게 영향력을 미칠 수 있는 인플루언서들이 큰돈을 버는 세상이 됐다. 젊은 나이에 막대한 부를 이룬 '영앤리치'의 상당수는 실제로 이런 인플루언서들이다. 그들은 어린 나이에 무자본으로 시작해 온라인 미디어에서 자신의 콘텐츠로 팬을 끌어모으고 그들을 상대로 비즈니스를 해서 빠른 속도로 부를 축적하고 있다.

인플루언싱에 가장 최적화된 온라인 플랫폼은 유튜브다. 유튜브

박성운 씨의 개인 홈페이지 첫 화면

에서 콘텐츠를 제작하는 것은 누구나 할 수 있다. 하지만 자신의 콘텐츠를 상품화해서 판매하고 이를 통해 수익을 벌어들이는 것은 어렵다. 수익을 벌어들이기 전까지는 그 무엇도 하나의 활동이자 프로젝트에 지나지 않는다. 수익을 벌어들여야 진정한 비즈니스가 될 수 있다.

성운 씨는 자신의 유튜브 채널에서 다양한 테스트를 거쳐 콘텐츠 수익화를 이뤄냈다. 그는 유튜브의 성장성을 일찍 간파하고 자신의 채널을 키우기 위해 부단히 노력했다. 유튜브가 지금처럼 크지 않은 2012년부터 채널을 개설해 콘텐츠를 올렸지만 사람들의 관심을 끌지 못해 실패한 적도 많았다. 2016년에는 MCN(다중채널네트워크)을 설립해 유튜버들을 키우는 동시에 자신도 유튜버가 되기 위해 도전했지만 결국 괄목할 성과를 내지 못하고 4,000만 원가량 손실을 내기도 했다. 당시 그는 스튜디오를 열고 영상 촬영 직원까지 채용했으나 결과는 실패였다.

2017년 말에는 '40일 영상 업로드 챌린지'를 했고 2018년부터는 영어 독학 콘텐츠를 만들어 올렸다. 하지만 반응이 없자 커뮤니케이션 스킬 콘텐츠로 주제를 바꿨다. 무수한 테스트 끝에 '리더의 스킬'이라는 주제의 영상 콘텐츠가 반응을 얻으면서 구독자 수가 증가하기 시작했고, 이후 꾸준한 콘텐츠 제작으로 구독자 12만 명까지 채널 규모를 키웠다.

## 전략적 수익화 프로세스

자신의 콘텐츠를 정기적으로 소비하는 구독자가 생겼다면 비즈니스를 창출할 수 있는 탄탄한 기반을 확보한 셈이다. 이제는 콘텐츠를 수익화하는 단계에 돌입해야 한다. 성운 씨는 이 단계를 전략적으로 진행해 자신만의 특화된 비즈니스를 구축해서 자유롭게 일하면서도 월 3,000만 원이 넘는 수익을 꾸준히 거둬들이고 있다. 온라인 플랫폼이 지속적으로 성장하면서 계속해서 자연스럽게 수익이 늘어나는 구조다.

성운 씨는 콘텐츠를 고부가가치 상품으로 만드는 단계에서 당장 할 수 있는 것부터 작게 시작해 크게 키워나가는 과정을 거쳤다. 우선 1인당 7만 원을 받고 7명을 정원으로 하는 원데이 세미나를 열어 커뮤니케이션 노하우를 가르쳤다. 반응이 좋자 이번에는 1인당

1인 콘텐츠 기업의 수익화 모듈

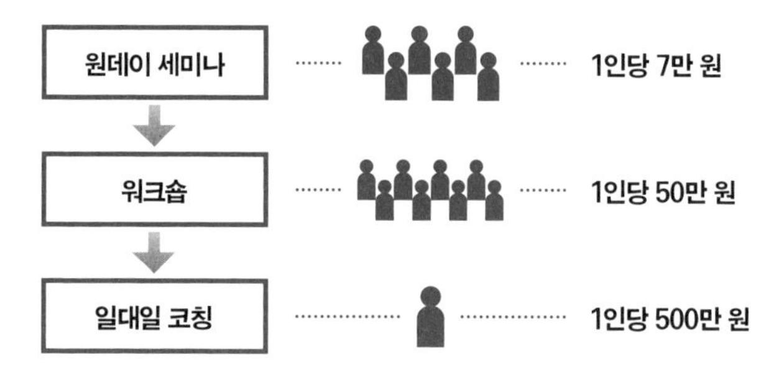


50만 원을 받고 10명 정원의 좀 더 규모가 큰 워크숍을 열어 500만 원의 수익을 창출했다.

워크숍에 만족한 사람들이 그에게 일대일 코칭을 받고 싶어 하자 개별 컨설팅을 제공하기 시작했다. 개별 컨설팅은 커뮤니케이션 노하우에 유튜브, 인스타그램, 홈페이지 등을 구축하는 과정을 돕는 서비스를 접목했고 10회당 500만 원을 받으며 전문직, 사업가 등을 유치하기 시작했다. 높은 비용을 지불하고라도 그의 노하우를 배워 더 큰 부가가치를 창출하고 싶어 하는 고객들이 있다는 것을 알았기에 가능했던 프로젝트였다.

"10만 원짜리 상품은 고객 10명을 찾아야 하지만 100만 원짜리 상품은 딱 한 명만 찾으면 됩니다. 그 사람을 집중적으로 케어하는 거죠. 그러면 고객 만족도도 높아지고 성과도 올라가서 입소문이 납니다. 저는 A부터 Z까지 꼼꼼한 컨설팅으로 질적인 차별화를 추구하죠."

성운 씨는 자신의 이름을 건 비즈니스를 차별화하기 위한 전략으로 자체 홈페이지를 만들고 독립출판으로 책도 직접 출간했다. 항상 단정한 수트 차림을 유지하고 클래식한 인테리어의 사무실도 전략적으로 기획했다. 이를 통해 독보적인 퍼스널 브랜드를 구축했다. 그렇게 본인의 영향력을 쌓은 이후, 다른 사업에도 손을 뻗기 시작했다.

성운 씨가 비즈니스를 확장하는 과정에서 눈여겨볼 부분은 특정 플랫폼에 자신의 상품을 론칭하거나 이미 존재하는 브랜드의 힘을 빌리지 않았다는 점이다. 남이 만든 플랫폼에 입점하면 따로 마케팅을 하지 않아도 자연스럽게 알려지고 상품을 판매할 수 있다. 하지만 수수료를 제공해야 하고 자신이 원하는 방향으로 상품의 가치를 오래 유지하기는 어렵다. 그래서 성운 씨 역시 초반에는 조금 어렵더라도 자신이 모든 것을 통제할 수 있는 방향으로 상품을 만들고 판매하는 방식을 택한 것이다.

## 영향력 피라미드를 이해하라

이제는 영향력을 미치지 못하면 돈을 벌 수 없다. 내가 상대방에게 영향을 미치는 순간 그 영향력은 돈이 되어 돌아온다. 온라인 비즈

영향력 피라미드

브랜드

마케팅

세일즈

니스는 영향력이 곧 돈인 세상이다. 이 세상에서 경쟁력이 있으려면 우선은 세일즈를 할 수 있어야 한다. 상대방을 설득해서 이것이 좋으니 사라고 할 수 있는 능력이 있어야 한다.

더불어 마케팅을 할 줄 알아야 한다. 아무리 좋은 상품을 만들어냈다고 하더라도 이를 제대로 알릴 수 있는 능력이 없다면 비즈니스는 어렵다. 인스타그램이라면 인스타그램 마케팅, 유튜브라면 유튜브 마케팅, 길거리라면 체험 마케팅 등 각각의 루트와 채널에 맞는 마케팅 방법을 숙지해야 한다.

피라미드의 가장 정점에 있는 것은 브랜딩이다. 일반적으로 사람들은 더 나은 콘텐츠를 만드는 데 굉장히 집중한다. 그런데 콘텐츠가 좋아지는 데는 한계가 있다. 예를 들어 말을 잘하는 노하우를 가르치는 사람이 있다면 노하우를 아무리 갈고닦아도 결국은 누군가와 비슷한 내용을 가르치게 된다. 그러면 누가 가르치느냐에 따라 가치가 결정된다.

브랜드에 신경 쓰지 못하면 끝없는 경쟁의 쳇바퀴에서 벗어나지 못한다. 물론 브랜딩에는 시간이 필요하고 일관된 메시지를 계속해서 제공해야 하기에 결코 쉽지 않다. 하지만 한번 잘 만들어두면 오래도록 높은 가치를 창출할 수 있다.

흔히 청년들에게 '존버가 답'이라는 이야기를 많이 한다. 하고 싶은 일이 있다면 당장 성과가 미약하더라도 버티면서 때를 기다리라는 뜻이다. 하지만 무작정 버티는 게 능사는 아니다. 그것이 현실이다. 성운 씨는 버티면서 얼마나 성장할 수 있느냐가 성공을 판가름한다고 생각한다. 전보다 더 나아지고, 과거의 실패를 극복하고 앞으로 나아가야만 성공에 가까워질 수 있다는 것이다.

이제 막 도전을 시작한 청년들은 시장에서 높은 평가를 받지 못하기 때문에 자신을 저평가하기 쉽다. 하지만 자신의 가치를 믿고 꾸준히 성장하면서 시장에서 자신의 가치를 높여가는 노력을 해야 한다. 우리가 누군가로부터 고가의 서비스를 구매한다면 이는 그 서비스가 훌륭하기 때문이기도 하지만 판매자가 고가를 책정하고 이를 유지하기 위해 노력했기 때문이기도 하다. 고객이 지불한 값이 아무리 크다고 해도 그 이상의 가치를 제공하면 되는 것이다. 이는 나를 믿고 내 서비스의 가치를 믿어야 가능하다.

성운 씨는 자신의 가치를 끊임없이 높여가기 위해 자기관리를 꾸준히 했다. 특히 명상, 독서, 운동, 기록, 네 가지를 매일 빠짐없이 하고 있는데 지식창업 분야에서 이 네 가지는 시간이 흐를수록 엄청난 힘을 발휘한다. 결국 '존버'를 위해 필요한 것은 이런 자기관리를 통해 자신이 꾸준히 성장하고 있다는 믿음이다. 성운 씨는 만일 성공하기 위해 무엇부터 시작해야 할지 모르겠다면 이 네 가지를 습관화하길 권한다. 모든 성공은 결국 자기관리와 성장을 통한 자기 확신에서 나오기 때문이다.

> "SNS에 좋은 모습을 올리고 동기부여 영상을 보는 건 핫식스 같은 거예요. 마시면 당장은 기분이 좋죠. 하지만 그 영상을 보지 않으면 사기가 금방 떨어져요. 진짜 동기부여는 내 힘으로 만든 서재, 나를 보러 찾아오는 고객, 운동할 때 거울에 비친 내 몸, 이게 진짜 동기부여입니다. 노력하는 자기가 있고 작은 성과라도 확인했을 때 자신을 사랑하게 되죠. 타인에게 뭔가 보여줘야 한다는 생각은 나를 더욱 공허하게 만들고 생각할 수 있는 시간을 빼앗을 뿐이에요."

## 나는 무엇을 팔 수 있을까

평범한 직장인들 가운데서도 지식창업을 꿈꾸고 도전하는 이들이 많아졌다. 근로소득에 만족하지 않고 자신의 콘텐츠로 수익을 벌어들이려면 팔 수 있는 '상품'과 이를 사줄 '고객'이 필수다. 지식창업 분야의 상품이란 내가 가진 지식과 재능을 말한다. 여기서 많은 사람이 "저는 특별한 지식이나 재능이 없어요"라고 말하며 절망한다. 나만의 콘텐츠가 없는데 어떤 상품을 만들 수 있을지 고민하다 이

내 좌절하고 마는 것이다.

지식창업을 하고 싶다면 자신이 원하는 분야에서 남들보다 조금이라도 나은 지식과 능력을 쌓는 과정이 필요하다. 이는 일정 시간 동안 스스로 노력하고 축적하는 과정으로, 하루아침에 되거나 남이 대신해줄 수 없다. 자신이 어떤 것을 좋아하고 남들보다 조금이나마 잘할 수 있을지를 끊임없이 고민하고 실제로 시도해봐야 한다. 그렇게 일정 기간을 투자해 특정 분야에서 역량을 쌓았다면 이것을 상품으로 구성한다. 요즘은 직장인들도 PDF 전자책을 써서 판매하거나 종이책을 쓰는 등 본업 이외에 다양한 시도를 하는 사례가 늘고 있다.

상품을 만들었다면 고객이 될 수 있는 사람들을 찾아 나선다. 크몽이나 클래스101 등 온라인 플랫폼에 입점해 손쉽게 고객을 찾을 수도 있고, 시간이 좀 걸리더라도 개인 블로그나 홈페이지를 만들어 홍보할 수도 있다. 이 과정에서 인스타그램이나 유튜브를 꾸준히 하고 있다면 상품을 잠재고객에게 널리 알리는 데 큰 도움을 받을 수 있다. SNS는 단순히 취미가 아닌 내 상품을 알리는 중요한 마케팅 창구가 될 수 있다. 지식창업에서 SNS는 꾸준히 비즈니스를 할 수 있는 강력한 무기가 된다.

자본도 부족하고 기술도 없는 밀레니얼 세대가 경제적 자유를 누리고 싶다면 유튜브, 블로그 등 온라인 플랫폼에 도전해볼 수 있다. 특히 온라인 플랫폼은 관심 있는 영역에서 누군가에게 영향력을 발휘할 수 있는 인플루언서로 성장할 기회를 제공한다. 자신의 이야기에 공감해주는 누군가가 있고, 본인이 꾸준히 성장하는 모습을 보여줄 수 있다면 플랫폼에 축적된 콘텐츠는 훗날 수익을 벌어주는 탄탄한 기반이 된다.

과거 창업가들은 열심히 모은 자본으로 시제품을 만들어 시장에 출시하고 이를 사줄 소비자들을 찾았다. 그 과정에서 시제품을 만들 자금이 필요하고 소비자들이 찾아올 오프라인 매장을 내야 했다. 작게 시작해도 최소 수천만 원이 드는 창업의 문턱에서 수많은 청년이 좌절했고, 실패하면 적잖은 빚을 지고 신용불량자로 전락해야 했다.

하지만 이제는 자본 없이도 내 이야기를 들어주고 구독해주는 사람들을 온라인상에서 모아 여러 가지 비즈니스를 시도할 수 있다. 누군가에게 영향력을 행사하고 경제적 자유를 이룰 만큼의 돈을 벌고 싶다면 유튜브와 블로그, 인스타그램 같은 온라인 플랫폼에 뛰어드는 세상이 된 것이다. 실패 후 겪는 좌절 말고는 금전적 리스크가 거의 없는 온라인 시장에서 밀레니얼 세대가 기성세대를 뛰어넘는 경쟁력을 확보하고 꿈을 펼칠 기회라 할 수 있다.

## 부의 테크트리

**개인 다큐멘테이션을 통해 퍼스널 브랜딩을 한 뒤 교육 사업을 시작했다. 이후 의류 판매, 공간 대관 등 사업을 다각화했다.**

---

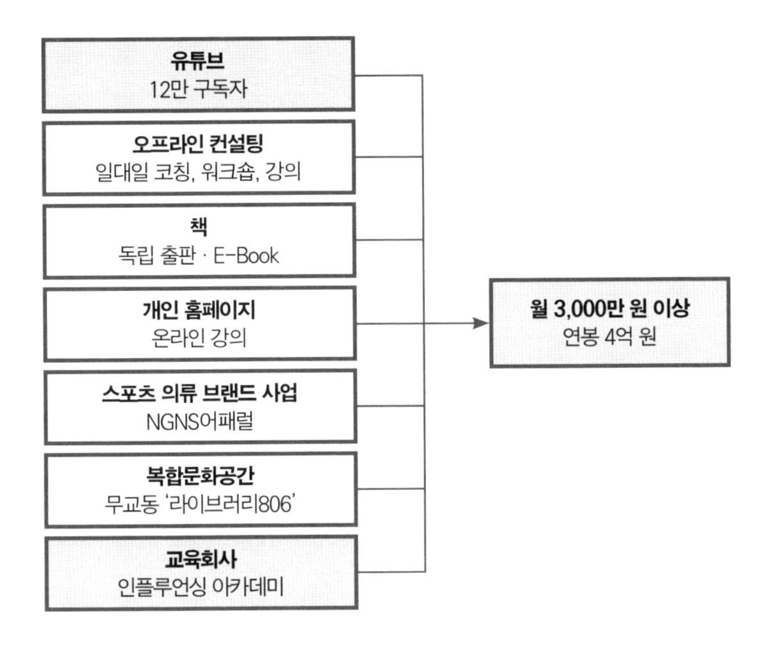


성운 씨 사업의 근간이 된 것은 12만 구독자의 유튜브 채널이다. 이곳에서 자신의 브랜드를 구축하고 팬들을 모은 뒤 본격적으로 사업을 확장했다. 그는 유튜버보다는 사업가가 되기를 택했다. 최근 론칭한 '인플루언싱 아카데미'를 통해 본격적인 교육 사업을 펼쳐갈 것이다.

# 18

제주살이 주식투자자

순자산 4억 원

여신욱(제이슨)

39세

# 인생에서 시간의 자유가 무엇보다 중요한 당신에게

여신욱 씨는 삼성전자, 현대카드, SAP 등 내로라하는 국내외 기업에서 디자이너로 일하다 36세에 조기 은퇴했다. 경기 판교에서 근무했지만 지금은 제주 서귀포시에서 아내와 아이 그리고 강아지 한 마리와 함께 산다. 집 가까이에 아름답고 조용한 법환포구가 있고 10분 정도면 중문단지에 닿아 가족과 산책을 즐길 수 있다. 그가 30대 중반에 순자산 4억 원을 모아 퇴사하고 제주로 내려간 것은 '시간적 자유'를 누리기 위해서다. 종일 일에 매여 있기보다 가족과 함께 지내며 나를 위해 시간을 할애하고 싶었기 때문이었다.

애초에 여신욱 씨가 목표했던 경제적 자유는 수십억 원 규모의 자산이 아니었다. 그저 현실적으로 모을 수 있는 자산을 가지고 하루

하루 행복한 일상을 살아가는 게 그의 바람이었다. 그래서 그는 수도권에서 출퇴근할 때처럼 높은 주거비와 생활비를 들이지 않고도 여유롭게 생활할 수 있는 곳에서 새로운 라이프스타일을 시작하기로 했다.

신욱 씨는 경제적 자유를 이룬 뒤 하루도 거르지 않고 운동하고, 건강한 음식을 직접 만들어 먹고, 가족과 함께 시간을 보내고, 독서와 글쓰기를 하며 더 나은 사람이 되기 위한 콘텐츠를 만들어가는 일에 도전하고 있다. 그에게 순자산 4억 원은 결코 부족한 금액이 아니다. 그를 경제적 · 시간적으로 자유롭게 해준 충분한 자산이다.

> "사랑하는 아내와 아이, 그리고 강아지와 많은 시간을 같이 보내고 행복하게 살고 싶었습니다. 특히 강아지는 인간의 수명과 달라 함께 살 수 있는 시간이 얼마 되지 않아요. 그걸 놓치고 싶지 않았어요. 그래서 회사에 묶인 생활보다 시간을 택한 거죠."

**회사를 그만두고 잃은 것과 얻은 것**

| 잃은 것 | 얻은 것 |
|---|---|
| 1. 대기업 연봉 | 1. 매일 운동하기 |
| 2. 즐거운 회사 생활 | 2. 건강한 음식을 해 먹는 시간 |
| 3. 좋은 식당에서의 외식 | 3. 가족과 보내는 시간 |
| 4. 계절마다 옷 구매 | 4. 더 나은 사람이 되는 습관 정착 |
| 5. 디자이너로서의 경험치 | 5. 독서하고 글 쓰는 시간 |

## 자유로운 삶을 위한 최저 소득 기준

신욱 씨가 생각한 자유로운 삶을 살기 위한 자산은 1년 생활비의 약 12~15배 정도였다. 의식주 등을 모두 포함해서 한 달 300만 원으로 생활한다고 하면 연간 3,600만 원이 들고 이 돈의 12~15배는 4억 3,200만 원에서 5억 4,000만 원 정도다. 대략 4~5억 원을 모으면 된다는 계산이 나온다.

흔히 20~30억 원을 호가하는 강남 아파트 한 채도 못 사는 돈으로 어떻게 경제적으로 자유로운 삶을 살아가느냐고 생각할 것이다. 하지만 모두가 강남에서 사는 삶을 꿈꾸지 않을뿐더러 저마다 지출하는 생활비도, 투자를 통해 창출하는 소득도 다르기 때문에 경제적 자유를 실현하는 데 필요한 자산 규모에 대한 정답은 없다.

잘나가는 디자이너로 한때 욜로족의 삶을 살았던 신욱 씨는 파이어족이 되기로 마음먹은 후부터는 소득의 50~60퍼센트 이상을 꾸준히 저축해 주식에 투자했다. 돈을 모으자고 결심했을 때 그의 수중에는 1,500만 원밖에 없었다. 그는 1, 2차 목표를 세워 투자할 수 있는 자금을 모으고 실제 투자를 실행했다.

[ 1차 목표 ]

매달 84만 원 저축하기

84만 원 × 12개월 = 1,008만 원

84만 원을 1차 목표로 삼은 이유는 1년간 매달 꼬박꼬박 모으면 1,008만 원, 즉 1,000만 원이 넘는 목돈이 되기 때문이다. 절약해서 990만 원을 모은 것과 1,000만 원을 모은 것은 별 차이 없어 보이지만 마인드가 달라지는 효과가 있다. 만일 1년에 1,000만 원도 모을 수 없을 정도로 버는 소득이 적다면 적극적으로 이직을 고려해 볼 필요가 있다.

[ 2차 목표 ]

매달 167만 원 저축하기

167만 원 × 12개월 = 2,004만 원

매달 84만 원을 모아 1,000만 원 만들기에 성공했다면 다음은 매달 167만 원을 저축해 2,004만 원, 즉 2,000만 원 이상의 목돈을 만드는 데 도전할 차례다. 근로소득에서 지출을 제외하고 이 정도 모을 수 있다면 투자수익률이 아예 없더라도 5년간 노력하면 1억 원을 만들 수 있다. 1억 원을 달성하고 나면 자산을 빠른 속도로 불릴 수 있고 여기에 투자를 병행하면 시너지 효과를 볼 수 있다.

## 믿음으로 버티는 가치투자 방식

신욱 씨는 저축을 하는 동시에 가치투자를 원칙으로 연평균 10퍼센트가량 꾸준한 수익을 내기 위한 투자 공부를 병행했다. 투자수익률은 시장 상황에 영향을 많이 받기 때문에 어떤 해에는 높은 수익이 났다가도 어떤 해에는 마이너스에 머무를 수 있다. 따라서 3년치 생활비, 즉 1억 원 정도 확보한 상태에서 충분히 실력을 쌓은 후 주식에 투자해 단기적인 시장 변동성에 대비할 수 있어야 한다. 목돈을 투자해 빠르게 조기 은퇴하려는 직장인이라면 예금이나 적금, 보험 같은 상품은 적합하지 않을 수 있다.

신욱 씨는 주식투자 과정에서 저평가된 주식을 꾸준히 사 모아 수익을 내는 방식으로 성과를 냈다. 대표적인 종목 가운데 파라다이스는 카지노 신규 개장과 중국인을 상대로 수익성을 개선하리란 기대감으로 매수했지만 사드 사태가 터지면서 주가가 최대 40퍼센트까지 급락했다. 그는 월급날마다 주식을 꾸준히 매수했고 향후 한중 통화스와프 협정 뉴스가 뜬 후 급등한 주식을 1년 6개월 만에 80퍼센트 수익률을 거두고 매도할 수 있었다.

코로나19 확산세로 증시가 일시 폭락했던 2020년 3월에도 투자자산이 절반 가까이 하락하는 큰 손실을 입었지만 자신의 판단을 믿고 기다려 손실을 모두 회복하고 높은 수익을 올렸다. 투자한 기업의 가치에는 흔들림이 없었지만 주가가 정상 수준을 회복할 수 있을지에 대한 불안감이 높았던 시기였다. 그러나 신욱 씨는 가치투자 원칙을 고수하며 코스트 애버리지 효과를 활용해 위기를 극복했다. 투자 공부와 실전 경험을 통해 얻은 내공으로 현재는 자산의 50퍼센트가량을 주식에 투자해 자신만의 스타일로 투자를 이어나가고 있다.

[코스트 애버리지cost average 효과]

저축과 주식투자를 병행할 때 활용할 수 있는 투자 기법으로, 장기적으로 우상향할 우량 종목을 선정해 적립식으로 꾸준히 사들이는 방식이다. 주가가 낮을 때는 수량을 많이, 주가가 높을 때는 적게 사들여 평균 매입 단가를 낮출 수 있다. 주가가 장기적으로 우상향한다는 전제 아래 수익률을 극대화하는 투자 기법이다.

흔히 자산이 늘어나는 과정은 우상향이 꾸준히 이어지는 형태일 것이라 생각하지만 실제로는 '퀀텀 리프quantum leap' 형태를 띤다. 저축과 투자 초기 단계에서는 장기간 노력해도 자산이 불어나는 것을 체감하기 어렵다. 하지만 일정 수준 이상으로 시드머니가 커지고 에너지가 응축되면 자산이 눈에 띄게 상승하는 구간을 맞이하는데, 마치 계단식으로 자산이 껑충 점프하는 듯한 형태를 띤다. 오랜 시간이 지나고 자산이 폭발적으로 성장하는 시기를 맞이하려면 초기의 길고 지루한 구간을 버텨야 한다는 뜻이기도 하다. 이 원리를 이해하면 자산이 좀처럼 늘지 않는 초기 구간을 버티기가 한결 수월해진다.

퀀텀 리프는 주식뿐만 아니라 모든 영역에서 일어난다. 인생에 한 번이라도 이를 경험했다면 두 번째는 처음보다 쉽고 간단하다. 내 인생에 퀀텀 리프는 무엇이었는지 생각해보자.

## 투자도 삶도 자기주도적으로

자기주도 학습은 수험생에게만 유용한 것이 아니다. 오히려 성인이 되고 난 후 돈을 벌기 위한 실질적인 투자 공부에서 자기주도 학습이 큰 위력을 발휘한다.

흔히 초보 투자자 시절에는 유튜브나 블로그처럼 접근하기 쉬운 콘텐츠를 찾아 투자를 배운다. 특히 영상을 보면서 공부하면 가만히 앉아 편하게 할 수 있어 마치 대가의 투자 노하우를 손쉽게 흡수하고 있다는 착각에 빠진다. 하지만 보고 듣기만 한 지식은 결코 내 것이 될 수 없다. 짧은 영상에서 접할 수 없는 투자의 정수를 담은 책들을 찾아 읽고 투자에 적용해보는 자기주도 학습 과정을 거쳐야만 내 것으로 만들 수 있다. 스스로 정한 투자 원칙과 꾸준히 쌓은 경험이 없다면 자신의 투자 실력을 믿고 지속 가능한 투자를 하기란 불가능에 가깝다.

경제적 자유를 실현하는 일도 마찬가지다. 목표한 자산을 달성하고 조기 은퇴했다고 해서 아무런 일도 하지 않고 놀기만 하는 삶이 펼쳐지는 건 아니다. 오히려 현실에는 자신이 하고 싶은 일에 도전하면서 주체적인 삶을 살아가는 사람들이 더 많다. 신욱 씨 역시 주식투자 노하우와 제주 일상을 담은 영상을 제작해 공유하는 유튜브 채널을 운영하고 있다.

또한 직장에 다니며 쌓은 디자인 역량을 발휘해 노매드헐이라는 스타트업의 초기 멤버로 활동하기도 했다. 그 외에도 주식투자 온라인 강의를 만들어 온라인 플랫폼 클래스101에서 판매하고 제주 한라대학교에 출강을 나가는 등 강연 활동도 꾸준히 이어가고 있다. 최근에는 《서른여섯, 은퇴하기 좋은 나이》, 《운을 극복하는 주식공부》라는 두 권의 책을 출간해 인세 수입도 함께 받고 있다. 수익 파이프라인이 다양해져 그는 시간을 자유롭게 운용하면서도 수입은 더 늘어 경제적으로도 만족스러운 생활을 하고 있다.

출퇴근이 없는 자유로운 삶을 살아가려면 자산 규모보다 삶에 대한 철학과 태도를 확고히 다지는 작업이 훨씬 더 중요하다. 내가 어떤 곳에서, 어떤 활동을 하며 살아야 행복한지를 누구보다 잘 알고 이런 라이프스타일에 용감하게 도전해야 한다. 내가 내 삶을 직접 디자인하고 이를 책임질 수 있을 때 비로소 경제적·시간적 자유를 얻을 수 있다.

요약하면 경제적 자유로 나아가는 길은 자신에게 맞는 라이프스타일을 찾아가는 과정이다. 출퇴근 시간이 내 삶을 통제하던 생활에서 벗어나고, 근로소득이 내 소비 습관과 삶의 양식을 규정하지 않도록 하는 일이다. 내가 내 삶을 온전히 통제하는 행복감을 누리고 싶다면 자산 목표를 정하기 전에 인생의 목적을 다시 생각해봐야 한다.

조기 은퇴 생활비와 초기 투자 비용을 월급과 주식으로 모아 남들보다 일찍 파이어족이 되었다. 이후 주식투자는 계속하고 있으며 전직 유능한 디자이너였던 본업을 살려 다양한 활동을 한다.

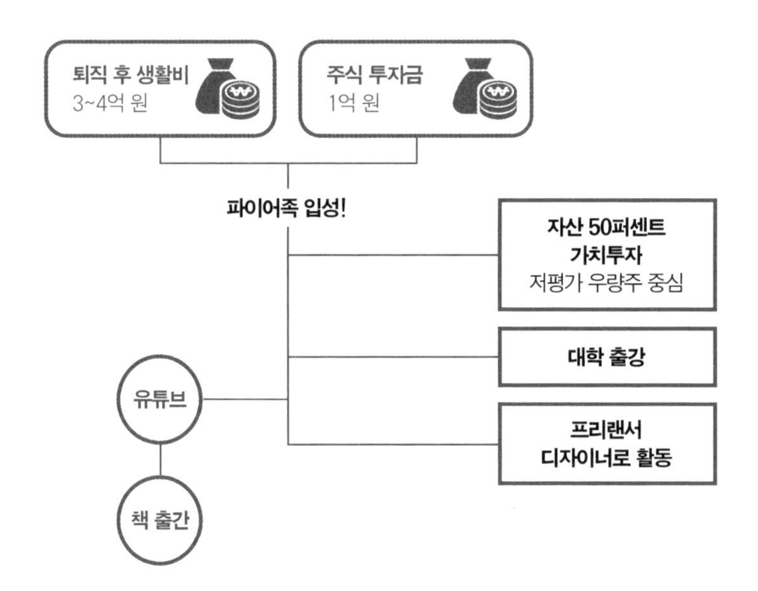


신욱 씨는 주식투자 외에도 디자이너였던 본업을 살려 지식 콘텐츠를 생산하는 것에도 관심이 많다. 제주의 작업실에서 소규모 주식 세미나를 열기도 하고, 제주살이 혹은 주식에 대한 유튜브 콘텐츠도 지속적으로 업로드하고 있다. 최근에는 두 권의 책을 출간하여 자신의 주식투자 노하우를 공개하며 파이프라인을 다양하게 늘려가고 있다.

## Money Study

# 자유롭고 풍족한 삶을 위해 버려야 할 세 가지

여신욱 씨는 파이어족이 된다는 것이 노동이 없는, 즉 근로소득이 없어도 생활을 영위할 경제적 기반을 마련하는 것에 국한되어서는 안 된다고 이야기한다. 자기 자신을 돌아보고 성찰하는 능력, 본인이 원하는 삶을 살아가기 위해 중심을 잡을 줄 아는 역량을 길러야 한다. 누군가의 말에 쉽게 휘둘리는 사람은 진정한 자유를 얻기 어렵다. 운 좋게 얻더라도 이를 유지하고 행복하게 살아가기 어려운 것은 물론이다. 자유를 가로막는 다음 세 가지 함정들을 살펴보고, 여기에 빠져 잘못된 선택을 하지 않도록 노력해야 한다.

**군중심리**

주식투자를 할 때를 예로 들어보자. 증시가 과열돼 가파르게 상승할 때 군중심리에 휩쓸려 내가 투자하는 종목의 내재가치는 생각하지 않고 '묻지마 추격매수'를 할 때가 있다. 반대로 2020년 3월 코로나 폭락장 때처럼 외부 변수로 주식 가격이 급락하면서 두려움에 떠는 사람들에 휩쓸려 '섣부른 손절'을 하기도 한다. 두 경우 모두 변동성 에너지가 너무 크다 보니 이론적으로는 안 되는 행위임을 알면서도 제대로 판단할 이성을 잃어버리는 것이다. 정신을 차리고 난 후 돌아보면 스스로 생각하고 행동한 게 아니라 군중심리에 휩쓸려 하지 말아야 할 행동을 했다는 사실을 깨닫게 된다.

**질투심**

원하는 삶을 살기 위해 경제적 자유라는 목표를 세우고 하루하루 노력하다 보면 자기도 모르게 끊임없이 주변과 자신을 비교하게 된다. 대단한 상대방, 예를 들면 주식투자의 대가 워런 버핏과 자신을 비교하는 게 아니라 자신과 비슷한 투자자들과 보유 종목, 수익률 등을 비교하며 우쭐해지기도 하고 의기소침해지기도 한다. 그 과정에서 자기보다 나은 상대에게 질투심을 느끼게 되고, 이 감정이 조바심으로 연결되면서 결국 투자에 좋지 못한 영향을 미치게 된다.

**정보 과잉**

'최신 편향'이 특히 문제다. 초보 투자자들은 자기만의 기준과 원칙이 아직 없거나 미약하기 때문에 차고 넘치는 여러 정보를 접할 때마다 생각이 바뀐다. 그래서 가장 최근에 들은 정보가 가장 좋은 정보라고 생각하는 편향에 빠지곤 한다. 빨리 배우고 성장하고 싶어서 많은 정보를 찾아 접하는 것까지는 좋지만 이를 실천한답시고 스스로 정한 투자 방식을 손바닥 뒤집듯 바꾸는 경우가 빈번하다. 이 과정에서 실수가 발생하고 좋지 못한 결과로 이어지곤 한다.

군중심리에 쉽게 휩쓸리는 것, 자신을 남과 끊임없이 비교하는 것, 과잉 정보에 노출돼 우왕좌왕하는 것, 이 세 가지 함정에 빠지지 않도록 노력하면 진정한 자유의 길을 앞당길 수 있다.

군중심리에 휩쓸리지 않기 위해 신욱 씨가 한 노력은 **가만히 있기**다. 증시가 폭락하고 계좌가 반토막이 나면 초조해하지 말고 가만히 있는 게 낫다는 이야기다. 움직여야 할 때와 그러지 말아야 할 때를 알아야만 자산을 잃지 않고 꾸준히 불리는 투자를 할 수 있다.

질투심을 통제하는 방법은 **인간관계 손절**이다. 나와 가치관, 삶의 방향성이 맞지 않고 나를 끊임없이 힘들게 하는 상대방과의 인연을 억지로 이어나갈 필요는 없다.

정보 과잉을 극복하기 위해서는 **글쓰기**를 추천한다. 글을 쓰다 보면 생각을 하게 되고 입체적인 사고가 가능해진다. 투자에서 가장 중요한 판단력과 통찰력 두 가지가 자연스럽게 길러진다.

경제적으로 자유로운 삶은 매달 꼬박꼬박 정해진 월급을 받으며 안정적으로 살아가는 삶과 다르다. 여러 기회를 접하고 끊임없이 도전하며 성공 또는 실패라는 결과를 내는, 불안하고도 자유로운 삶이다. 따라서 자신의 행동과 생각을 통제하고 중심을 잡는 능력이 절실히 필요하다. 그런 면에서 투자뿐 아니라 삶을 원하는 대로 디자인하고 깊이 생각하며 살아가는 신욱 씨의 삶은 경제적 자유를 꿈꾸는 이들의 롤모델이라 할 수 있다.

# 19

암호화폐 단타투자자

순자산 50억 원

나민영(나씨)

36세

# 언제 비트코인이 오르내리는지를 연구하다

컴퓨터를 전공하고 중소기업에서 영상처리 분야 일을 하던 평범한 직장인 나민영 씨는 자산 50억 원을 일군 후 인생이 180도 달라져 오래 꿈꿔왔던 삶을 살아가고 있다. 민영 씨는 근로소득으로 서울에서 내 집 한 채 마련하기 어렵다는 것을 인식하고 유튜브, 블로그, 투잡 등 월급 외 수익을 올리기 위해 애썼지만 뜻대로 되지 않았다. 그러다 2017년 코인 시장을 접하면서 주식투자보다는 코인 투자가 더 맞는다는 생각으로 밤잠을 줄여가며 투자에 몰입했다. 그 결과 총 투자 기간 2년 만에 종잣돈 500만 원을 50억 원으로 불리는 데 성공했다.

나민영 씨가 실제 투자를 한 기간은 2017~2018년과 2021~2022년을 더해 약 2년 남짓이다. 코인 시장에 일찌감치 뛰어들어 저렴할 때 대거 물량을 매집해 자산을 불린 사람들과 다르게 그는 시장의 변동성을 활용해 단타투자를 하는 전략으로 투자금을 불렸다. 코인 시장이 2030 세대가 소액으로 큰돈을 벌 수 있는 거의 유일한 기회라는 믿음을 현실로 만든 셈이다. 그가 투자에 성공할 수 있었던 것은 단타에 대한 부정적 인식과 높은 리스크에도 불구하고 수익을 낼 수 있는 투자 기법을 스스로 연구하고 원칙을 만들어 실행했기 때문이다.

단타투자는 저렴할 때 사서 오랜 기간 묻어두는 장기투자와 달리 가격 변동을 반영하는 차트 움직임에 따라 샀다가 팔기를 반복하며 차익을 노리는 전략이다. 24시간 시시각각 움직이는 코인 시장에서는 가격 변동성이 커지면 돈을 벌 가능성과 동시에 잃을 위험도 커진다.

민영 씨는 전쟁과도 같은 단타 매매에서 투자금을 최대한 잃지 않고 지켜가면서 꾸준히 수익을 내는 비교적 보수적인 방식으로 트레이딩해 자산을 불렸다. 급등과 급락을 오가는 시장에서 어떻게 하면 리스크를 최소화하면서도 수익을 극대화할지를 경험과 학습을 통해 끊임없이 연구한 덕분이다.

그는 언제 거래하고 언제 쉬어야 하는지, 어떻게 하면 조금이라도 더 저렴하게 매수해 차익을 낼 수 있는지 나름의 매매 원칙과 기법을 만들어 실행했다. 그 결과 변동성 높은 코인 시장에서 단타투자를 통해 비교적 안정적으로 자산을 불리는 성과를 낼 수 있었다.

"주식에도 뛰어들어 봤지만 수익률이 높지 않았어요. 이건 아니다 싶어서 코인에 도전했습니다. 오히려 코인의 엄청난 변동성을 보고 여기서 살길을 찾아야겠다고 생각했죠."

## 욕망을 읽으면 돈이 보인다

민영 씨는 코인 시장에서 투자자들의 심리를 파악해 크게 잃지 않고 꾸준한 수익을 내는 식으로 투자했다. 2017~2018년에는 적금 500만 원으로 시작해 15억 원을 만들었고, 2021년에는 다시 4,000만 원으로 시작해 25억 원에 이르는 자산을 만들었다. 2022년 현재 그의 현금 자산은 50억 원에 육박한다.

물론 그가 코인 시장에 진입하자마자 높은 수익을 냈던 것은 아니다. 적금으로 마련한 투자금 500만 원은 단 며칠 만에 반토막이 나기도 했다. 투자자들이 몰리면서 가격이 오를 때 사고 조정을 받으면서 투자자들이 물량을 내던질 때 공포감에 매도에 동참하는, 이른바 '돈을 잃는 투자자의 패턴'을 답습하기도 했다. 하지만 시장 참여자들의 심리를 읽고 여기에 휩쓸리지 않는 매매 기법을 실행하면서부터는 조정이 와도 남들보다 덜 잃고 오르는 시장에서 더 벌 수 있는 노하우가 쌓였다.

그가 세운 대표적인 투자 원칙은 '5분봉 3틱룰'과 '순환매수매도법'이다. 5분봉 3틱룰은 가격이 지지선을 뚫고 오르기 시작하거나

5분봉 3틱룰

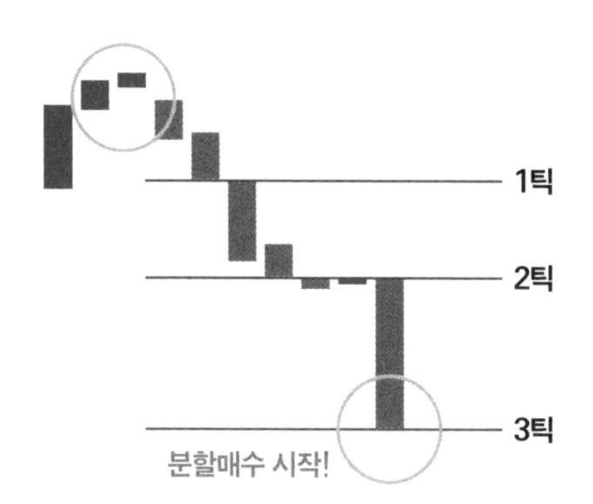


반등할 때 매수하지 않고 반대로 5분봉이 양봉에서 음봉으로 하락 전환한 후 세 번 정도 의미 있는 하락을 기록한 다음에 매수 진입하는 원칙이다. 오를 때 추격매수하면 가격이 이내 하락 반전하면서 손실을 볼 가능성이 커지지만, 어느 정도 하락한 후에 매수하면 추가 하락에 대한 부담이 덜하고 반등 시 차익을 얻을 수 있어서 비교적 안전하면서도 수익을 극대화하는 장점이 있다.

순환매수매도법은 이른바 '물타기' 하는 과정에서 계속 매수만 해 평단가를 낮추기보다는, 중간중간 소폭 반등할 때 추가매수한 물량만큼을 차익 실현해 손실을 최소화하고 저가 매수 효과는 높이는 기법이다.

그러나 이런 매매 기법보다 중요한 건 민영 씨가 본인과 투자자들의 행동을 분석해 자산을 안전하게 지키며 불려가는 노하우를 정리하고 실행했다는 점이다. 장기투자는 좋은 투자 방식이지만 모두에게 맞는 것은 아니다. 주가가 저렴할 때 투자를 일찍 시작해야 수

순환매수매도법

익률을 높일 수 있기에 타이밍이 중요하다. 반면 단타투자는 가격의 변동성을 활용한 차익 추구 거래이기 때문에 원하면 언제든 진입해 수익을 낼 수 있다. 상승장이 비교적 유리하긴 하지만 하락장에서도 수익을 낼 수 없는 것은 아니라는 이야기다. 민영 씨는 단타를 중심으로 하되 코인 가격이 폭락하는 시기에는 가지고 있는 현금을 활용해 장기투자도 병행하는 유연한 전략을 쓰고 있다.

투자자가 자신의 성향을 잘 안다는 건 매우 중요하다. 민영 씨는 자신을 '발목협회 협회장'이라고 부른다. 낮은 가격, 즉 바닥에서 매수하는 것은 잘하지만 가격이 충분히 오를 때까지 일정 기간 이상 기다리는 건 약해서 늘 발목 인근에서 팔곤 한다는 것이다. 한 예로 이더리움이 큰 폭의 조정을 받았을 때 지인과 함께 저가에 매수했으나 충분히 오랜 기간 보유하지 못하고 매도해버렸다. 이더리움 주가는 이후 큰 폭의 상승을 이어갔다.

코인 투자 스노볼의 원리

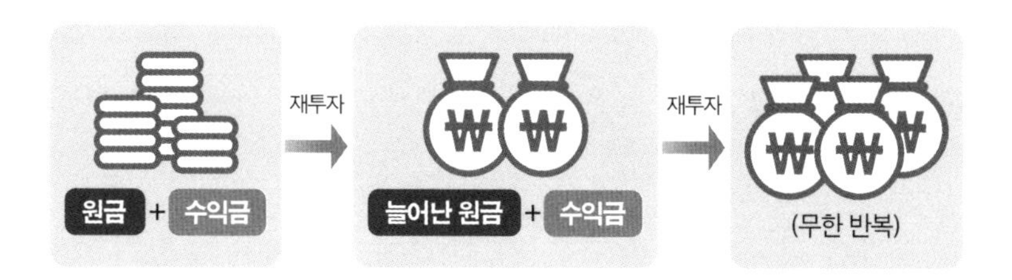


"당시 이더리움을 22만 원에 샀거든요. 그런데 한 달 만에 8만 원까지 내려갔어요. 그래서 겁나는 마음에 11만 원에 손절했죠. 나름대로 오래 참았다고 생각했는데 계속 빠지니까 이더리움이 망하는 줄 알았습니다. 그때가 좀 아쉬워요. 그 물량을 아직 가지고 있었더라면…. 그런데 그때 저와 똑같이 사서 버틴 친구가 있었어요. 그는 지금 수백억대 자산가가 됐죠."

그는 물론 장기투자를 잘하는 투자자를 존경하긴 하지만 자신의 성향에는 단타가 잘 맞는다고 여긴다. 자신이 잘하는 영역에서 경제적 자유를 이뤄나가면 된다는 게 그의 생각이다.

## 초보일수록 때를 기다려야 한다

코인은 주식처럼 가치를 매기기가 어렵다. 주식은 PER, PBR, ROE

등 재무제표상의 여러 지표를 활용해 가치를 측정하고 현재 주가가 비싼지 저렴한지 가늠해볼 지표가 있지만 코인은 그렇지 않다. 코인의 가치를 결정하는 것은 코인이 제시하는 무형의 비전과 이를 둘러싼 사람들의 투자심리, 즉 욕망이다. 사람들이 코인 투자를 아무 실체가 없는 폰지 사기Ponzi Scheme에 비유하는 것도 이런 이유에서다. 따라서 투자자들의 심리를 파악하는 것이 주식투자보다 훨씬 중요하다.

> "아무리 고수라도 장이 도와주지 않으면 수익을 내기가 쉽지 않습니다. 코인 초보자들은 반드시 '낄끼빠빠(낄 때 끼고 빠질 때 빠지는 것)'를 잘해야 하죠. 장이 좋을 때는 적극적으로 트레이딩을 하고 장이 안 좋을 때는 조금 쉬는 것도 좋죠."

민영 씨는 그렇다고 아예 시장을 떠나버리면 분위기가 반전됐을 때 기회를 놓칠 수 있으니 항상 시장의 흐름을 예의 주시하고 기회를 모색하라는 말도 덧붙였다.

주식투자도 마찬가지지만 코인 투자에도 일정 수준 이상의 현금 보유는 중요하다. 주식처럼 가격 변동의 재료를 명확히 알기 어려운 코인 시장의 특성상 큰 폭의 조정이 오면 얼마 후 가격이 반등할 가능성이 크다. 일반적으로 모든 코인이 일제히 급락한 다음에는 반등하는 패턴이 반복된다. 이런 조정장에서는 현금을 들고 있어야 이미 보유한 물량을 팔지 않고 버틸 수 있고, 상황에 따라선 추가 매

코인 가격의 흐름

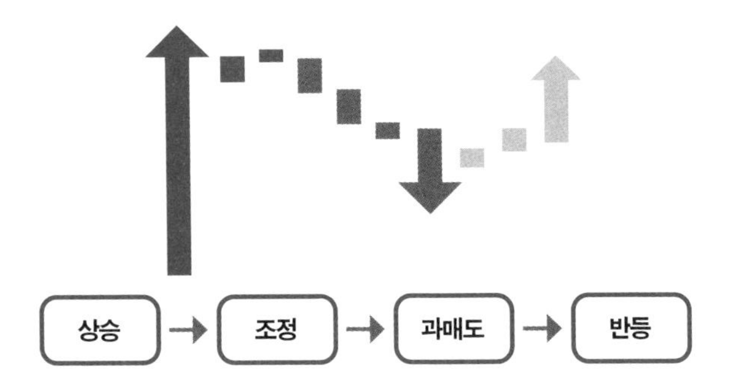


수도 가능하다.

따라서 코인 시장에 처음 들어온 투자자들은 처음부터 큰 종잣돈을 투자하지 말고 10만~20만 원의 소액으로 투자심리에 따른 가격 변동 등 시장에 대한 감을 익힐 필요가 있다. 투자금이 적어도 얼마든지 실전 경험을 쌓을 수 있다. 한두 달 운동한다고 몸이 엄청나게 좋아지지 않는 것처럼, 코인 시장도 꾸준한 학습과 실전 경험이 필요하다는 것을 간과해서는 안 된다. 모든 투자가 그렇듯 일확천금을 노리고 무리하게 투자하면 결코 성공할 수 없다.

> "장투는 장투로 돈을 벌 수 있는 시간이 있습니다. 남들이 안 할 때 장투를 해야 돈을 많이 벌죠. 하지만 단타는 언제나 뛰어들 수 있어요. 딘타와 상투를 적절하게 섞는 게 가장 좋습니다. 저는 늘 이런 생각을 합니다. 비트코인에 다시 저점이 온다면 제 시드머니의 30퍼센트를 투자할 거라고요."

## 결국 코인도 실력이다

흔히 개인투자자들은 어렵게 모은 돈을 주식이나 코인에 투자하면서 이른바 '전문가'나 '슈퍼개미' 같은 권위 있는 사람들의 이야기에 쉽게 휘둘린다. 이들이 보는 대로 시장을 보고 이들이 추천하는 종목에 투자한 후 결과에 따라 이들의 역량을 따진다. 그래서 아무리 좋은 투자 철학과 마인드를 공유해도 결국에는 "그래서 어떤 종목에 얼마나 넣어야 합니까?"라고 묻는 게 일반 투자자들의 패턴이다. 하지만 모두가 인정하는 좋은 투자 대상은 없을뿐더러 누구에게나 통용되는 좋은 투자 방식도 없다.

좋은 투자자란 자신의 성향을 파악해서 잘 맞는 시장을 택하고, 투자하는 방식도 직접 선택해서 경험과 노하우를 쌓고 자신만의 원칙을 정립해가는 사람이다. 시장이 작동하는 원리를 이해하여 큰 위기에 덜 잃을 수 있는 투자자라면 전문가나 슈퍼개미의 말에 기댈 필요가 없다. 성공한 자산가들의 투자 패턴을 연구해 공통점을 발견하고 이를 원칙으로 만들어 실행에 옮기는 것은 유튜브 영상을 보거나 블로그 글을 열심히 읽는다고 되는 게 아니다. 경험과 노하우를 쌓아가며 무수한 시행착오를 직접 겪고 극복해야만 그 원칙이 비로소 내 것이 되는 것이다.

코인 시장에서 단기간에 큰 자산을 일군 2030 투자자들이 단순히 운이 좋았다고만 하기는 어렵다. 지금도 무수히 많은 투자자가 코인 시장에서 소중한 자산을 잃고 낙담하고 있는 와중에 성공하는 투자를 했다면 반드시 이를 뒷받침한 노하우가 있다는 이야기다. 민영 씨도 투자 초기에는 투자금을 절반 이상 잃기도 하고, 주식과 코인에 각각 4,000만 원을 투자해놓고 어떤 게 더 잘 맞는지, 수익이 잘 나는지 비교하는 실험을 하기도 했다. 물론 매일 아침 9시면 장이 활발히 움직이는 탓에 두 가지 투자를 계속 병행하기는 어렵다. 그러나 자신이 잘할 수 있는 투자는 어떤 영역인지, 자기에게 맞는 투자 방식과 패턴은 어떤 것인지는 직접 부딪혀봐야만 알 수 있다.

# Tech Tree 부의 테크트리

**암호화폐를 이용해 자신만의 매수매도 기법(5분봉 3틱룰, 순환매수매도법) 등을 개발해서 짧은 시간 안에 돈을 불려 수익을 실현했다.**

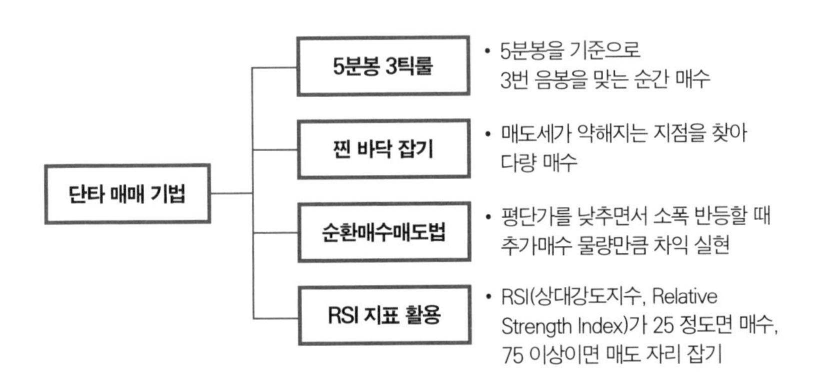


민영 씨는 2017년부터 코인 투자를 시작해서 단타 매매 방법으로 많은 수익을 올렸다. 그가 집중적으로 자산을 불렸던 시기는 2017년부터 2018년 초반이다. 단돈 500만 원으로 시작한 코인 투자가 15억 원이 되었다. 이후 5분봉 3틱룰, 순환매수매도법, 찐 바닥 잡기, RSI 지표 활용 등 자신만의 방법을 개발해 자산을 50억 원까지 불려나갔다. 민영 씨는 이에 만족하지 않고 2022년 현재까지 성공적인 코인 투자를 계속하고 있다. 그는 꾸준한 수익과 명료한 투자 원칙으로 코인계에서 인플루언서가 됐다. 그가 출간한 책 《가상화폐 단타의 정석》은 코인 단타투자의 기본서로 읽히며, 유튜브 채널 〈나씨TV〉는 구독자 13만 명을 보유하고 있다.

# 20

월세 받으며 비혼 라이프

순자산 5억 원

월 자본소득 280만 원

홍경희

43세

# 결혼하지 않고 혼자 자유롭고 여유롭게 사는 법

"결혼하지 않고 혼자서 자유롭고 행복하게 살면 안 되나요?" 독립적인 삶을 꿈꾸는 비혼주의자들이 많아지고 있다. 이들에게도 오롯이 자기 자신에게 집중하면서 주체적으로 살아갈 권리가 있다. 목동 입시논술 강사 출신으로 비혼주의자인 홍경희 씨는 마흔에 스스로 일군 순자산 5억 원을 가지고 매달 280만 원의 월세가 창출되는 시스템을 만들어 조기 은퇴를 감행했다. 그녀는 하루 대부분을 일에 얽매여 사는 워커홀릭에서 벗어나 오랫동안 동경하던 자유를 얻었다. 고된 입시 강사에서 이제는 매달 자본수득으로 자유롭게 살아가는 시간 부자가 된 것이다.

홍경희 씨가 조기 은퇴를 결심한 것은 과로와 미세먼지 없이 건강하게 살고 싶어서였다. 쉴 틈 없이 일하던 그녀는 번 돈의 상당수를 스트레스를 해소하기 위한 쇼핑과 외식에 썼다. 마음의 여유가 없으니 돈을 쓰는 찰나의 순간에 만족을 느끼며 살았다. 좋은 재료로 요리해서 끼니를 챙길 시간조차 없어 배달 음식을 주로 먹었고 도심에 살며 종일 미세먼지로 고생해야 했다. 그러던 어느 날 일상이 버겁게 느껴졌다. 건강과 안전을 위해 도심을 벗어나 자연이 아름다운 곳에 가서 자유롭게 살고 싶다는 꿈을 꾸게 되었다.

1인 가구로 살던 경희 씨는 다행히 라이프스타일을 바꾸면 퇴사 후 원하는 삶을 살아갈 수 있는 조건이 되었다. 자산은 5억 원 정도로 아주 넉넉한 편은 아니지만 주거비를 낮추고 생활비도 적정 수준에서 지출하면 충분히 혼자서 살아갈 수 있을 것 같았다. 그녀는 조기 은퇴 결심을 굳히고 자신의 삶을 돌아보며 정비하는 작업을 본격적으로 시작했다.

### 삶을 정비하면 5억 원도 충분하다

우선 경희 씨는 소비 패턴을 바꾸는 것부터 시작했다. 아무 생각 없이 결제부터 하던 습관을 버리고 '내가 이 물건을 가지면 행복할까?'라는 생각을 먼저 했다. 물건이 주는 행복은 찰나의 순간에 그친다는 사실을 누구보다 잘 알고 있었다. 좀 더 고차원적인 자유를 위해서라면 소비도 얼마든지 멈출 수 있었다.

이후 경희 씨는 음식을 사 먹을 때도 '배달시켜 먹는 것이 내 건강에 좋은가?'라고 질문하며 그동안의 생활을 돌아봤다. 건강한 삶은 어떤 것인지 다큐멘터리도 찾아보고 책도 읽으며 소비에 관한 생각을 정립해나갔다. 통장의 자산을 불리기 위해 저축과 절약을 하는 게 아니라 자신의 건강과 자유의지, 생태계와 환경을 위해 절제를 할 줄 아는 사람으로 자신을 바꿔나갔다. 이런 태도는 자연스럽게 미니멀리즘을 추구하는 삶으로 이어졌다. 살아가는 데는 생각보다 많은 물건이 필요하지 않았고 줄일수록 더 만족감을 느끼는 법을 배우게 됐다.

미니멀리즘이 생활 속에 자연스럽게 녹아들면서 그녀는 가지고 있는 순자산 5억 원으로도 충분히 원하는 삶을 누릴 수 있다고 확신하게 되었다. 경제적 자유란 객관적으로 정해진 것이 아니라 한정된 자원을 어떻게 투자해서 필요한 만큼의 현금흐름을 창출해내고 이를 생활에 활용하느냐에 달렸다고 생각했다. 또 생계를 위해 소중한 시간을 더 이상 등가교환하지 않아도 되는 삶이야말로 자유롭고 여유로운 삶이라는 생각에 도달했다.

"나중에 나이 들어서 아플 때 남편이나 자녀가 없으면 어떻게 하느냐고 걱정들을 많이 합니다. 그런데 나중에 제가 아플 때 자식이 절 돌봐준다고 해서 마음이 편할까요? 차라리 성능 좋은 AI 로봇을 살 수 있는 경제력을 갖춰놓는 것이 편하지 않을까요?"

## 똑똑하게 자산 재분배하기

최근 저금리와 통화량 증가로 부동산의 자산가치가 급등한 상황에서 순자산 5억 원은 부동산 투자를 위한 종잣돈으로는 결코 많은 액수가 아니다. 그러나 상대적으로 적은 자본이라도 현금흐름에 집중하면 이야기가 달라진다. 연금복권처럼 매월 돈이 나오기 때문에 든든한 버팀목이 되어준다.

경희 씨는 5억 원 중 3억 5,000만 원을 서울 목동의 구분상가에 투자해 월세 수입으로 200만 원을 거둬들이고 있다. 구분상가는 일반 상가보다 규모가 작기 때문에 실투자금이 적은 대신 공실 등 위험이 높다고 알려져 있다.

그녀는 이런 리스크를 줄이기 위해 자신이 일하는 목동 지역 내 상가를 2~3년 이상 살펴보면서 꾸준히 부동산 중개인과 소통하고 상대적으로 저렴하게 나온 매물들 가운데 좋은 물건을 선점했다. 이미 상권이 탄탄하게 구축된, 잘 아는 지역의 구분상가에 투자해 공실 위험을 낮추고 투자 규모도 현실적인 수준으로 충분한 수익이 나는 구조를 만든 것이다.

나머지 1억 5,000만 원은 국내가 아닌 캐나다 부동산으로 눈을 돌렸다. 1인 가구이자 비혼주의자인 경희 씨는 일을 그만둔 후 제주와 캐나다를 오가며 자유롭게 살기로 했는데, 캐나다가 주택 매매가격이 국내보다 저렴하고 월세가 높아서 자신에게 맞는 투자일 것 같았기 때문이다.

**경희 씨의 캐나다 아파트 투자 일지**

- 프린스에드워드아일랜드주 다운타운에 위치한 콘도
- 2억 원 전후 주택들이 모여 있는 캐나다의 집값 저렴한 동네
- 높은 월세로 투자에 적합

**구글맵, ZOLO, REALTOR 활용해 10년 내 신축 선별**
→ 캐나다에 안 가도 알아볼 수 있다.

**2019년 투자금**(현지 은행)
**종잣돈 1억 5,000만 원 + 은행 대출 8,000만 원**

**월세 수입 130만 원, 순수익 80만 원 창출**

캐나다 부동산은 그녀가 생활하는 지역인 프린스에드워드아일랜드주 도심에 있는 아파트형 콘도로, 실투자금 1억 5,000만 원에 8,000만 원가량 현지 은행 대출을 받아 매입했다. 이후 이 부동산은 금융비용을 제외하고 매월 80만 원가량 수익을 안겨주고 있다. 두 자산의 월세 수입을 합하면 총 280만 원으로 혼자 생활하기엔 충분한 금액이다. 그중 일부를 모아 미국 우량 주식이나 ETF에 재투자도 하는 중이다.

선진국일수록 다양한 삶의 형태를 존중하고 사회적으로도 1인 가구를 위한 복지와 연금 등 사회안전망을 안정적으로 갖추고 있다. 경희 씨가 살고 있는 캐나다만 하더라도 1인 가구를 지역사회 커뮤니티에서 어렵지 않게 찾아볼 수 있으며 이들을 위한 다양한 문화행사가 정기적으로 열린다.

현재 경희 씨는 산책, 요가, 그림 그리기, 춤추기 등 갖가지 취미 활동을 돈 들이지 않고 즐기고 있다. 그리고 이런 활동을 통해 만나는 다양한 사람들이 그녀의 삶에 새로운 영감을 불러일으키는 촉매제가 되고 있다.

이따금 찾아오는 외로움도 그녀가 선택한 삶에서 극복해야 할 과제다. 그럴 때면 '내가 건사할 가족 없이 팔자가 편해서 이렇게 외롭기도 하구나.' 하면서 그녀는 외로움을 당연하게 받아들이고 이런 삶에 만족하며 살아가는 법을 배워가고 있다. 인간관계도, 자산도, 가지고 있는 물건들도 차고 넘쳐야만 좋은 게 아니라는 것을 그녀는 깨닫고 있다.

> "제가 자유로운 삶을 원해서 비혼을 택한 거예요. 그 자유로움과 외로움은 일종의 세트 같은 거죠. 이 사실을 은퇴하고 나서 깊게 생각하다가 늦게 인정하게 됐어요. 그전에는 생각할 시간조차 없었죠. 가끔 외로움이 느껴질 때는 따로 건사할 가족이 없어서 외로운 거라며 자연스럽게 받아들입니다."

## 오직 손품으로 캐나다 부동산을 사다

경희 씨가 조기 은퇴 후 국내와 캐나다 부동산 투자를 통해 꾸준한

캐나다 이민성 사이트

현금흐름을 창출하고 캐나다로 이민 가서 생활할 수 있었던 데는 '정보'의 힘이 컸다. 수십억 원이 있는 사람들도 쉽게 접근하지 못하는 투자이민을 그녀는 직접 손품을 팔아 현지 이민성 사이트를 뒤져 소규모 사업 이민 프로그램을 발굴하고 미리 준비해서 영주권을 획득했다.

현지 투자도 마찬가지로 구글맵과 캐나다 부동산 중개 사이트를 활용해 매수 가능한 매물을 미리 선별하고 현지에서 소수의 후보군만 살펴본 후 바로 매입할 수 있었다. 이는 '진짜 정보'를 스스로 찾고 활용하는 그녀의 노력과 능력 덕분이다.

사람들은 누군가가 찾아서 가공하고 정리해둔 자료를 쉽게 검색해 쓰려고 한다. 그러나 유튜브나 블로그, 신문 기사, 페이스북, 트위터 등 온라인에서 찾을 수 있는 정보에는 한계가 있다. 내게 맞고 필요한 정보는 어딘가에 있지만 이에 접근하고 활용할 수 있는 역량은 아무나 가지고 있지 않다. 필요한 양질의 정보를 얻을 수 있다면 자산 규모가 크지 않더라도 충분히 원하는 삶을 누릴 수 있다는 것을 경희 씨는 보여주고 있다.

'내게 필요한 정보를 올려주는 블로그는 어디일까?'보다 '실제 현장에서 나오는 고급 정보는 어디에 가면 찾을 수 있을까, 어떤 준비를 해야 기회를 잡을 수 있을까?'를 고민해야 한다. 이 모든 것은 정보를 얼마나 잘 찾고 가공할 줄 아느냐에 달렸다.

영어에 능숙하지 않았던 홍경희 씨도 해낸 것을 보면 지금의 젊은 세대는 더 유리하다. 정보 검색과 유창한 언어 능력을 활용해 누구보다 빠르게 경제적 자유에 도달할 수 있을 것이다.

## 비혼이라면 경제적 자유는 필수

주변에서 비혼 여성으로 경제적 자유를 이룬 롤모델을 찾기가 힘들다는 이야기를 흔히 듣는다. 사회적 통념상 비혼이나 1인 가구를 좋지 않게 보는 시선도 여전히 존재한다. 하지만 여기에 휘둘리기에는 한 번뿐인 우리의 인생은 너무나 소중하다. 스스로를 돌아보고 혼자 사는 삶, 조기 은퇴하고 자유롭게 사는 삶에 대한 확신이 있다면 자신감을 가지고 내가 선택한 길을 당당하게 걸어가는 태도가 필요하다. 주변 사람들이 택하지 않은 길을 가더라도 스스로에 대한 자신감과 확신이 있다면 훨씬 더 즐겁고 만족스러운 삶을 꾸려나갈 수 있다. 경희 씨는 그런 자유에 도달하기 위해서는 다음 세 가지가 중요하다고 말한다.

1. 본인의 행동에 확신을 가져라.
2. 투자 공부를 열심히 하라.
3. 국내 시장에 국한하지 말고 넓게 보는 시야를 길러라. 한국이 전부는 아니다.

어려서부터 돈 공부, 투자 공부를 신중하게 열심히 하는 것도 큰 도움이 된다. 일에만 너무 골몰하지 말고 일을 해서 번 돈을 모아 종잣돈을 만들고 투자로 불리는 공부도 적극적으로 해야 한다. 공부한 것은 직접 실행해 자본소득을 창출해보는 경험을 늘려나가는 것도 굉장히 중요하다. 일만 열심히 해서는 경제적 자유를 누리기 어렵다는 점을 깨달아야 한다.

투자를 할 때는 자유로운 삶을 꿈꾸는 비혼주의자들이라면 특히 국내 시장에 국한된 투자 외에도 글로벌 시장에 두루 관심을 가질수록 좋다. 열린 마음으로 여러 시장과 상품에 관심을 두고 들여다보면 자신에게 맞는 투자처뿐 아니라 퇴사 이후 현금흐름을 꾸준히 창출할 수 있는 자산을 보는 눈이 생긴다. 시야를 넓히고 적절한 투자처를 물색하고 실행하다 보면 자유롭게 살 수 있는 날은 생각보다 더 빠르게 다가올 것이다.

**어린 나이부터 입시 강사로 모은 돈 5억 원을 한국의 상가와 캐나다 아파트에 투자해 현금흐름 280만 원을 만들었다. 캐나다와 한국을 오가며 미니멀리스트로 살고 있다.**

---

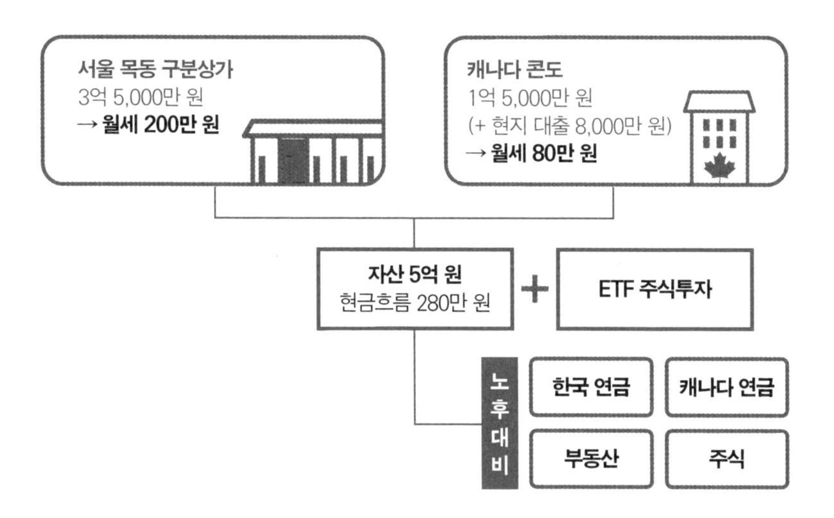


경희 씨 자산에서 발생하는 280만 원의 현금흐름은 아주 탄탄하다. 세계경제 위기가 오지 않는 한 자산가치가 급락할 리 없을뿐더러 오히려 지가 상승에 따라 인플레이션 방어도 된다. 연봉으로 3,360만 원 정도 되는 이 돈은 경희 씨가 일 년 생활하고도 남아 ETF 등의 주식 투자도 하고 있다. 동시에 경희 씨는 노후대비도 빼놓지 않고 있다. 노년기 캐나다와 한국에서 지급되는 연금까지 포함하면 경희 씨는 그야말로 여유롭고 다채로운 노후 생활을 즐길 수 있을 것이다.

# 21

저축 및 부동산 투자

순자산 18억 원

김민재

36세

# 자본주의라는 게임에서 승리하기 위해 해야 할 것

20대에 게임기획자가 되어 엔씨소프트에서 일하던 김민재 씨는 같은 직장에 다니는 9년 만난 여자 친구와 동반 퇴사를 감행했다. 30대 중반 이후의 삶은 회사 일이 아닌 오로지 자신이 하고 싶은 일만 하면서 살겠다는 결심 때문이다. 직장을 다니는 동안 악착같이 아끼고 모아 투자로 불린 18억 원을 여자 친구와 둘이 평생 다 쓰고 죽겠다는 야심 찬 계획도 세웠다. 더 이상 생계 자체가 목적이 되는 일은 하지 않고 소유를 위한 지출도 줄이면서 경험이 중심이 되는 삶을 살겠다는 의지다. 호기롭게 회사에 사표를 던진 후 이 커플은 제주로 건너가 올레길을 걷고 자연을 만끽하면서 설레는 도전을 준비하고 있다.

김민재 씨가 여자 친구와 동반 퇴사를 실행할 수 있었던 건 그동안 저축하고 투자해 만든 18억 원이라는 자산 덕분이다. 그는 20대에 게임기획자의 꿈을 이뤄 취업과 동시에 월급으로 받는 돈을 아끼고 모아 하루빨리 경제적 기반을 다져야겠다는 생각부터 했다.

취업준비생일 때는 그저 게임기획자가 될 수만 있다면 더는 바랄 게 없다고 생각했다. 그리고 엔씨소프트라는 대기업으로 능력을 인정받아 이직했을 때도 직장에 대한 만족도는 높았다. 하지만 직장인으로 생활하다 보니 아무리 하고 싶었던 일이라고 해도 원하는 만큼, 원하는 방식대로 할 수 없다는 현실을 깨달았다. 직장 생활이란 원래 이런 것이라고 체념하기에는 아직 남은 30대, 40대의 젊은 날들이 너무나 아깝게 느껴졌다.

> "막상 취업해보니 사회에서는 원하는 일만 할 수도 없거니와 원하는 나이까지 일할 수 있다는 보장도 없는 걸 알았어요. 자신을 지키고 제가 원하는 삶을 살아가려면 제가 원하는 때에 원하는 사람과 원하는 일을 선택적으로 할 수 있어야 한다고 생각했는데, 직장 생활은 그게 어려운 구조죠. 그렇다면 경제적 기반을 닦아서 선택할 수 있는 환경을 만드는 게 답이라고 생각했습니다."

취업 전 가난했던 시절에 대한 기억도 경제적 자유의 꿈에 큰 영향을 미쳤다. 민재 씨는 넉넉지 않은 어린 시절을 보내며 가난의 무서움을 누구보다 잘 알았다. 돈이 없기 때문에 원하지 않는 일도 억지로 참으며 해야 하는 상황, 원하지 않는 사람들과 원하지 않는 시간을 힘겹게 보냈던 기억 등 그 무게와 고통을 알기 때문에 자신을 보호하기 위해 저축과 투자에 누구보다 일찍 눈을 뜰 수 있었다.

대학 때도 등록금과 생활비를 직접 벌어야 했기에 학기 중에는 주말에, 방학 때는 주중과 주말을 가리지 않고 일했다. 편의점, 영화관, 우체국, 물류, 냉난방기 설치, 방송국 무대 설치 등 안 해본 아르바이트가 없었다. 돈이 가진 무서움과 돈의 힘을 아는 사람은 돈을 함부로 쓰거나 낭비하지 않는다. 다시 힘들었던 과거로 돌아가지 않기 위해 그가 했던 노력이 결국 그를 경제적 자유로 이끈 동기였던 셈이다.

## 대기업 사원이 그토록 궁상맞게 살았던 까닭

민재 씨는 절약과 저축에서는 그야말로 고수다. 그는 꼭 필요한 곳에만 지출하고 불필요한 지출은 거의 하지 않는 놀라운 절제력의 소유자다. 직장 생활 내내 세후 월급의 80퍼센트 이상을 저축했고 최대 저축률이 무려 93.5퍼센트였던 적도 있었다. 같은 직장에서 일하며 동거 중인 여자 친구와 저축을 함께 하는데 두 사람의 연평균 저축액은 보통 1억 원에서 1억 3,000만 원 정도다. 이는 한 달 생활비, 주거비를 제외하고 20~30만 원밖에 지출하지 않는다는 얘

기다. 그마저도 회사에서 제공되는 연 250만 원 한도의 복지 카드로 대부분을 지출하고 자신의 카드로는 세금과 공과금, 비상금 용도로만 쓴다고 한다.

직장인이 일상생활에서 가장 많이 지출하는 것이 보통 밥값과 술값, 커피값, 교통비다. 민재 씨는 밥은 대부분 회사 구내식당에서 해결하고 불필요한 친목 모임은 자주 갖지 않는다. 커피도 스타벅스 같은 프랜차이즈 커피전문점을 드나들지 않고 회사 탕비실에서 인스턴트커피를 마시는 것으로 대체했다. 회사 가까이 살면서 교통비도 줄였다. 차도 값비싼 외제 차를 할부로 사는 게 아니라 국산 경차를 구매해 구입비용은 물론 유지관리비도 아꼈다. 데이트할 때도 좋은 레스토랑, 커피숍을 찾기보다는 주로 산책을 하고 편의점 커피를 마시며 집에서 직접 요리를 해서 먹는 식으로 비용을 대폭 절감했다.

누군가는 민재 씨의 모습을 보고 그렇게까지 아껴가면서 살고 싶지는 않다고 할지 모른다. 실제로 그는 "좀 쓰고 살아라"라는 이야기를 듣기도 했다. 하지만 그는 남의 시선이나 이야기를 의식하기보다는 자신이 세운 목표에 집중했다.

저축은 당장 좀 불편하고 '티끌 모아 티끌'인 것처럼 느껴질 수 있지만 시간이 축적되면 하기 싫은 일은 하지 않을 수 있도록 만들어주는 '힘'을 지녔다. 지금 쓸 돈을 아끼는 행위는 미래의 시간을 사는 일이라는 생각으로 그는 자신의 신념을 꿋꿋하게 지켜나갔다. 그리고 한 해, 한 해 지날수록 그의 통장에 쌓인 돈들은 그를 조금씩 더 자유롭게 만들어주는 기반이 되었다.

## 자본은 곧 전투력이다

게임기획자답게 민재 씨는 인생을 하나의 게임으로 인식하며 재미있는 저축을 해나갔다. 게임 속 캐릭터는 '나'이고 게임은 자본주의 사회다. 이 공간에서 자본, 즉 돈은 전투력이다. 한 달에 100만 원을 저축하면 100만 포인트만큼 내 캐릭터의 전투력이 향상된다. 전투력이 높을수록 갈 수 있는 던전이 다양해지고 외부의 공격을 받아도 쉽게 죽지 않는다.

반대로 전투력이 낮으면 던전의 종류가 제한되고 작은 공격에도 쉽게 무너져 죽을 수 있다. 이런 식으로 그는 어떻게 하면 전투력, 즉 자본을 늘려갈 수 있을까 고민하면서 즐겁게 저축을 이어나갔다고 한다.

전투력 상승을 위한 자신만의 원칙도 만들었다. 우선 '소득은 올리고 소비는 줄이는 전략'이다. 직장인은 매년 연봉이 인상되거나 보너스를 받는 등 소득이 증가하는데 보통은 소득이 늘어난 것보다 씀씀이가 더 커지는 경우가 많다. 그래서 총수입 대비 총비용으로 계산해보면 결국 가용현금은 더 줄어드는 경우가 적지 않다.

민재 씨는 연봉이 오르거나 보너스가 생겨 수입이 늘더라도 월 지출을 20~30만 원으로 묶어두었다. 큰돈이 입금되어 기분이 좋은

날, 비싼 레스토랑에 가서 외식하고 싶어도 집에 일찍 들어와 초심을 잃지 말자는 마음으로 오히려 라면을 끓여 먹었다. 소비가 습관이 되지 않도록, '텅장'을 방지하는 자신과의 약속 같은 의식을 만든 셈이다.

두 번째 원칙은 '꼭 필요한 소비'와 '있으면 좋은 소비'를 구분하는 것이다. 병원비나 약값 등 건강을 위한 소비는 아끼지 않지만 최신 폰, 데이터 무제한 요금을 사용하는 것은 하지 않는다. 나온 지 조금 된 구형을 쓰고 알뜰폰을 사용해도 충분하다. 이렇게 '있으면 좋은 소비'를 아껴서 저축 가능액을 늘려나가는 전략은 그가 더 빨리 경제적 기반을 마련하는 무기가 됐다.

마지막은 '구색 소비'를 경계하는 전략이다. "비 오는 날엔 파전이지", "밥 먹었으면 커피 한잔해야지", "영화관 왔으면 팝콘 먹어줘야지" 등을 그는 구색 소비로 분류했다. 이런 지출만 줄여도 버는 돈에서 모을 수 있는 금액이 훨씬 더 늘어날 수 있다. 가계부를 꾸준히 쓰면서 수입과 지출을 분석하고 꾸준히 저축액이 쌓이도록 하는 게 중요하다.

## 부동산 게임에 참전하다

민재 씨는 저축뿐만 아니라 재테크도 뚜렷한 주관을 가지고 똑똑하게 실행했다. 저축만 계속하는 건 자산을 불리는 데 시간이 너무 오래 걸리기 때문에 비교적 안전한 부동산 투자를 꾸준히 알아보면서 기회가 오면 실행에 옮겼다.

우선 소액투자로 부동산 투자에 대한 경험을 쌓았다. 2016년 천안신도시 분양권에 2,500만 원가량을 투자해 3개월 후 1,000만 원의 프리미엄을 받고 파는 형태로 분양권 투자를 몇 차례 경험했다. 그러다 2018년 용인 수지구의 한 아파트를 3억 8,500만 원에 사들여 2년 실거주한 뒤 6억 7,000만 원에 매도하는 방식으로 거주를 병행한 투자로 옮겨갔다. 여기서 발생한 2억 8,000만 원가량의 차익과 그동안 저축한 돈을 더해서 매도 후에는 더 나은 투자 대상을 적극적으로 모색했다.

그는 평소 여자 친구와 산책 겸 부동산 임장을 하면서 직장이 있는 판교 일대를 꼼꼼히 살펴봤다. 출퇴근하는 직장인이 많고 교통과 인프라, 생활환경이 좋아 누구나 살고 싶을 만한 동네라는 확신이 들어 2020년 판교의 한 아파트를 9억 3,500만 원에 매수했다. 당시 대출은 2억 원가량이고 나머지는 대부분 저축으로 모은 돈과 투자로 일부 벌어들인 차익이었다. 이 아파트의 현재 시세는 15억 원 안팎인데 매수한 후 대출을 열심히 갚은 덕분에 대출은 제로인 상태다.

조기 은퇴를 앞두고 좀 더 안전하고 장기적인 투자를 위해 고민한 민재 씨는 판교 아파트를 전세로 돌리고 전세보증금으로 받은 6억 5,000만 원을 성남 재개발 입주권에 투자했다. 대출은 하나도 활용하지 않고 전세보증금을 레버리지한 투자다. 이 아파트에는 2022년 직접 입주해 실거주할 예정이다. 재개발 입주권의 경우 초기 투자금은 많지만 시세보다 저렴하게 취득할 수 있어 종잣돈을 보유한 그에게 적격이다. 향후 금리인상이나 경제위기가 오더라도 아파트를 짓고 분양하고 입주하는 과정을 거치면서 매입 당시보다는 가격이 크게 오른다는 기존의 데이터를 확인하고 비교적 안정적인 투자를 한 셈이다.

### 100세까지 18억 원 다 쓰고 죽는 게 목표

민재 씨의 자산은 판교 아파트, 성남 재개발 입주권, 현금성 자산 1억 원 등 총 18억 원이다. 그는 성남 아파트에 2년간 실거주한 후 매도해 현금을 만들어 조기 은퇴 이후 필요한 자금으로 활용할 계획이다. 양도소득세는 2년 실거주 조건을 충족하면 매도가 12억 원 초과분에 대해서만 과세된다. 매도한 차액은 미국 배당 ETF에 투자해 월 배당소득을 받으면 현재 30만 원 수준의 배당을 포함해 월 200만 원의 현금흐름이 만들어진다. 판교 아파트는 인플레이션 헤지 목적으로 반전세로 전환해 장기 보유할 계획이다. 판교 아파트

민재 씨의 현금흐름 계획

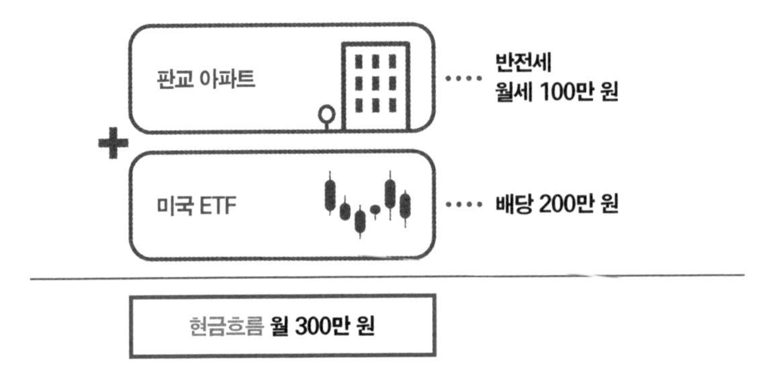


반전세에서 발생하는 현금흐름은 월 100만 원으로, 총 월 300만 원의 현금흐름을 확보할 수 있다.

"제 목표는 그동안 열심히 저축하고 불린 자산을 100세까지 다 쓰고 죽는 거예요. 강남 아파트 한 채도 못 사는 돈이라고 생각할 수 있지만 사람마다 추구하는 가치와 행복은 다르니까요. 더 이상 돈 버는 게 목적이 되는 일은 하지 않고 적당히 쓰면서 하고 싶었던 일에 마음껏 도전하며 살 생각입니다."

민재 씨는 저축도, 투자도, 퇴사 이후의 삶도 스스로 선택하고 자신의 선택을 책임지며 행복하게 살아가겠다고 한다. 퇴사 이후 제주로 가서 여자 친구와 올레길을 걸으면서 앞으로 살아갈 방향에 대해 충분히 이야기하고 서두르지 않고 하나씩 차근히 도전하기로 했다. 둘은 법적인 인증을 받는 결혼을 하고 자녀를 출산할 계획이 없다. 그동안 이미 오랜 기간 사랑과 신뢰에 기반해 함께 살아왔고 앞으로도 그렇게 인생의 동반자로 함께하겠다는 생각이다. 어떻게 살아야 가장 행복할까에 초점을 맞춰 선택하고 용기 있게 살아가는 커플이다.

'강남 아파트 한 채도 못 살 돈으로 조기 은퇴를 한다고?'

'결혼하지 않고 아이를 낳지 않는 사랑이 오래갈까?'

'남들은 들어가기도 힘든 엔씨소프트를 왜 제 발로 걸어 나와?'

이 커플의 이야기를 듣고 많은 사람이 이런 생각을 할지 모른다. 그렇다면 민재 씨는 이렇게 되물을 것이다.

"모두가 강남 아파트 집주인이 되는 게 꿈일까요?"

"결혼하고 아이를 낳는 게 필수일까요?"

"언제까지고 남아 있을 수 있는 좋은 직장이 있을까요?"

사람마다 행복할 수 있는 기준은 다르다. 삶에는 정답이 없다. 내 삶의 옳고 그름은 타인이 판단하고 평가할 수 있는 문제가 아니다. 이들은 최소한 온전히 나답게, 내 힘으로 행복하기 위해 용기 있는 선택을 했고 멋진 인생의 출발선에 다시 섰다.

## 부의 테크트리

**월급의 90퍼센트에 이르는 극도의 절약으로 종잣돈을 모았다. 부동산 규제 전 분양권 투자, 실거주 후 양도소득세 비과세 혜택을 활용해 차익을 실현했다. 현재 판교와 성남에 아파트(재개발)를 소유하고 있고, 이를 통해 퇴사할 수 있는 현금흐름을 만들었다.**

---

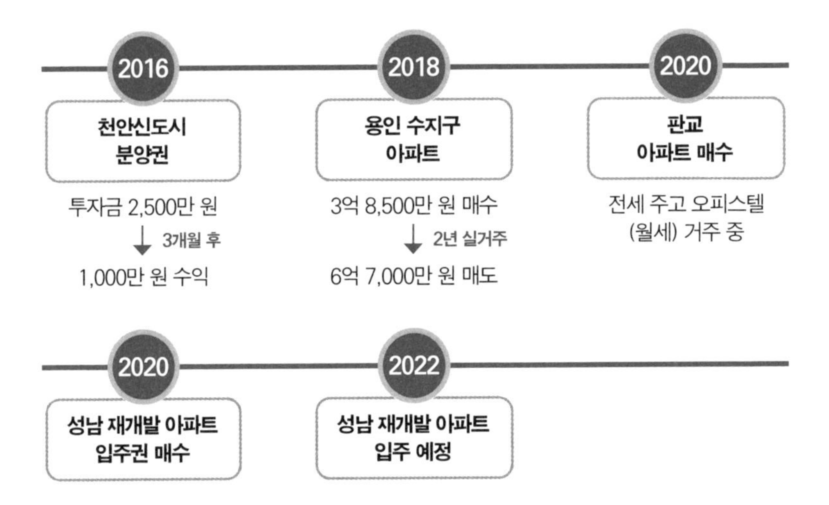


민재 씨는 경기 남부 지역의 호재가 명확한 지역의 똘똘한 아파트 위주로 투자를 했다. 첫 분양권 투자를 성공적으로 경험한 뒤, 실거주 후 양도소득세 비과세 혜택을 활용해 절세했다. 동시에 극도의 절약으로 판교 아파트의 대출금을 모두 갚았으며 이를 전세화해 성남 재개발 입주권을 매수했다. 현재 최소 300만 원 이상의 현금흐름을 구축하는 과정에 있다.

MILLENNIAL
SUPER RICH

# RICH CODE 5

# 최고

## PEAK

대체할 수 없는 최고가 되어 부를 축적한다

**Peak**

로버트 기요사키는 경제적 자유를 이루고 부자가 되는 길은 두 가지가 있다고 말했다. 하나는 수익을 거두는 시스템을 만들고 직원을 고용해 사업가가 되는 길, 다른 하나는 좋은 시스템을 갖추고 높은 수익을 벌어들이는 기업에 투자하는 자본가가 되는 길이다. 하지만 누구나 투자가 적성에 맞는 것은 아니다. 자신이 좋아하고 잘하는 분야에서 최고가 되어 높은 부가가치를 창출하고 경제적 자유를 얻는 사람들도 있다. 물론 소수이기는 하지만 말이다.

자신이 일하는 분야에서 최고가 된다는 것은 평범한 직장인에서 특별한 전문가가 되는 멋진 일이다. 그렇게 되면 회사의 울타리를 나가더라도 자신의 브랜드로 더 크게 성장해나갈 수 있다. 드물지만 자신의 일로 최고가 되고 경제적 자유까지 이룬 자산가들은 동료와 똑같은 일을 하면서도 어떻게 하면 남들과는 다르게 할 수 있을지를 끊임없이 고민한 사람들이었다. 이들은 남들이 번거롭고 힘들어서 안 하려고 하는 일을 기꺼이 하고 자신의 부족한 모습을 정면으로 직시하고 개선해나갔다. 이들은 '돈을 많이 벌면서도 편하고 쉬운 일은 없다'는 사실을 누구보다 잘 알았다. 그래서 그토록 자신의 분야에서 최고가 되려고 계속 노력했던 것이다.

# 22

편의점 메가프랜차이지

연매출 100억 원

김진우

44세

# '매의 눈' 김과장이 회사를 나와 100억 기업가가 된 비결

평범한 회사원에서 출발해 기업형 프랜차이즈 점주로 월 순익 6,000만 원, 순자산 40억 원 이상을 일군 김진우 제스트리테일 대표는 한 가지를 깊이 판 덕분에 경제적 자유를 이뤘다. 그는 직장에서 10여 년간 갈고닦은 노하우로 조기 은퇴해서 투자형 점주로 편의점 여덟 곳을 운영하고 있다. 물론 직접 일터에 나가 일을 하지는 않는다. 이렇게 직원과 아르바이트를 두고 운영되는 편의점들은 매달 그에게 경제적·시간적 자유를 누릴 수 있는 여유를 가져다준다.

국내에서는 생소하지만 미국, 일본 등 해외에서는 익숙한 개념인 '메가프랜차이지mega-franchisee'는 김진우 씨처럼 한 매장을 성공시킨

후 계속해서 확장하며 규모의 경제를 이뤄나가는 방식이다. 매장 하나를 운영할 때는 가맹점주에 그치지만 여러 개 매장을 운영하면 기업가로 성장하고, 그렇게 쌓인 노하우가 점포 확장과 조기 안착에 활용된다. 실제로 진우 씨가 운영하는 편의점들은 경쟁이 치열한 시장에서 매출 최상위권을 기록하는 곳들이 많아 사업 확장의 든든한 기반이 되고 있다. 그가 운영하는 편의점 여덟 곳의 합산 연매출은 2021년 기준 100억 원을 돌파했다.

직장에서 하던 일을 내 사업으로 만들 수 있는 역량은 직장 생활을 오래 한다고 해서 갖출 수 있는 것은 아니다. 이미 갖춰진 시스템 안에서 굴러가는 업무에 익숙해지다 보면 매달 꼬박꼬박 나오는 월급과 안정적인 생활에 익숙해져 내 것을 만들어가는 일에는 무감각해지기 마련이다.

진우 씨가 평범한 동료 직원들과 달랐던 것은 약 10년 동안 일하며 배운 점포 개발 노하우를 단순히 일이 아니라 '나의 기술'로 발전시킬 줄 알았기 때문이다. 그 바탕에는 오래전부터 대기업 직장인의 비애를 가까이서 지켜봤던 아버지의 영향이 컸다.

> "첫 직장에 입사하는 날 아버지께서 말씀하셨죠. 회사에서 과장을 달면 퇴사하고 나와서 네 할 일을 찾아야 한다고요. 아버지는 대기업 마트에 물건을 납품하는 일을 40년 넘게 하셨는데, 거래처 직원들이 정년을 못 채우고 나와서 불안한 노후를 보내는 것을 보셨어요. 그래서 늘 '구멍가게를 해도 내 것을 해

야 한다'라고 하셨는데 그게 사업을 하는 데 영향을 많이 미쳤습니다."

## 강남 편의점을 주름잡던 점포 개발 회사원

진우 씨는 세븐일레븐, GS25, 홈플러스익스프레스 등 편의점 회사를 두루 거치며 점포 개발 업무를 담당했다. 업무에 두각을 나타내 실적으로 사내 1등을 기록해 받은 상도 많다. 주로 서울 강남구, 송파구 같은 핵심 지역 점포 개발을 맡아 하루 300만 원 이상의 매출을 내는 경쟁력 있는 점주들을 가까이서 보며 꿈을 키워나갔다. 그리고 그렇게 쌓은 경험은 그가 직접 운영할 점포를 알아보면서 확신을 갖고 투자할 수 있었던 발판이 되었다.

우선 그는 출근길에도 들러 점검할 수 있는 가까운 지역인 역삼동 편의점 오픈을 시작으로 청담동, 한양여대에 점포를 추가로 열어 안착시켰다. 초기 투자자금이 부족했지만 이익을 낼 수 있다는 확신이 있었기에 가족과 친구에게 수억 원을 빌려 리스크를 지고 투자를 감행했다. 이런 공격적인 투자 덕분에 당시 그가 회사로부터 받는 월급은 세후 실수령액 400만 원 수준이었지만 그 없이 운영되는 편의점 세 곳에서 나오는 순익이 월 1,500만 원에 이르렀다. 오랜 시간 쌓은 경험과 노하우를 묵히지 않고 적기에 실행해서 일궈낸 성과였다.

진우 씨의 이런 시도를 보고 누군가는 회사 생활을 하면서 접한 고급 정보를 사익에 이용한 사례라고 오해할 수도 있다. 하지만 좋은 입지를 파악하고 선점해서 예상한 만큼의 매출을 내고 제대로 운영하는 것은 결코 해당 업무를 오래 했다고 얻을 수 있는 노하우가 아니다. 그리고 점포 개발 업무를 하는 직장인 모두가 쉽게 도전해서 이 같은 성과를 낼 수 있는 것도 아니다. 내가 속한 회사의 시스템과 자원 없이도 그 이상의 의사결정을 하고 수익을 낼 수 있는 역량을 갖추는 건 직접 발품을 팔고 리스크를 감내해가며 경험하는 과정에서만 얻을 수 있는 것이다.

진우 씨는 강남 3구 점포 개발 과정에서 자본력과 실력을 갖춘 점주들을 가까이에서 보고 배울 수 있었던 게 성공의 열쇠였다고 말한다. 그들이 어떻게 매장에 투자하고 관리하는지를 볼 수 있었고, 하루 매출이 300만 원을 넘어서면 회사에서도 함부로 할 수 없을 정도로 갑을 관계가 뒤바뀐다는 것도 배웠다. 스스로 입지를 보는 안목을 갖추고 최고의 입지에 매장을 열어 직접 운영할 수 있다면 다른 프랜차이즈 점주들과 차별화된 길을 걷고 경제적 자유도 충분히 이룰 수 있겠다는 답이 나왔다.

그는 편의점 매장을 세 곳 오픈하고 투자소득이 근로소득을 세 배 이상 넘어선 시점인 35세에 조기 퇴사를 결심하고 본격적인 메가프랜차이지의 길로 접어들었다. 퇴사 이후에는 손에 지도를 들고 예전에 자신이 담당했던 강남 일대를 매일 걸어 다니며 점포 입지를 살폈다.

편의점 오픈 전 과정 조직도

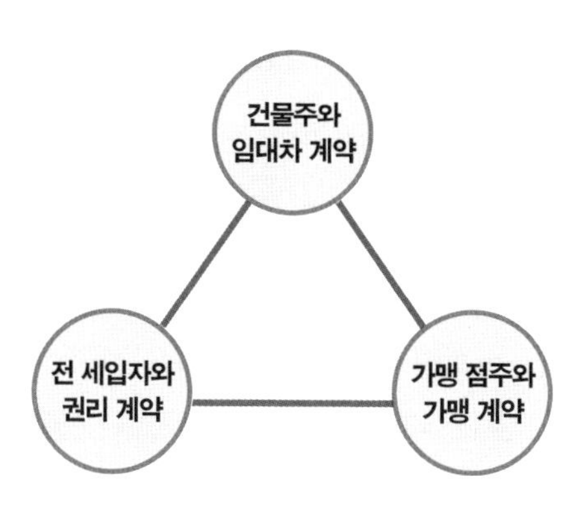


좋은 입지란 답이 나와 있는 것 같지만 현장에선 수많은 변수가 존재하기 때문에 단기간에 안목을 기르기는 어렵다. 특정 상권 안에서도 대로변에 자리한 곳인지, 이면도로에 자리한 곳인지에 따라 임대료와 접객 수가 달라진다. 지하철 출입구에서 가까운 대로변은 임대료는 비싸지만 스쳐 지나가는 사람들이 대부분이며 실제 소비는 이면도로에 접한 매장에서 이뤄지는 경우가 많다.

또 사람들이 지나다니는 주 출입문 동선과 유동 인구를 세세하게 분석할 줄 알아야 내 점포에 얼마나 많은 고객이 방문할지를 가늠할 수 있다. 주거지 배후세대가 많고 주 출입문 인근 사람들의 동선이 집중되는 곳, 독신가구나 젊은 세대가 많이 거주하는 직주근접지가 그가 선호하는 좋은 입지다. 단, 많은 사람이 오가면서도 적정 임대료를 지불할 수 있는 곳에 점포를 열어야 높은 수익을 창출할 수 있다.

좋은 입지를 발견했을 때 투자금을 준비해 곧바로 계약한 것도 진우 씨의 성공을 견인한 중요한 역량 중 하나였다. 이런 빠른 실행을 위해서는 평소 상가 점포를 다루는 부동산 중개인과 꾸준히 교류하는 것이 필수다. 좋은 점포를 추천받으면 즉각 입지와 투자금 대비 수익을 분석해 결정해야 기회를 놓치지 않는다. 진우 씨는 확신을 바탕으로 한 실행력으로 잠실 등 서울 최고 입지에 편의점을 오픈하고 뒤이어 수도권에 매장을 여덟 개까지 확장했다. 그리고 이로써 연매출 100억 원을 내다보는 기업가로 거듭날 수 있었다.

## 첫째도 입지, 둘째도 입지다

일반인들을 고객으로 한 가게를 운영하려는 자영업자들은 점포를 얻고 사업을 시작하는 과정에서 입지 보는 안목을 반드시 길러야 한다. 상가에 투자해 세입자로부터 월세를 받으려는 건물주조차도 입지를 보는 눈이 없으면 좋은 투자를 하기 어렵다.

상가는 부동산 초보들도 쉽게 할 수 있는 아파트 투자와 달리 시세 정보가 오픈되어 있지 않고 입지가 천차만별이어서 고수의 영역으로 여겨진다. 잘 모르고 접근하다가는 '꾼'들의 꼬임에 넘어가 큰 투자금을 날리기 쉽다. 상가가 들어서기 좋은 입지는 물론 업종마다 다르겠지만 기본적인 사항들을 충족시키는지 잘 살펴야 한다.

진우 씨는 우선 좋은 상가 입지의 요건으로 배후세대가 많은 곳을 꼽는다. 편의점이나 세탁소, 미용실, 반찬가게 등은 주거 배후세대가 밀집된 곳에 자리 잡아야 한다. 업종에 따라 독신가구나 젊은 세대, 직주근접지 등 어떤 사람들이 주로 사는 곳인지도 꼼꼼히 따져봐야 한다. 상가 건물에 입점한다고 가정하면 같은 건물이라도 주 출입문이 어디에 있고, 사람들이 주로 오가는 이동 통로가 어디인지를 눈여겨봐야 한다.

유동 인구가 중요한 게 아니라 가게 앞을 오가는 고객이 단순 이동을 목적으로 움직이는지, 구매를 목적으로 움직이는지를 봐야 한다. 대로변 상가는 분양가는 물론 임대료도 높게 책정되지만 임대료 대비 수익은 이면도로 점포가 훨씬 나은 경우가 많다.

입지를 잘 본다는 것은 이런 요소들을 종합적으로 고려해 좋은 자리를 알아보는 눈이 있다는 의미다. 많이 다녀보고 조사하고 세세하게 들여다봐야만 알 수 있다.

## 의외로 직장에서 배우는 건 많다

진우 씨는 경제적·시간적 자유를 얻고 원하는 일을 하며 살고자 한다면 직장 생활을 하면서 경쟁력을 길러야 한다고 강조한다. 자신이 일한 분야에서 노하우를 꾸준히 축적하면 나중에 밖에서 내 것을 만들 수 있는 기반이 생긴다는 것이다. 해보고 싶은 사업이 있다면 그 일을 하는 회사에 들어가 오랫동안 노하우를 갈고닦는 게 최

최고

고의 지름길이자 확실한 방법이다. 그 후에도 시장에 나와 직접 부딪히면서 배워야 할 것들이 많지만, 일하면서 체득한 것은 무엇과도 바꿀 수 없는 자산이 된다는 게 그의 생각이다.

회사의 울타리를 벗어나 경쟁이 치열한 시장에 나와서도 살아남으려면 '1만 시간의 법칙'을 기억해야 한다. 한 분야를 깊이 이해하고 경쟁력을 갖추려면 1만 시간 이상, 즉 하루에 세 시간씩 10년을 노력해야 한다는 이야기다. 입지를 보는 눈도 없으면서 무턱대고 상가에 투자하거나 업종에 대한 이해도 없이 덜컥 가게부터 오픈하는 것은 그저 운에 기대겠다는 무모한 도전에 불과하다. 자신이 도전하고 싶은 분야가 있다면 일정 기간 직접 그 일을 경험해보거나, 그게 어렵다면 아르바이트 형태로라도 사전에 충분히 경험하는 시간을 가져야 한다.

흔히 경제적 자유를 꿈꾸는 사람들은 지금 자신이 하는 일에 만족하지 못하는 경우가 많다. 하지만 직장에서 독립해 내 사업을 꾸려나가면서 경제적·시간적 자유도 동시에 누리고 싶은 사람이라면 관심 있는 분야의 회사에서 일하는 시간을 잘 활용해야 한다. 회사는 단순히 내 노동을 제공하고 근로소득으로 보상받는 곳이 아니라 내가 원하는 일을 할 수 있는 기초 역량을 익히고 기르는 훈련장이다.

그렇게 회사에서 배운 기술이 시장에서 쌓은 감각과 만나면 누구도 쉽게 흉내 낼 수 없는 비장의 무기를 갖추게 된다. 지금 내가 하는 일에 집중하면서 우선 실력을 키우는 것이 성공에 가까워지는 길이다.

진우 씨는 직장 생활을 할 때도, 퇴사 이후 사업가로 변신한 후에도 같은 서울에 살고 있지만 이전과 180도 다른 세상에 살고 있다. 사업가로서 시장과 일, 돈을 바라보는 시각은 직장인일 때와 완전히 달라졌다. 그는 이제 정해진 시간에 사무실로 출근하고 퇴근하는 일과를 반복하지 않는다. 퇴근 후 직장 동료들과 삼겹살에 소주잔을 기울이며 실적을 걱정하고 회사 이슈에 골몰하지 않는다.

이제는 아침에 여유롭게 일어나 가족들과 식사를 하고 아이들을 유치원에 보낸 후 홈트레이닝을 하고 집 가까운 곳에 얻은 사무실로 나간다. 혼자만의 놀이터 같은 이 공간에서 그는 사업을 구상하고 인맥을 관리하고 유망한 투자처를 알아보거나 앞으로 나아갈 방향을 고민한다. 더 이상 생계를 위해 노동하지 않아도 매달 6,000만 원이 넘는 사업소득을 벌어들이고 법인에도 자산이 차곡차곡 쌓여 더 나은 투자의 기회가 얼마든지 열려 있다.

앞으로 그는 메가프랜차이지 영역을 확장해서 사업체를 키우고 남부럽지 않은 사옥을 마련하는 꿈을 꾸고 있다. 자신이 만든 시스템이 자동으로 굴러가면서 몸집을 불리고 있는 덕분에 더 큰 꿈을 꾸고 성장할 수 있는 분야에 시간을 투자하고 있다.

직장을 그만두면서 자녀 교육에 대한 시각도 크게 바뀌었다. 그는 아이들이 마음껏 원하는 일에 도전하고 실패할 수 있는 기반을 만들어주고 싶다는 꿈이 생겼다. 대학에 들어가고 직장을 다니는 평범한 삶을 살기보다는 재능과 적성을 살린 일에 도전해서 행복하게 먹고살 수 있는 아이들이 되기를 바란다. 그 토양을 닦는 일이 아빠가 해줄 수 있는 역할이라고 그는 믿고 있다.

**국내 주요 대기업 리테일 회사에서 우수사원으로 일하면서 자신만의 점포 개발과 운영 노하우를 구축했다. 그 이후 퇴사해 연매출 100억 원의 여덟 개 편의점 메가프랜차이지가 됐다.**

---

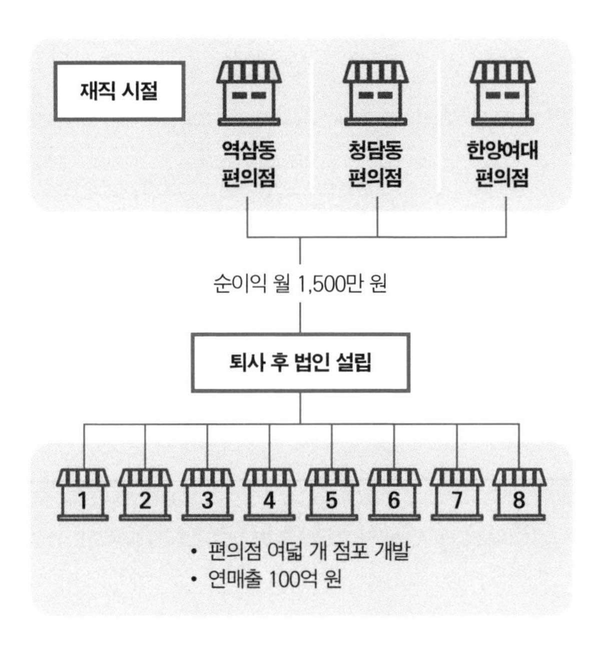


진우 씨는 재직 시절부터 자신의 사업을 준비해왔다. 역삼동, 청담동, 한양여대 근처에 편의점 세 곳을 성공적으로 오픈하고 순수익 월 1,500만 원을 만들어냈다. 퇴사 이후 법인기업 ㈜제스트리테일을 설립하여 편의점 여덟 개를 열고 연매출 100억 원을 달성했다

# 23

# 왜 1,000억대 자산가들은 그에게 선뜻 자산을 맡기는가

대한민국 최고 마스터PB

월수입 1억 원 이상

서재영

58세

금융투자업에 종사하는 직장인의 수명은 다른 업종보다 상대적으로 짧다. 시시각각으로 변화하는 시장 상황에 발 빠르게 대응해야 하고 고객들도 젊은 인재에게 자산을 맡기는 것을 선호하는 탓이다. 높은 투자수익률을 자랑하는 펀드매니저나 실적이 좋은 애널리스트들이 대부분 30~40대에 교체되는 것은 자연스러운 일이다. 그런데 그중에 은퇴 걱정 없이 여전히 고객이 끊이지 않는 '베테랑' 투자 전문가가 있다. 고액자산가의 돈을 관리하고 불려주는 PB업계의 레전드 서재영 NH투자증권 프리미어블루센터 마스터PB가 그 주인공이다.

서재영 씨는 매년 미디어에 '올해 최고 연봉을 받은 PB'로 빠지지 않고 이름을 올린다. 연봉이 평균 12억 원 이상이고 지금까지 PB로 일하면서 받은 월급만 100억 원이 넘는, 그야말로 성공한 직장인이다. 고액 연봉 탓에 매년 내는 건강보험료만 평범한 직장인 연봉 수준에 이를 정도다.

그가 자타공인 대한민국 최고의 PB로 자리매김할 수 있었던 것은 한 직장에 목매지 않고 여러 직업을 경험하며 자신만의 차별화된 역량을 쌓았기 때문이다.

그는 사회초년생 시절 공무원부터 애널리스트, 펀드매니저를 두루 경험하며 투자 감각을 차곡차곡 쌓았다. 남들은 평생직장이라 믿고 한 회사만 수십 년 다니던 시절, 그는 자신의 적성에 맞는 일 그리고 경제적 자유를 이룰 수 있는 일을 찾아 한곳에 안주하지 않고 직장을 옮겨 다녔다. 펀드매니저를 하면서 비교적 높은 연봉을 벌고 있을 때도, 영업이라면 직장이 어디든 상관없이 오랫동안 일할 수 있겠다는 생각이 들어 수차례 면접을 봐가며 PB 일을 바닥부터 다시 시작했다.

유망 투자처를 발굴해 분석하고 직접 선별해 투자하는 역량은 그가 오래전 애널리스트와 펀드매니저로 일하며 꾸준히 쌓아온 역량이다. 여기에 고객을 직접 상대하면서 배운 영업 노하우까지 더해져 이제 그는 대체 불가한 인력으로 그 어떤 직장인보다 높은 연봉을 자랑하는 인재로 대우받고 있다.

그렇다면 재영 씨가 수십 년간 업계의 내로라하는 연봉킹으로 대접받는 비결은 무엇일까? 자세한 내용을 알아보자.

## 수년간 업계 '연봉 킹' 비결은 현장에 있다

재영 씨는 웬만한 MZ 세대보다 트렌드에 밝고 새로운 흐름에 민감하다. 그는 자산을 지키는 안정적인 투자보다는 미래산업에 공격적으로 투자해 높은 성과를 거둔다. 그런 그에게 고액자산가들은 수십억에서 수천억 원에 이르는 자산을 맡기고 그의 조언을 귀담아듣는다.

후배 PB들이 가장 닮고 싶어 하는 그의 강점은 현장을 발로 뛰며 트렌드를 빠르게 포착하고 이를 투자에 적극적으로 반영하는 안목과 실행력을 오랜 기간 길러왔다는 점이다. 그는 고객 자산관리 자체에 시간을 할애하기보다는 유망한 투자처를 찾기 위해 매일같이 현장을 누빈다. 상장 기업부터 비상장 스타트업까지 그의 발길이 닿지 않는 곳이 없다. 특히 여러 분야에 두루 관심을 가지기보다는 4차 산업 성장주에 집중해서 온라인 플랫폼을 기반으로 AI 기술을 접목한 서비스를 선보이는 기업을 발굴해 조기에 투자한다.

이런 기업을 발굴하려면 스타트업 투자설명회부터 펀딩 현장과 각종 포럼에 직접 참여하고, 사업을 이끄는 CEO들과 이야기를 나누고 새로운 기술의 개념과 적용을 이해해야 한다. 단순히 미디어나 뉴스에 나오는 표면적 정보 말고 현장의 진짜 흐름을 알기 위해서다. 그래서 그는 매일 정보가 오가는 현장을 찾고 또 찾는다.

그가 일찍부터 발굴해 투자한 스타트업들은 이제 누구나 이용하는 서비스로 급성장했다. 한 예로 중고거래 플랫폼 당근마켓은 허위 매물이나 성희롱 가능성이 있는 거래 행위에 대한 데이터를 모두 수집한 후 패턴을 분석한 AI 기술을 서비스에 접목해 안전하고 투명한 거래를 담보했다. 직접 만나거나 택배 거래를 많이 하는 중고거래 서비스에서 이런 위험을 사전에 감지하고 걸러낼 수 있다는 건 소비자들의 신뢰를 받기에 충분했다. 이미 기존 중고거래 플랫폼이 여럿 있었지만 AI 기술을 거래에 활용한 덕분에 당근마켓은 국내 1위의 독보적인 서비스로 급성장했다.

온라인 쇼핑 앱 에이블리도 그가 진가를 알아보고 투자해 성공한 사례 중 하나다. 에이블리는 AI를 활용한 추천 시스템을 한국에 맞게 적용해서 10대부터 30대까지 의류업계의 판도를 뒤흔드는 눈부신 성장을 이뤘다. 재영 씨는 현장에서 이런 스타트업들의 성장 가능성을 알아보고 선제 투자할 방법을 찾아 성과를 내는, 말 그대로 '미다스의 손'이다.

## 가상 부동산 투자하는 이상한 아저씨

재영 씨는 위와 같은 유망 기업에 투자하는 동시에 메타버스에 땅도 사고 암호화폐 투자도 하는 등 새로운 기술에 투사하는 것 자체를 즐긴다. 업계에서 손꼽히는 베테랑이자 누구보다 감각적인 투자로 인정받을 수 있었던 비결은 본인이 좋아하는 일을 찾아 분야를 좁히고 여기에 재미를 느끼며 몰두한 데 있다. 좋아하는 일, 재미있는 일을 해야 최고가 될 수 있고 직업 만족도도 높기 때문이다. 그는 많은 일을 두루 잘하는 제너럴리스트보다 꽂힌 일에 몰두하는 스페셜리스트가 되는 게 훨씬 효율적이라고 생각한다.

스스로 관심 있는 한 가지 분야를 선택해 몰두하는 것은 직장인이 남다른 성과를 내기에 좋은 전략이다. 많은 일을 두루 문제없이 잘 해내는 것은 '일 잘하는 사람'이라는 인상을 주지만 특정 분야에 뛰어난 성과를 내는 것은 '특별한 인재'라는 인식을 심어준다. 자신만의 뛰어난 역량을 축적하고 발휘할 수 있는 분야를 갖는다는 건 직장인으로 일하면서 근로소득으로 경제적 자유를 얻을 수 있는 방법 중 하나다.

다만 이런 전략이 모든 업종, 모든 직무에서 효과가 있다는 이야기는 아니다. 투자면 투자, 영업이면 영업 등 개인이 특정 분야에 특화된 역량을 오랜 기간 갈고닦은 후 이를 통해 성과를 냈을 때 보상이 확실히 이뤄지는 영역에서 일해야 가능한 이야기다. 재영 씨는 그런 분야를 찾아 직업을 바꾸고 직장을 여러 번 옮겨 다니며 자신의 몸값을 높이고 역량을 기른 경우다.

재미있고 즐기면서 할 수 있는 일로 경제적 자유까지 얻으려면 '좋은 직장'보다는 '좋은 직업'을 가져야 한다. 직장은 아무리 열심히 일해도 글로벌 경제위기나 업황 침체로 정당한 보상을 받지 못할 수도 있고, 나이가 들면 정년을 채우지 못하고 나와야 하는 경우도 많다. 하지만 경쟁력 있는 직업을 가지면 어떤 직장이든 구애받지 않고 자신의 역량을 마음껏 발휘하고 정당한 보상을 받을 수 있다. 정년이 가까워져도 그 사람을 대체할 수 있는 인력은 시장에서 항상 부족하기에 원하는 만큼 일하고 높은 연봉을 유지할 수 있다.

## 요즘 부자들은 이렇게 달라졌다

재영 씨에게 자산관리를 받고 투자 컨설팅을 맡기는 고액자산가들은 50~60대 이상 부자들도 많지만 젊은 부자들도 많다. 과거 무역업, 제조업, 부동산 등으로 자산을 축적한 부자들 외에 최근에는 온라인 플랫폼을 론칭해 키운 후 매각해서 큰 자산을 손에 쥔 부호들도 생겨나고 있다.

이들의 특징은 자산을 지키려는 안전한 투자보다는 미래 유망산업에 공격적으로 투자하는 것을 두려워하지 않는다는 점이다. 트렌드에 누구보다 민감하고 미래산업에 발을 담가 그 성장의 열매를 나눠 갖는 것에 주저함이 없다. 변화의 흐름에 누구보다 빨리 적응하고 투자 기회를 모색하는 게 요즘 부자들의 특징이다.

한국 부자 연대기

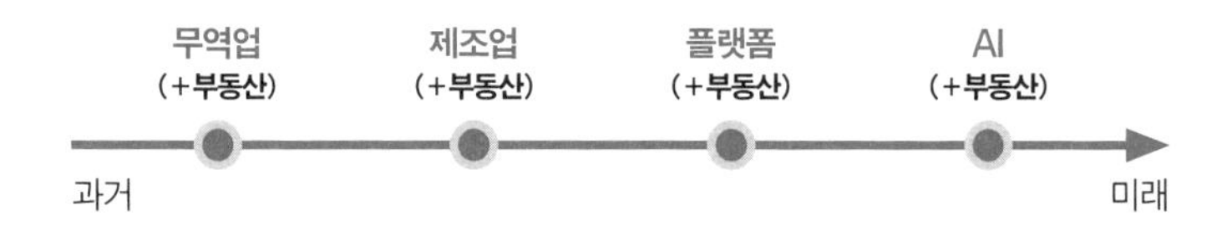


* 언제나 부동산은 부자들의 자산 증식 수단이다.

100억 원대 부자들의 자산관리 패턴

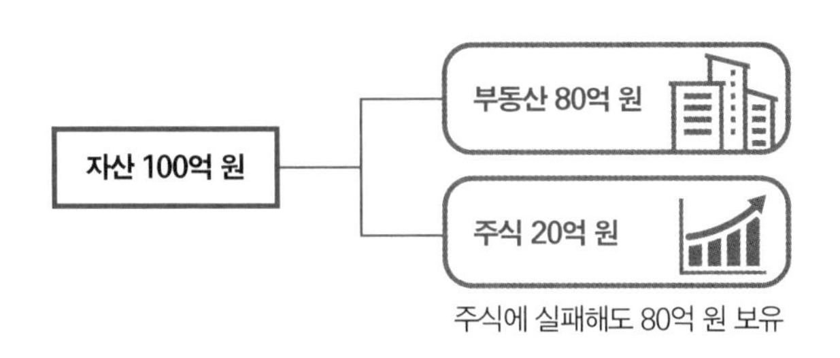


또 좋은 투자 기회를 발견하면 바로 베팅해서 높은 수익률을 거두는, 실행력이 뛰어나다는 특징이 있다. 어렵게 아끼고 절약해서 모은 자산을 지키려는 성향이 강했던 전통적인 부자들과는 확연히 다른 점이라고 할 수 있다. 특히 온라인 플랫폼은 과거 제조업 등 산업과 다르게 빠른 속도로 성장하기 때문에 초기에 진입해 투자하지 않으면 기회를 놓칠 수 있다. 새로운 시대에 맞는 새로운 투자 방식으로 이들은 자산을 빠르게 불리고 있다.

그가 겪어온 부자들의 자산관리 양상도 눈여겨볼 만하다. 한국을 이끌어온 산업은 시대마다 변해왔지만 시대가 바뀌어도 '부동산'은 부자되는 주된 방법 중 하나다. 이는 100억 원대 자산가의 자산 비중을 들여다보면 알 수 있다. 주로 이들은 부동산 80억 원, 주식 20억 원 정도의 비중으로 투자하고 있다. 주식은 급락할 확률도 있으므로 부동산에 비중을 더 두어서 리스크를 관리하는 것이다. 보유 주식이 모두 실패할 리는 없지만 그렇더라도 80억 원은 보전되기 때문이다.

## 주변 환경을 늘 새롭게 바꿔라

늘 하던 일, 익숙한 것만 고집하면 새로운 세상이 열리는 걸 감지할 수 없다. 모르고 있으면 새로운 기술과 아이디어가 이끄는 산업의 성장에 올라타 그 열매를 함께 누릴 기회를 놓치고 만다. 평소에 아무 생각 없이 결제한 상품 또는 서비스에 조금만 더 관심을 가지면 투자를 통해 경제적 자유를 이루고 인생을 바꿀 수 있다. 기회를 포착하는 안목을 기르려면 변화를 관심 있게 바라보고, 주변 환경을 손에 익은 것들이 아닌 새로운 것들로 바꿔야 한다.

환경을 바꾸는 방법은 다양하다. 예를 들어 '옷은 직접 입어보고 골라야지, 온라인으로 사면 안 된다'라는 고정관념이 있다면 생각을 바꿔 AI가 내 취향에 맞게 추천한 옷을 사보자. '식품은 마트가 신선하지, 온라인 배송은 그렇지 않다'라는 편견이 있다면 당일 산지에서 신선식품을 바로 보내주는 온라인 플랫폼 초신선에서 고기와 해산물을 주문해보자. '암호화폐는 투기이고 위험한 투자'라는 생각을 하고 있다면 암호화폐 백서와 생태계부터 살펴보자.

이런 새로운 경험을 통해 변화를 체감하고 투자 기회를 모색해보고 실행하자. 주변에서 쉽게 발견되는 기회를 그냥 흘려보내지 않고 잡을 수 있는 사람만이 그 열매를 누릴 자격이 있다.

# 부의 테크트리

서재영 PB는 애널리스트, 펀드매니저를 거쳐 수천억 원대 자산가들을 고객으로 거느린 마스터 PB의 자리에 올랐다. 그가 주목한 AI 글로벌 기업과 AI 국내 대표 상장 기업을 알아보자.

---

## 〔 서재영 PB가 추천하는 AI 글로벌 기업 베스트 7 〕

- **레모네이드:** AI보험 선두 주자
- **텔라닥:** 원격의료, 2023년 매출 33억 달러 달성 전망, 3년 내 세 배 성장
- **나이키:** 세계 1위 스포츠 어패럴, AI 활용 헬스케어 및 건강진단 분야 진출
- **엔비디아:** AI 반도체 세계 1위
- **메이퇀:** 중국 1위 배달업체, AI가 가장 편리하게 먹는 방법 제공
- **바이트댄스:** 세계 최고 추천 엔진, AI 신문사, 틱톡
- **센스타임:** 얼굴 인식 기술, 2025년까지 AI 1위 선언 중국 기업

## 〔 AI 국내 대표 상장기업 12 〕

플리토(AI 번역), 제이엘케이(의료), 라온피플(비전솔루션), 신테카바이오(신약 개발), 위세아이텍(빅데이터), 바이브컴퍼니(빅데이터), 솔트룩스(의료 플랫폼), 알체라(얼굴 인식), 레인보우로보틱스(로봇), 씨이랩(영상 분석 플랫폼), 뷰노(의료), 라이프시맨틱스(의료 빅데이터)

# 24

〈김작가TV〉 유튜브 크리에이터

연봉 대한민국 상위 1퍼센트

김도윤(김작가)

40세

# 최고들은 성공할 확률을 매일 1퍼센트씩 올린다

채널 구독자 123만 명, 연봉 상위 1퍼센트 달성, 〈김작가TV〉. 많은 사람이 아마 한 번쯤은 그의 인터뷰 영상을 본 적이 있을 것이다. 이처럼 화려한 성공을 이룬 김도윤 씨도 지금의 자리에 오르기까지는 불안하고 어두운 터널을 오랫동안 지나와야 했다. 그는 출간하는 책이 기대만큼의 성공을 거두진 못했지만 포기하지 않고 도전을 이어나갔다. 그리고 영상 콘텐츠에 관심이 커지면서 유튜브 채널에 도전했고 고군분투 끝에 3년 만에 구독자 100만 명을 훌쩍 넘는 국내 대표적인 경제 재테크 채널을 만들어냈다.

온라인 플랫폼이 막강한 힘을 발휘하는 세상에 조기 안착한 김도윤 씨는 '한국 상위 1퍼센트'에 해당할 정도로 고소득을 올리고 있다.

유튜브 광고 수익을 비롯해 온·오프라인 강의 수입, 책 출간 인세 등 그가 벌어들이는 수입의 파이프라인은 매우 다양하다. 회사 앞 고시원에 살면서 내 것을 꿈꾸던 청년이 40대 젊은 나이에 돈에 구애받지 않은 삶을 살게 된 것이다. 그가 이런 큰 성공을 거둘 수 있었던 비결은 무엇이었을까? 도윤 씨는 겸손하게 "운이 좋았다"라고 말하며 미소를 짓지만 그가 말하는 운은 어떤 것일까?

## 그들은 운을 받아들일 준비를 마쳤다

30대 초반에 회사를 박차고 나와 시장에서 내 것을 만들기까지 약 11년간 도윤 씨는 1,000명이 넘는 성공한 사람들을 만났다. 그리고 그들에게 얻은 인사이트를 텍스트와 영상으로 만들어 공유했다. 그가 처음부터 영상 콘텐츠에 도전했던 건 아니다. 원래 그는 사람들의 성공 노하우를 인터뷰해서 책을 쓰는 작가였다.

《유튜브 젊은 부자들》 출간을 위해 인플루언서들을 인터뷰하면서 도윤 씨는 그들의 영향력과 여기서 창출되는 막대한 수입에 놀라 유튜브에 관심을 가지기 시작했다. 그리고 이제 종이책이 저물고 영상이 뜨는 시대에 책 출간에만 골몰해서는 굶어 죽을 수도 있겠다는 위기의식을 느끼며 유튜브 채널 론칭에 도전했다. 자신의 콘텐츠를 텍스트만이 아닌 영상으로도 풀어내는 변주를 통해 자신의 정체성을 새롭게 수립하고자 한 것이다.

도윤 씨의 유튜브 채널 〈김작가TV〉

그렇게 유튜브 채널에서 성공한 사람들을 만나 인터뷰하는 콘텐츠로 그는 꾸준한 성장세를 이어갔다. 자신이 가장 잘하는 것을 영상으로 가져와 구현한 것이다. 한 사람의 성공 이야기는 그 사람의 콘텐츠이자 무기가 되지만 1,000명이 넘는 사람들의 성공 이야기를 전달하는 도윤 씨의 영향력은 온라인 플랫폼에서 무서운 힘을 발휘했다. 영향력이 곧 돈이 되는 온라인 세상에서 그는 입지를 탄탄히 다져나갔고 작가로서도 더 큰 시너지를 발휘하게 되었다.

물론 그의 채널이 처음부터 큰 주목을 받았던 것은 아니다. 유튜브를 시작한 첫 1년간 구독자는 7만 명 수준에 그쳤다. 자기계발과 동기부여, 재테크 콘텐츠를 꾸준히 다루었지만 폭발적인 성장세를 보인 것은 2020년 코로나19가 확산되면서였다.

코로나19로 2020년 3월 증시가 폭락한 후 다음 달 바로 폭등세

**유튜브 채널 〈김작가TV〉의 성장 그래프**

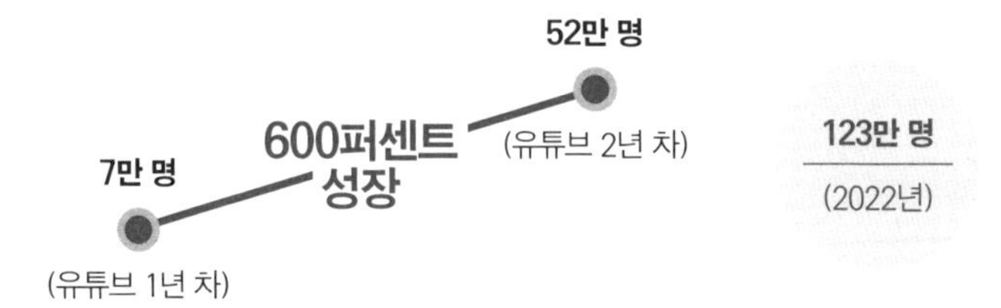


를 보이면서, 갑작스러운 리스크로 비정상적으로 가격이 하락한 주식을 쓸어 담으려는 개인투자자들이 증시에 몰렸고 이때 '동학개미운동'이라는 신조어가 생겨났다. 평소 주식에 관심이 없었던 투자자들도 투자에 뛰어들면서 20~30대의 계좌 신규 개설이 급증하고 주식 관련 영상 콘텐츠에 대한 수요가 크게 늘었다.

때마침 주식투자 콘텐츠를 다루고 있던 도윤 씨는 그동안 많은 사람을 인터뷰했던 노하우와 영상 제작 기술을 활용해 주식과 관련된 수준 높은 콘텐츠를 집중 업로드해서 이목을 끌기 시작했다. 양질의 인터뷰이와 정보를 담은 영상이 수요자들의 니즈와 맞물리면서 구독자 수는 2020년 한 해 동안 7만 명에서 50만 명까지 폭증했다. 이후 증시 변동성이 높아진 2022년에도 주식에 특화된 콘텐츠로 공략해서 무려 구독자 130만 명을 바라보는 대형 채널로 성장세를 이어갔다.

잠잠했던 증시가 들썩이는 상황에서 도윤 씨가 채널 성장의 기회를 포착할 수 있었던 것은 마침 때가 잘 맞아떨어지기도 했지만 결국은 준비가 되어 있었기 때문이다. 기회를 포착할 수 있는 눈과 이를 활용할 수 있는 역량은 누군가가 만들어줄 수 있는 게 아니다. 작가로 출발했지만 영상 콘텐츠 수요가 커지는 것에 대응해 유튜브 채널을 시작하고, 가장 잘할 수 있는 인터뷰 그리고 자신도 관심 있었던 주식투자 콘텐츠를 꾸준히 쌓아왔기에 가능했던 성과다. 근래 가장 큰 위기로 꼽혔던 코로나19도 누군가에게는 큰 기회로 작용했음을 보여주는 방증이다.

채널이 커지고 영향력이 확대되면서 도윤 씨가 벌어들이는 수입도 늘어나 이제는 대한민국 소득 상위 1퍼센트에 육박하는 수준이 되었다. 근로소득 이외에 특별히 버는 돈이 없었던 평범한 직장인에서 이제는 한 달에 누군가의 연봉 이상을 벌어들이는 고소득자가 된 것이다. 열심히 일하며 창출하는 부가가치가 온전히 자신의 것이 되는 경제적 자유를 얻었음은 물론이다.

도윤 씨가 벌어들이는 수입을 살펴보면 유튜브 계정 수익과 브랜디드 광고 수입이 가장 큰 비중을 차지한다. 그리고 책 출간, 온라인 강의로도 꾸준한 수익을 벌어들이고 있다. 자산의 비중은 2021년까지 주식투자에 90퍼센트를 할애하고 있었지만 최근 서울에 집을 마련해 부동산 80퍼센트, 주식 10퍼센트, 현금 10퍼센트가 됐다.

특히 눈여겨볼 지점은 본업이었던 작가 일이 그가 인플루언서가 된 후 유튜브 채널과 더불어 엄청난 시너지를 내고 있다는 것이다. 그가 그동안 인터뷰한 1,000여 명의 '운' 이야기를 담아 2021년에 출간한《럭키》는 종합 베스트셀러에 올랐다.

## 왜 성공한 사람들은 운의 힘을 인정할까

도윤 씨가 성공한 사람 1,000여 명을 만나 인터뷰하면서 인상적이었던 점은, 그들이 자신의 성공 이야기를 하면서 모두 "운이 좋았다"라고 했다는 것이었다. 물론 운 때문에 성공한 건 아니지만 운이 좋아서 일이 잘됐고 큰 성과를 냈다는 사실을 그들은 부인하지 않았다.

도윤 씨의 말에 따르면 택시 운전기사로 일하던 그의 아버지는 평생 운이 나빠 원하는 바를 이루지 못했다고 토로하곤 했다. 운이 자신을 비켜 가고 필요할 때 도움을 주지 않는다고 원망했다. 그런 아버지를 곁에서 지켜본 도윤 씨는 왜 성공한 사람들은 운의 힘을 인정하는지, 이를 어떻게 성공에 활용했는지 찾게 되었다. 그 결과 성공한 사람들에게는 '운을 끌어들이는 훌륭한 습관'이 있었다는 사실을 발견했다.

도윤 씨는 성공한 사람 1,000여 명을 만나며 운에는 컨트롤할 수 있는 운과 할 수 없는 운이 있으며, 이를 스스로 구별해야 한다는 것을 알게 되었다. 스스로 컨트롤할 수 없는 운은 연연할 필요가 없다. 다만 운이 들어오는 경로를 잘 열어두고 운이 들어왔을 때 제대로 포착하는 습관을 들이면 성공으로 가는 길이 빨라질 수 있다.

그가 발견한 '운의 일곱 가지 법칙'은 사람, 관찰, 속도, 루틴, 복기,

**운의 일곱 가지 법칙**

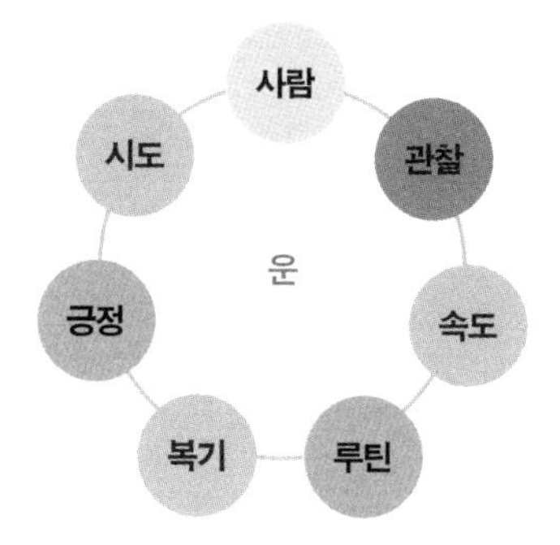


긍정, 시도에 대한 것이다. 우선 운은 사람을 통해 들어오고 사람을 통해 나간다. 특히 누군가를 가까이하고 누구와 교류하느냐가 내 운을 크게 좌우할 수 있다. 실패에 직면했을 때 제대로 복기해 성공을 만들어내는 태도도 향후 성공할 확률을 높이고 운을 불러오는 열쇠가 될 수 있다. 긍정적인 마인드와 적극적인 시도, 좋은 습관을 갖고 반복하는 루틴과 빠른 실행력 등도 운을 불러들인다. 이 일곱 가지 원칙을 체득하고 일상 속에서 실천하면 운을 놓치지 않고 성공으로 가는 열차에 올라탈 수 있다.

## 실패도 경험으로 만드는 사람들

도윤 씨가 아무것도 없는 상태에서 목표를 초과 달성한 비결은 실패를 다룬 방법에 있었다. 그는 실패를 그냥 흘려보내지 않고 극복해서 경험으로 만들어냈다.

누구나 새로운 도전을 시작하면 실패를 거듭하지만, 이를 제대로 복기해 정확한 문제를 찾아내고 개선하는 과정을 거치는 이들은 많지 않다. 실패를 그저 '운이 나빴다'라거나 '다음번에 잘하면 된다' 같은 위로로 가볍게 지나치면 결코 성장할 수 없고 다시 도전했을 때 성공 확률을 높일 수도 없다. 실패를 어떻게 다루는지만 봐도 앞으로의 성공 가능성을 가늠할 수 있다. 그렇다면 실패를 경험으로 만들기 위해서는 어떻게 해야 할까?

우선 모든 실패에는 '시그널'이 있다. 꾸준히 성장하던 일이 실패할 때는 그전부터 곳곳에서 위험 신호가 등장한다. 이 신호는 누구나 인지할 수 있지만 '별일 있겠어', '그럴 때도 있는 거지' 하면서 지나치면 결국 수습하기 어려운 큰일이 벌어진다. 잘 굴러가던 일이 어느 날 삐걱거리는 신호를 보낸다면 이를 빨리 파악하고 원인과 문제를 밝혀내는 노력이 필요하다.

도윤 씨는 유튜브 채널을 운영하며 영상 조회 수 추이가 20퍼센트 정도 하락하면 그냥 지나치지 않고 긴장하기 시작한다. 평소보다 수치가 하락했다는 것은 향후 50퍼센트까지도 떨어질 수 있다는 위험 신호다. 조기에 문제를 파악해 대처하지 않으면 호미로 막을 일을 가래로 막을지 모른다. 조회 수 등락이 눈앞의 수익에 영향을 미치는 것은 아니지만 데이터가 주는 신호를 무시하지 않는 것이 꾸준한 성장의 비결이다.

위험 신호를 감지하면 우선 문제를 정확히 파악하는 것이 중요하다. 문제를 제대로 안다는 것은 최대한 객관적인 시각으로, 자기 방어 기제를 걷어내고 솔직하게 문제를 정면으로 마주하는 것이다. 외부 환경을 탓한다든지, 부수적인 부분을 들어 실제 문제의 본질을 회피하면 결코 문제를 해결할 수 없다. 스스로 실패와 실수를 인정하는 과정은 누구에게나 뼈아프고 자존심이 상하는 일이지만 이 고통을 감수하지 않으면 다음 단계로 나아가기 어렵다.

문제를 정면으로 인식했다면 그 부분을 제대로 개선하고 넘어가는 것이 실패를 경험으로 만드는 마지막 순서다. 부족한 부분을 보완해서 다음번에는 성공 확률을 높여야 목표를 이루고 성공으로 나아갈 수 있다.

많은 사람이 큰 성공에는 분명 뾰족한 묘책이나 대단한 전략이 있을 거라고 여긴다. 성공한 사람들은 처음부터 신박한 아이디어로 시작해 걸림돌이나 암초를 만나지 않고 순조롭게 성과를 냈으리라고 생각하는 것이다. 그러나 새로운 도전은 매 순간 예상치 못했던 문제에 직면해야 하고 수많은 과제를 맞닥뜨려야 한다. 크고 작은 문제를 제대로 인지하고 정면으로 돌파해 해결하지 않으면 실패는 결코 성공으로 이어질 수 없고 그저 또 하나의 실패로 남을 뿐이다.

## 매일 성공할 확률을 높여간다

우리는 성공한 사람에게서 뭔가 특별한 비법이나 노하우를 듣고 싶어 한다. 그들에게는 우리가 미처 생각지 못한 대단한 것이 있으리라고 기대하는 것이다. 그러나 성공한 사람 중에는 자신이 원하는 최고의 가치를 위해 나머지 것들을 포기할 줄 아는 초현실주의자들이 많다. "성공은 철저히 등가교환 원칙을 따릅니다." 도윤 씨의 말이다. 하나를 얻으면 하나를 잃을 수밖에 없다.

사람들은 품을 최대한 들이지 않고 위험 부담을 지지 않으면서 높은 수익률을 얻기를 바란다. 일에 몰두하며 오랜 시간을 보내지 않으면서도 남들보다 나은 커리어와 기술을 얻기를 원한다. 하지만 성공한 사람들은 그 자리에 오르기까지 자신의 열정과 에너지, 시간과 노력 등 모든 자원을 집중적으로 쏟아붓는 노력을 일정 기간 이상 거쳤다는 걸 잊어서는 안 된다. 성공하고 싶다면 이를 위해 얼마나 노력해야 하는지, 무엇을 희생하고 포기해야 하는지 명확히 인지하고 실천할 수 있어야 한다.

직장인들이 착각하기 쉬운 인맥 관리에 대해서도 현실을 직시할 필요가 있다. 도윤 씨는 자신도 열정이 넘치던 20대에는 사람들이 자신을 찾아주길 바랐지만 현실은 그렇지 않았다고 고백한다. 그런데 지금은 굳이 노력하지 않아도 많은 사람이 자신을 찾는 걸 보고 사회에서 필요한 사람이 되는 게 먼저라는 결론에 이르렀다고 한다. 스스로 사회에서 원하는 역량을 갖추면 굳이 먼저 나서서 좋은 사람들을 찾지 않아도 좋은 사람들이 내게 다가온다. 인맥 관리에 일부러 시간과 에너지를 할애하며 애쓰지 않아도 자기계발에 집중하면 자연스럽게 해결된다는 것이다.

마지막으로 그는 성공에는 방정식이 있다고 말한다. 인생의 성공은 기회와 확률에 달려 있다. 기회는 양의 영역이고 확률은 질의 영역이다. 무언가에 도전했다가 실패했을 때는 복기를 통해 문제를 정확히 진단하고 개선하면서 성공할 확률을 높여야 한다. 그리고 기회가 왔을 때 성공할 확률을 계속해서 높여가면 성공에 빠르게 가까워질 수 있다. 요행이나 '한 방'을 바라지 말고 기회와 확률값을 계속해서 높이는 노력을 하면 된다.

**경제경영·자기계발 전문 작가로 활동하다가 유튜브 채널 <김작가TV>를 시작했다. 구독자가 1년 사이에 7만 명, 2년 차에 52만 명으로 늘었고 현재는 123만 명에 이른다. 주식 분야 최고의 인터뷰어이자 인플루언서로 활동하고 있다.**

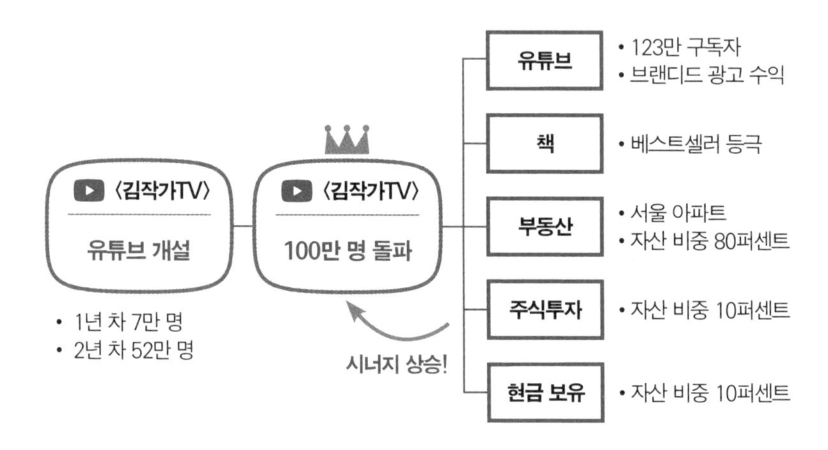


2022년 유튜브 채널 <김작가TV>는 유튜브의 재테크·자기계발 전체 채널 중 월간 조회 수 1위를 달성했다. 약 2,100만 회에 이르는 조회 수다. 도윤 씨는 유튜브 계정에서만 엄청난 수익을 내고 있으며 브랜디드 광고, 인터뷰 등으로 단단한 부가 수입을 만들고 있다. 도윤 씨의 가장 큰 장점은 절대 안주하지 않는다는 것이다. 이런 태도가 <김작가TV>의 꾸준한 성장을 견인했다. 유튜브를 꿈꾸는 사람이 있다면 그의 퀀텀 점프를 눈여겨 봐야 한다.

에필로그

# 우리가 경제적 자유를 이루는 그날까지

10년 넘게 경제 기자로 일하면서 '나는 제대로 경제를 알고 있는가', '그렇다면 왜 아직 경제적 자유를 이루지 못했는가', '내가 쓴 기사는 적확한 분석을 하고 있는가' 하는 고민으로 슬럼프에 빠졌던 때가 있었다. 그러곤 인풋 없이 아웃풋을 짜내는 생활을 멈출 때가 왔음을 직감하고 잠시 휴식기를 가졌다. 재충전 후에는 유튜브 〈싱글파이어〉 채널을 기획하고 운영하는 일을 시작했다. 그리고 지난 1년여간, 살아 있는 투자자들의 이야기를 발굴해서 가감 없이 전하는 영상을 만들며 진짜 경제와 돈을 배우고 구독자들과 함께 성장하고 싶다는 마음으로 달려왔다.

〈싱글파이어〉에는 내 색깔을 최대한 많이 담으려고 노력했다. 내

또래 밀레니얼 세대가 모여 돈, 자본주의, 경제를 터놓고 이야기할 수 있는 장을 만들고 싶었다. 돈을 벌어 경제적 자유를 얻고 행복한 삶을 사는 것은 누구나 꾸는 꿈이다. 하지만 여전히 우리 사회는 돈 이야기를 내놓고 하는 것을 터부시한다. 여기에 유쾌한 방식으로 반기를 들고 싶었다. 꼭 전문가가 아니어도 평범한 투자자들이 자신의 투자 원칙과 철학을 또래에게 자랑스럽게 이야기할 수 있는 장을 만들고 싶었다. 인터뷰이들과 나이에 상관없이 친구처럼 반말로 대화하는 콘셉트를 정한 것은 이런 이유 때문이다.

누군가가 5년, 10년간 하루하루 노력해 쌓은 성과를 단 10분 남짓한 영상으로 풀어낸다는 건 불가능에 가까운 일이다. 진솔한 인터뷰를 하더라도 그의 세계 전부를 담아내지는 못한다. 이번 기회를 통해 출연진들의 이야기가 조금이나마 더 세세하게 독자들에게 전달될 수 있다면 더 바랄 것이 없다.

우리는 타인의 성과나 삶을 쉽게 평가하곤 한다. 상승장에 그저 운이 좋아서 자산을 불렸다거나, 부풀려 쓴 소설 같은 이야기라는 댓글이 달릴 때마다 아쉬운 마음이 들었다. 더 안타까운 건 '금수저라서, 대기업 출신이라 가능한 이야기'라거나 '옛날에는 가능했는데 지금은 불가능하다' 같은 반응을 볼 때다. 현재 내 상황에서 안 되는 이유를 찾는다면 누구라도 수십, 수백 가지의 이유를 당장 만들어 낼 수 있을 것이다.

자본주의 사회에서 경제적 자유를 얻고 주체적인 삶을 살아가려면 그만큼의 대가를 치러야 한다. 책을 통해 전하고 싶은 이야기는 그저 노력하면 이루어진다는 장밋빛 미래가 아니다. 치열하고 힘든 과정이지만 간절한 마음으로 도전해볼 만한 가치가 있고, 그 보상으로 주체적인 삶을 살아갈 수 있는 시간이라는 멋진 성과물을 얻는다는 것을 전하고 싶었다. 내 삶을 내가 원하는 방향으로 바꿔가고 있다는 자존감은 그 어떤 것보다 값지고 행복한 것이다.

그동안 〈싱글파이어〉를 운영한 시간은 자유를 꿈꾸고 성장하려는 사람들과 함께한 소중한 경험이었다. 자신의 욕구를 솔직하게 이야기하고 이를 충족시키기 위해 행동하는 사람들과 긍정의 에너지와 자극을 주고받는 색다른 체험이기도 했다. 함께해준 인터뷰이들에게 더할 나위 없는 고마움을 전하고 싶다. 정말로 그들 덕분에 많은 것을 배웠고, 느꼈다.

실은 나 역시도 지금 경제적 자유를 이루기 위한 여정에 있고, 나와의 싸움에서 이기기도 또 지기도 하면서 앞으로 나아가고 있다. 우리가 지금까지 배웠던 성공의 틀에서 벗어나 자신만의 길을 찾아가려는 많은 밀레니얼 세대들에게 이 책을 바친다. 우리 함께 새로운 꿈을 꿔보자.

# 100억 젊은 부자들이 온다

**초판 발행** · 2022년 4월 15일
**1판 3쇄** · 2022년 4월 29일

**지은이** · 신희은
**발행인** · 이종원
**발행처** · (주) 도서출판 길벗
**출판사 등록일** · 1990년 12월 24일
**주소** · 서울시 마포구 월드컵로 10길 56(서교동)
**대표전화** · 02) 332-0931 | **팩스** · 02) 323-0586
**홈페이지** · www.gilbut.co.kr | **이메일** · gilbut@gilbut.co.kr

**기획 및 편집** · 정아영(jay@gilbut.co.kr), 유예진, 송은경, 오수영 | **제작** · 이준호, 손일순, 이진혁
**마케팅** · 정경원, 김진영, 김도현, 장세진 | **영업관리** · 김명자 | **독자지원** · 윤정아

**디자인** · 霖design김희림 | **교정** · 김순영
**CTP 출력 및 인쇄** · 금강인쇄 | **제본** · 금강제본



**ISBN 979-11-6521-930-7 03320**
(길벗 도서번호 090209)

**정가 : 17,000원**